思想觀念的帶動者

文化現象的觀察者

本土經驗的整理者

生命故事的關懷者

Love
Parenting

♥

凝望生命乍現的喜悅 • 傾聽靈魂單純的心跳
溫柔擁抱成長的綻放 • 用愛牽引最初的奔跑

心靈工坊
|PsyGarden|

讓手足成為一生的朋友

做個平和的父母，教出快樂的小孩

Dr. Laura Markham
蘿拉・馬克罕 博士——著

傅雅群——譯

Peaceful Parent, HAPPY SIBLINGS

How to Stop
the Fighting and Raise Friends for Life

愛・兒・學
Love-Parenting.com
｜愛兒學共同出版｜

目次

第1篇　一〇一種平和教養

第5章 當問題無法解決：教導孩子衝突的和解 159

第8章 預防競爭、增進連結的方法 277

第3篇 在寶寶出生前至滿週歲之間

第9章 在寶寶誕生前，協助大孩子們預備這件事 313

國內外讚譽推薦

這本書傳遞希望、也提供協助，蘿拉・馬克罕（Laura Markham）睿智地將尊重、敏銳、設立限制的方法，應用在手足之間的動力上，書中呈現一些真實情境，描繪父母如何將衝突轉化為培養能力的契機，並將父母的擔憂化為有意義的介入，這本書巧妙地指導父母，如何重視每位小孩的個別經驗、設立限制、減少衝突，並協助孩子發展出終生受用的能力。

——蒂娜・佩恩・布萊森（Tina Payne Bryson）博士，《教孩子與情緒做朋友》（*The Whole-Brain Child*）與《教養，從與孩子的情緒做朋友開始》（*No-Drama Discipline*）共同作者

父母們需要各方面的協助，才得以成為心目中理想的父母，也才能運用一些技巧來影響孩子、使孩子成為好市民。蘿拉博士的書中充滿著這樣的資源，也呈現許多真實案例，既實用、

發人深省又鼓舞人心。在我養育小孩的階段，如果能閱讀到這本書，幫助一定很大！

——珍・奈爾森（Jane Nelsen）博士，《正向教養》（*Postive Discipline*）系列叢書作者與共同作者

終於，有一本解答手足競爭相關問題的書問世了！在這本啟發人心的書中，蘿拉博士立基於科學研究，提供許多機智的策略，所有父母皆可藉此協助孩子透過同理、正念與平靜，來解決彼此間的衝突，是一本新手父母必讀的實用書籍！

——喜法莉・薩貝瑞（Shefali Tsabary）博士，《覺醒父母》（*The Conscious Parent*）與《失控》（*Out of Control*）作者

多一個小孩加入家庭，製造了前所未見的挑戰，蘿拉博士告訴父母們如何避免手足關係中常見的問題，以及如何傳達他們對彼此的愛，即便在有壓力的情境下亦然，讓孩子真正感到被支持。打開這本書，你將得到許多淺顯易懂、有智慧、可行的做法，並協助父母與孩子能互相尊重。

——派蒂・懷普芙勒（Patty Wipfler），育兒網站「手牽手，齊教養」

（Hand in Hand Parenting）創辦人

《讓手足成為一生的朋友》以別具風格、正向而尊敬的語調，運用許多情境、實例為父母提供指引，對擁有多個孩子的父母來說，本書是必要的工具。馬克罕博士的同理法則，對父母來說是激勵人心、對小孩來說則是釋放！

——麗莎・帕克（Lysa Parker）與芭芭拉・妮可森（Barbara Nicholson），依附教養國際協會（Attachment Parenting International）創辦人，《親密育兒》（*Attached at the Heart*）作者

身為哥哥姊姊的孩子們有福了！這本書無疑是一幅家庭藍圖，呈現如何將孩子之間的爭吵轉化為手足合作，約三分之一的孩子擁有溫暖而互相照料的手足關係，閱讀本書，你的家庭便可以加入這三分之一的幸福行列！

——希瑟・舒梅克（Heather Shumaker），《小孩可以不分享》（*It's OKay Not to Share*）的作者

這是一本寫給擁有多個小孩的父母的傑出書籍！馬克罕博士描繪許多常見的手足議題，並提供許多明智的解決方法，為家庭帶來和平、也促進健康的手足關係。這本書是我的教養指南。

——瑞貝卡・因斯（Rebecca Eanes），《永恆的連結：透過正向教養建立家庭連結》（*Lasting Bonds: Building Connected Families Through Positive Parenting*）作者

不論你剛開始考慮生第二胎，或是你早已被小孩們的爭吵不休搞得天翻地覆，這本書是為你所寫！書中充滿大量的智慧、同理心、實用的好點子，令我驚歎。智慧表現在作者溫和地建議我們，如果想為孩子的手足關係進行有意義的改變，要從自身做起。同理心表現在馬克罕博士理解家中每個成員的角色，包含既生氣又擔憂的父母。書中提供的點子不僅相當實用，更是趣味十足，會讓人笑得合不攏嘴，當你嘗試去做，也將逗得大家笑哈哈，這不就能改變小孩的鬥嘴或打架了嗎？

——勞倫斯・寇漢（Lawrence J. Cohen）博士，《遊戲力》（*Playful Parenting*）作者

身為教養教練，我深知手足爭執會讓父母多麼揪心，馬克罕博士的策略就是設計來幫忙現

代父母，創造更和平的家庭生活，以及更鞏固的手足關係。

——愛咪・麥克瑞蒂（Amy McCready），「正向教養解方」（Positive Parenting Solutions）課程創辦人，《再說一次就聽懂》（*If I Have to Tell You One More Time*）與《屁孩是種病》（*The "Me, Me, Me" Epidemic*）作者

這本書陪伴父母解決小孩手足關係的難題，即便是面對非常激烈的小孩亦然，破除一些特定做法，不會讓父母感到罪惡或負荷不來。的確是很棒的資源，提供父母在衝突當下得以協助小孩的工具，更能幫忙我們教導小孩如何當個友愛而值得尊敬的手足，我們知道他們做得到的。

——吉娜・奧舍（Gina Osher），《雙胞胎教練》（*The Twin Coach*）作者

如果你不只有一個小孩，這本書是為你寫的。蘿拉從如何、以及何時告訴孩子懷孕的消息，並提供一些具體的建議，協助你在小孩的生活中慢慢為良好的手足關係奠定基礎。我極力推薦這本書！

——蘇珊・內森（Susan Nason）牧師，育兒教育家

馬克罕博士所舉的案例，以及以指導為基礎的方法，讓父母們恢復對養育手足的信心……這本書讓我們再度相信，只要用對方法、盡我們所能，包括自我調節、維持連結與提供指導，便能打造更快樂、更和平的家庭。

——南希・帕普林斯基（Nancy Peplinsky），「媽媽一把罩」（Holistic Moms Network）網站創辦人兼執行長

中文版序

父母成為情緒的自覺者，自然引導出快樂的孩子

——曾國俊（道禾教育基金會，實驗中小學、幼兒園、托嬰中心創辦人）

二十五年來，我為著女兒的教育而創辦三所托嬰中心、五所幼兒園、二所小學與一所中學，同時陪伴學校裡成千上萬個家庭迎接家中第二或第三個寶貝的來臨。是的，每一個孩子來到我們當中，都將讓父母重新成長或重新活一次。我知道父母是既開心要迎接，又擔心不知如何面對已知的手足競爭與各種爭端，第二個寶貝才剛懷上，心中立即昇起焦慮甚至恐懼。若家中已經有多個孩子，父母自認似乎該有經驗了，但實則不然，「一樣米養百樣人」，其實經驗仍然有限，面對紛爭時依舊捉襟見肘，令人心生教養之憂。

《讓手足成為一生的朋友：做個平和的父母，教出快樂的小孩》是蘿拉・馬克罕博士繼上

一本暢銷書《與孩子的情緒對焦：做個平和的父母，教出快樂的小孩》後，又一本經多年臨床心理研究、真實案例課研，加上她的洞察智慧所提出的成果新著。策略與點子並存，能從根本處幫助與支持現代父母解決上述難題，並且獲得平靜而和諧的家庭生活與子女手足之情的最佳指南。

教育或所謂教養，是人教育人，而非僅知識教育人。多年的辦學，於教育第一線現場，與教師及家長、孩子共處，最深刻的心得之一，是本立則道生，那本即是父母，是人師。我們若期望孩子擁有何種德性、態度和價值觀，應從父母師長處見著榜樣或示範，甚至活出一種精彩；要有此「本」，則父母、老師必先面對自己、認識自己，成為一個自覺者。蘿拉博士所著此書，可協助父母、老師自我覺察，幫助父母、老師成為情緒平和又平靜的自覺者。

此書所述研究、觀察與智慧之言，可以促使父母先成為能同理、共情與傾聽之人，讓父母老師先成為預備好的自己，孩子們就有機會，各個成為「做自己」的孩子，而這正是蘿拉博士所說：孩子競爭與爭吵的最佳解藥，是讓孩子「做自己」。因為孩子被父母傾聽、珍惜、看見，即能感受及連結上父母和老師的愛與尊重，進而獲得信任與安全感，便能真心與手足或同學合作、扶持，成就和諧家庭或祥和教室。

「抵抗黑暗的最好辦法，是讓自己光明」。蘿拉博士思路清明，將各種心法與方法以深入淺出、深刻有趣的文字呈現書中，博學又耐心的「扣其兩端而揭焉」，循循善誘、諄諄引導，如果父母、老師親近，當學而智之，當然自明，進而陪伴、引導出快樂的孩子。

選書緣起

多寶家庭的育兒寶典

——Silvie（媽媽，愛兒學創辦人）

迎接第一個孩子後沒多久，通常就會有人開始問什麼時候要生第二胎。新手爸媽的焦慮與睡眠不足，似乎還沒告一段落，就得破壞好不容易在新成員加入後達成的平衡點，延長生活品質的低潮期。也許第一個孩子比較大了，家人都準備好要迎接寶寶，但面對新生兒對生活作息及家人關係即將造成的衝擊，也只能做好心理準備，見招拆招。

即使承受著這樣的育兒壓力，還是有很多爸媽甘之如飴地成為多寶家庭，希望孩子有伴。我們從小與父母的關係應該是最親近的，而與手足的關係則是最相近的。手足在同一個屋簷下相處十餘年，用同輩的角度經歷共同歲月，這種極類似的早期經驗讓手足通常是最能互相理解的人。我想從小就彼此友愛的手足，會培養出深刻理解並包容的關係，而這會成為孩子心裡強韌的支柱。

手足關係保證讓家庭生活充滿學習機會

然而，不論再如何友愛的手足，一定會有出現衝突的時刻。蘿拉博士提醒我們，要把重點放在教導而非控制，每一次處理小孩吵架都可以是一次學習的機會。畢竟，小孩之間會發生衝突，就是因為還沒學到做人處世的道理。我們做父母的在處理孩子這些情緒飽和的狀況時，常常是全副武裝上戰場、要求雙方簽署停戰協議。然而照蘿拉博士的說法，家長要先與自己的情緒對焦，保護自己不受孩子發洩時的言行舉止波及，才能平和地接納孩子情緒，領導他們解決問題。

由於孩子大腦尚未發育完全，都有為了芝麻小事而失控的本事，大人們在解決這些衝突時很難不覺得麻煩。不過我們在日常生活中管教孩子的方式和態度，其實都影響孩子深遠，畢竟，孩子對自己的認識大多來自於爸媽的看法。手足關係保證讓家庭生活充滿學習機會，而且絕大多數是關於了解別人對於自己言行的反應。因此，父母處理手足衝突時，也一併傳達了做人處事的態度給孩子。以處罰或獎勵來控制孩子的行為，僅是從外在來規範，孩子只會學到我們訂下的規則；但若能先與孩子的情緒對焦，教導孩子先認清自己的情緒為什麼會出現，並看到他的行為對別人產生什麼影響，則能幫助孩子建立高情商的思考模式，讓他的行為規範是來自於內在對自我及他人的判斷，這是我們能教給孩子最難能可貴的一堂課。

從懷孕期開始活用蘿拉博士的技巧

我懷兒子的時候看了蘿拉博士這本書，有很多技巧從懷孕期間就開始使用：例如告訴女兒她將要有個弟弟，並請她幫弟弟取個小名；給女兒買一個小禮物，說是弟弟送她的見面禮等等。這些簡單的方法，其實都精準地考量過孩子的心理需求。蘿拉博士還提到「父母的新角色是幫孩子當彼此的翻譯員」，因此當我的兩個孩子都會開始表達自我後，這更是我每天都會使用到的技巧。孩子口語上表達出來的語彙，常常只是心意的一半，往往造成誤解。由父母來擔任孩子們的翻譯員，可以讓他們更全盤了解對方的意思，有時候危機就這樣與誤解一起消失，也有時候也以此累積深厚感情。這個簡單的方法使用上手後，孩子們不但更能理解對方，我覺得連爸媽也能更理解孩子。

有一次小兒子主動跟姊姊分享點心，姊姊正埋頭看書，一口吃掉了也沒表示感謝。我忍住立刻要求她道謝的衝動，稍晚在她抬起頭來時才輕輕告訴她：「剛才弟弟把他最後一塊點心讓給你吃喔。」她馬上放下書，給弟弟一個緊緊的擁抱。雖然口頭上她還是沒有道謝，但那已經不是重點，彼此真情流露的互動才是深化感情的基礎。

只有一個小孩的時候，很難想像自己有更多的愛來深愛另外一個小孩；有了兩個孩子後，才知道愛其實是本能，而真正難以想像的滿足感，是當自己的孩子們深愛著彼此，發自內心關愛對方時，爸媽所感受到的那股溫暖。在這本書裡，蘿拉博士會用她的經驗和專業背景，帶領我們用簡單實際的方法打造更和諧的手足關係。

讓手足成為一輩子的朋友，是我們可以給孩子最珍貴的禮物。

擁有一個小孩，你成為父母；擁有兩個小孩，你便成為調停人。

——大衛．佛羅斯特（David Frost），英國著名時事評論員、電視節目主持人、作家、記者

在你教導小孩傾聽、指認出問題所在、表達他們的感受、想出解決方法、找到彼此的共識之前，你自己必須先學會解決這些問題的能力。

——蘿拉．戴維斯（Laura Davis）與雅妮絲．凱瑟（Janis Keyser），著有《成為你想當的父母》（*Becoming the Parent You Want To Be*）

你的意思是小嬰兒可能是個男孩？可是我就是你的男孩呀，不過應該沒關係……反正我們隨時可以把他送回去，對吧？

——作者的三歲兒子

前言

當我的小女兒出生時，我並沒有特別為兒子會出現什麼反應做好心理準備，當時他四歲，在那之前他總共也只發過幾次脾氣。然而，當小女兒出現時，他看起來非常恐慌，變得很黏人、經常生氣，也很害怕。我是受過訓練的心理學專家，竟然不知道該怎麼應對。

像我一樣，大多數父母萬分期待大孩子第一眼看見小寶寶的那一刻，會流露出驚奇的神情。我們心中的願景是，當小孩對寶寶擠眉弄眼，寶寶會投以微笑，當其中一個受了傷，另一個會將他從我們身上得到的照顧施加在寶寶身上，抱抱小寶寶或拿條毯子蓋在寶寶身上。隨著時間成長，孩子開始會在草地上開心奔跑，他們學會騎腳踏車、一起去露營，也會為了誰先玩玩具車而爭吵，不過在遊戲輸了，或傷心難過的時刻，他們也會彼此安慰。上了高中後，他們也許便會分道揚鑣、發展出不一樣的生活，但他們之間的連結則不會中斷，直到長大成人後，這份連結依然會伴隨他們渡過人生的起起落落。我們多麼希望給孩子的是「人生摯友」

這份無比珍貴的關係。

然而，有時在頭一年裡，也許甚至在寶寶出生之前，多數爸媽便開始意識到一切並不如想像中那麼簡單，在我所指導的一些家庭中，聽見爸媽會說：

- 「她很愛弟弟沒錯……但她這麼用力抱弟弟，讓我們有點嚇到……她的手總是會環繞在弟弟的脖子上。」
- 「他們打架打個不停，有時我甚至無法好好開車。」
- 「我剛洗完澡出來，看到他竟然在九個月大的弟弟身上尿尿！我被他逼到極限了！」

手足競爭是人類的天性，任誰也無計可施，畢竟，要保護好讓我們得以存活的資源，是刻畫在我們基因裡的生存法則，而你的孩子**所依賴**、**爭奪的**，**就是你花在他們身上的時間與關注**，這是他們賴以生存的珍貴資源。不論你已經付出多少關愛，可能由於小孩控制衝動的能力尚未充分發展，因此他們依然會發生爭執。另外，天生氣質為每段關係奠定基調，原本比較難帶的小孩，自然會比較難於迎接弟弟妹妹的出現，而有些手足就是彼此處不來。

壞消息是，許多父母不知道如何協助小孩處理這些劇烈的感受，因此受傷的心情便會導致攻擊行為，進而導致孩子之間陷入負面的互動模式。這些困難的情緒將會奠定手足關係的基調，延續到孩子進入青春期，甚至終其一生，當家庭出現壓力時，這些情緒都有可能會再浮現出來。

但也有好消息，手足關係也將弭平我們早年自我中心的傾向，讓我們學習管理自己的情緒。手足往往會成為好朋友，因為他們彼此非常了解，能夠提供深刻的慰藉，即便看似冤家路窄的手足，往往能夠得到對方的尊重，最終找到相處之道。長大之後，許多手足會感到彼此有最深刻的連結，因為彼此在同一個家庭長大，才能這麼深刻了解。

最棒的是，父母對於手足關係有著至關重大的影響力，手足嫉妒是不可避免的，但它無疑幫助孩子發展出一段堅強而正向的連結，終而戰勝原本的嫉妒。要養育出相親相愛的手足、更能成為一生的摯友，並不容易，但對此有所付出的父母絕對能帶來改變，我寫這本書的目的就是要闡述父母們可以怎麼做。

當小女兒出生後，我也歷經一段掙扎且辛苦的日子，當時唯一能找到的相關書籍就是艾戴兒・費柏（Adele Faber）與伊萊恩・馬茲里許（Elaine Mazlish）合著的《和平共處的手足》（*Siblings Without Rivalry*）一書。好幾年來，我常閱讀這本書，即便到現在，遇到一些父母正苦惱於和學齡階段的孩子總是處不來，我依然會大力推薦這本書。然而，同時身為一個小寶寶與一個小孩的母親，每天都會遇到許多挑戰；當我在餵奶時要如何找點事給大孩子做？當小孩過度熱情地擁抱寶寶，我該如何讓他學會動作輕柔？當寶寶開始會爬、會去拿哥哥姊姊的玩具時，我該如何處理？在這個家庭成長與變動的階段，挑戰總是層出不窮，我希望擁有一些具體的策略，幫助父母將這些挑戰轉化成為親密。我讀過許多相關研究，知道小孩之間的手足關係會在頭一、兩年建立起來，但我不得其法。

日子一年一年過去，我完成了在哥倫比亞大學的臨床心理學博士學位，並創立育兒網站AhaParenting.com。我指導父母教養的工作讓我有機會接觸成千上萬個家庭，看見在家庭陷入困境時，什麼對家庭是有效的策略，什麼則效果不大。站在艾戴兒・費柏與伊萊恩・馬茲里許及其精神嚮導海姆・吉諾特（Haim Ginott，當代正向親職教養風潮之父）所提倡的同理心模式之上，我整合關於情緒、依附與腦部發展的最新研究結果（詳見本書最後的「致謝」篇），觀察與我工作的那些家庭中的動力，也結合我自己正念的工作，這些經驗都教導我如何轉化小孩的想法、感受、表達的話語與行為，終而能改變家裡的互動模式，而不是一味控制小孩的一舉一動。我發現，如果能做到下列這三件艱難的任務，便能讓教養變得簡單許多：

1. 調節我們自己的情緒。
2. 與小孩保持連結，即便當我們正在設立限制、或小孩情緒很差時，也要保持連結。
3. 提供指導，不要控制或懲罰小孩，透過增進小孩情緒智商的能力、為小孩設立帶有同理的限制，來支持他們逐漸精熟、掌握各種能力。

這三個做法將會改變你與小孩的關係，讓他們能更愉快幸福、情緒更健康，也更願意合作，而你自己也將在教養的過程中更為平靜、對自己更滿意。在我的第一本書《與孩子的情緒對焦：做個平和的父母，教出快樂的小孩》（*Peaceful Parent, Happy Kids: How to Stop Yelling and Start Connecting*）中，詳盡描述上述三點。對我來說，這些做法是在教養中得到喜悅的關鍵，也因為它們是養育出快樂小孩的基礎，它們對於營造快樂的手足關係相當重要，如同一位讀者所描述：

> 將這三個重要關鍵（自我調整、培育連結、教導而非控制）付諸實行後，我的三個小孩（分別為六歲、五歲與三歲）現在更常玩在一起了，因為他們都覺得與我之間有更強的連結感，於是看起來不再那麼焦慮，也因此比較不再凡事訴諸與手足爭吵打架了。
>
> ——安娜

這些做法固然可以改變家庭，父母們依然會提出一些問題，而當我的小孩還年幼時，我也經常被這些問題所困擾，例如：

- 如何協助小孩發展表達自己的需求、為自己挺身而出的能力，同時也能傾聽手足所說的話？
- 如何同時協助兩個小孩（甚至三個小孩）處理強烈情緒？
- 如何經營家人合作的文化，並讓手足之間的愛勝過彼此的競爭？

幸運的是，有些方法真的很有效。每個家庭都有其獨特的挑戰，但目前有一些研究所證實的方法，可以讓小孩之間一開始就打好關係。即便小孩可能暫時處不來、或激烈地相互競爭，同樣有一些策略可以減緩手足競爭、增強正向連結。並不是所有手足都可成為摯友，但他們可以學習尊重彼此以及彼此的差異。本書將仔細闡述這些策略，提供逐步執行的指引，以便能轉化小孩之間的關係。

如果你已經明瞭，單是要求小孩「相親相愛」，並不能協助他們學會管理自己的情緒、溝通自己的需求、解決他們彼此的歧異。粉飾太平無法換得真正的和平，被壓抑的衝突無可避免地仍會再度爆發，而且往往就會發生在你正在開車、或在超市購物、或正在奶奶家吃晚餐時。然而，如果你提供小孩一些處理複雜情緒與人際關係的方向，你的孩子將有能力處理好彼此的事情，他們將有能力既伸張自己的需求、也尊重對方的需要。他們也將學習創造兩全其美、顧全雙方的解決之道，而避免學習霸凌者與受害者的角色模式。簡單說，你將教養出深愛彼此、能調整自我情緒，以及擁有健康關係的孩子。不僅與手足能建立親密而長久的連結，與同儕、同事及人生伴侶也將能如此。他們將會成為這個世界上所需要的那種人。

家庭是將小嬰兒孕育成成熟大人的場域。不論你的家庭此刻正經歷什麼困難，一定能找對方法，創造一個能平和解決差異、手足彼此互為摯友的家庭。

如果你正要迎接一個新生兒

如果你有機會在寶寶誕生之前閱讀本書，或當你的寶寶才剛來到這個家庭不到一個月，那麼適合直接閱讀本書第三篇。如果你的家庭已經發展到不同階段，我建議你可以跳過第三篇，閱讀第一篇與第二篇的內容即可。

如果小孩總是爭吵不休

在一切都很困難的那些日子裡，真正有幫助的，是我陪在小孩身旁，提供介入、指導、示範，並預防他們的情緒崩潰與衝突。對我來說，這創造了很大的不同，我在其他同為人母的朋友身上，看不到這點……即便是那些做得非常好的爸媽亦然，並不是他們不在乎這些，而是因為我們都忙昏頭了！就好像有人需要我們保證會不顧一切、且只專注在關係上。

——貝絲

如果孩子總是爭吵不休，你也許會感到沮喪。這可能提醒你，不論你做了些什麼，小孩偶爾仍會發生衝突，就像伴侶的關係不論多麼堅固，也難免會出現爭執。發生衝突不代表誰做得不好，你沒有做得不好、小孩也沒有做得不好。

也許你發現自己很困惑，為什麼別人家的孩子看起來都很愛弟弟妹妹，唯有你的孩子老是出手欺負小寶寶。請記得，其實你看不見其他人家庭的全貌，凡是小孩難免都有嫉妒之時，不論他們在大家面前如何相親相愛。

也許你已經瀕臨想大吼小孩了，因為你已經耐心教導他「打人是不對的」很多次了，他依然出手。這時，請你不要放棄，研究顯示小小孩經常這樣，不論父母做了什麼，有可能是因為他們負責自我控制的前額葉區域仍在發展。然而，比起父母以傳統的紀律教養小孩，只要父母繼續向小孩示範，並教導他們更和平的做法，小孩終將會學習善待手足，也更有能力調整自己的情緒。你的耐心終將有所影響，雖然你現在仍看不見效果。

或者，也許你的孩子一天之中免不了會與手足鬧不愉快，這讓你懷疑自己是否做錯了什麼。答案是你沒有做不好，你已經在現有資源上盡力了。畢竟，孩子擁有他天生的某些氣質，而你就是努力把持住瀕臨崩潰的自己，將晚餐端上桌。你本非完美，也沒有任何人完美。那些小孩比較好帶的父母恐怕不能理解你的處境，但我與成千上百對父母接觸過，我知道有些小孩真的比較難照顧。

事實上，教養本非易事，真的，教養是多數我們做過最困難的事之一。它往往讓人身心俱疲，我們總是必須把自己的需求擺到最後，甚至得犧牲自己。養育小孩困難之處，在於我們必須超越自己的需求，為了小生命一再地付出、一再地給予，而這小生命卻不懂得感恩。

因此，與小孩一起生活總是充滿挑戰，即便在最理想的環境下亦然，何況大多數的我們都不是生活在「最理想的環境」之中，我們的生活同時要承受各種壓力，我們全力以赴地面對，以至於有時候感覺好像我們只在空閒時才有空照顧小孩。就像所有人那樣，我們會感到壓力、情緒「失調」，那讓我們失去原本與小孩之間放鬆、享受的連結，因為小孩仰賴這份連結，才得以保持自我調整。而他們往往也會失序，終於做出反常的行為，衝著我們或手足而來。

解決方法之一，請記住：養育小孩是父母最重要的任務，我們正在養育一個人，所影響的可不只是他們彼此之間的關係，更會影響他們的腦部發展。**為小孩提供指引，以便讓他們能夠發展情緒智商，如此才能轉化他們彼此之間的關係**。你為小孩準備的晚餐究竟是起司條、洋芋片或胡蘿蔔條，根本不是重點。真正會影響小孩將長成什麼樣的大人，以及他們之間關係的重點，在於他們日常生活的經驗。當然，天生基因有很大的影響力，但與環境的互動才是真正會形塑孩子樣貌的因素。

本書提供許多轉化家庭生活的方法，希望讀者們都可以在其中找到「啊哈！」的頓悟時刻，我知道你將發現要讓這些方法產生效果，是很花時間的、也須下定決心。因此，我特別強調應該把孩子以及他們的手足關係擺第一順位。一定會有些時候你沒能完成洗碗、洗衣服或回信等事務。能防止你的孩子們大打出手的唯一方法，就是陪伴他們，指導他們不要用吵架來表達自己的需求，並找到能讓小孩大笑甚或大哭的方法，進而將情緒張力轉化為親近感。要做到這些是很累人的，尤其這些都是閉門修煉的功夫，沒有人能看見你花了多少心力。然而，這不完全「看不見」，如同樹幹上的年輪，日復一日地記載著環境的狀態，此刻小孩所擁有的經驗也將造就他長成的樣貌。每一天，你都在形塑小孩往後人生的樣貌，而且不必擔心，這也有立即可見的效果，你將會看見小孩之間的關係日漸好轉。

我很清楚未來還是會有小孩不斷互相攻堅的日子，但這不表示你做得不夠好，而是這真的是一份艱難的任務。如果你繼續將他們的關係擺第一，優於其他你認為「應該」做的事；如果你繼續擴展自己情緒的能耐，將會看見小孩對彼此的態度軟化了。也許你很難想像小孩會成為好朋友，但你所正在建造的情緒智商基礎至少會支持一段互相敬重的關係，也許會更親近。

這很容易做到嗎？不，自我調節對任何人來說都不簡單，但那是平和教養的首要元素。別擔心，你不須做到一百分，永遠有改進的空間。「完美的父母」不存在，因為沒有人是完美的。真正重要的是能注意到自己是否失控了，讓自己回到平衡點，並與小孩重新連結。

幸運的是，小孩能從我們的失誤中學習，因為他們也會失誤。我們示範如何優雅地應對自己的不完美，這將是我們送給小孩與其手足關係最珍貴的禮物，因為它教導孩子如何原諒自己與他人。

因此，請你放自己一馬，重新喚起熱忱。現在就下定決心，下次你覺得自己沒做到最好時，不再自責，而是多善待自己。對任何父母來說，無法盡善盡美是常有的事，別再糾結自己在耗盡心力，或盛怒之下做過什麼。你只是個凡人，會犯錯，也會學習、成長，你不須擁有完美的紀錄，未來也不須完美。此刻，家庭裡發生什麼，你就從這裡開始著手處理。

想想看什麼會支持你的需求？自我照顧？資訊？諮詢？關於特定的問題該如何處理，與伴侶一起擬定一份共識？或者，你需要的只是一些簡單的策略，以處理那些難倒你的狀況？（本書提供許多處理棘手情境的策略。）一旦你支持自己，便可以開始改變與小孩的相處。

不論小孩正處於學步期、學齡前階段或已經長更大了，你都可以教導他們這些與彼此相處的能力。你可以打造互相支持與尊重的家庭文化。更重要的是，你可以幫助每個小孩處理情緒。這些情緒正是導致小孩對手足出現敵意的源頭，而你可以深化與每個小孩的親密感，以便讓他感覺夠安全，而能夠接受這些情緒，同時也讓他再也不須恐懼，你愛他的手足比愛他更多。上述這一切，都來自於你有能力管理自己的情緒，並找到與每個小孩保持連結的方法。

你會擔心有些傷害已經造成？但永遠不嫌晚，重要的是你表明自己不喜歡現在的狀態，並且承諾會著手改善。單是嚴厲斥責小孩，要他們當個好哥哥／好姊姊是沒用的，這樣只會讓小孩或你感到羞愧、被怪罪或受懲罰。然而，如果你改變自己的行為，照顧小孩的需求，協助處理小孩的情緒，則一定會有效果。這會是一件大工程嗎？是的，工程浩大。值得這麼做嗎？看看這位媽媽怎麼說：

當格蘭特剛出生時，我們與迪恩經歷過一段極為困難的時光，那時候我的目光真的一刻也不能離開他們，因為他總是出手攻擊弟弟。那時我們會採「暫時隔離」等方式來懲罰他，往往聽著他在隔壁房間裡大哭大叫、拳打腳踢。現在，我對當時這麼做感到萬分愧疚！以前每當他打弟弟或大發脾氣時，我總是會生氣，並對他大吼。我非常擔心那一年讓他這麼難受會造成負面影響。

這位媽媽，兩年後如此表示：

我非常努力培養一種我們互相尊敬與公平的氛圍，這是我們都希望被對待的方式，當他們對彼此友好，我便經常讚美他們，並鼓勵他們幫對方一些小忙，例如，格蘭特（三歲）在踏出家門的那一刻突然想要拿他的小貨車，迪恩（五歲）跑上樓去幫他拿，我便把對迪恩的讚美編成歌，邊唱邊跳「迪恩是最棒的哥哥」舞。我們鼓勵他們互相擁抱與親吻、並為對方著想。一般來說，我們把焦點放在擁有兄弟與玩伴是多麼美好的一件事……而我們都連結在一起。

這位媽媽鍥而不捨，並未因為強烈的挫折而放棄，她每天都認真著手改善：調整自己、幫忙小孩處理劇烈的情緒、分別照顧他們各自的需求、打造彼此欣賞與支持的家庭文化，最終，她兩個兒子成為一生的摯友。這兩位小兄弟真幸運！

你也可以做到！

我的第一本書《與孩子的情緒對焦：做個平和的父母，教出快樂的小孩》，分享如何察覺那些綁架我們的強烈情緒，調整自己、保持平靜，與小孩連結，並指導小孩的情緒，以便讓他發展出自我掌控的能力，並想要與你合作，不須動用懲罰。在這本書中，你將會找到如何將這些學習運用在養育多個小孩上，在此，我無法完整說明《與孩子的情緒對焦》書中的基礎指引，希望你願意讀一讀、或你已經閱讀過這本書了。而這本書綜合許多協助你促進小孩彼此擁有快樂手足關係的方法，你將發現，如果能整合《與孩子的情緒對焦》書中所深入闡述的自我調整、維持連結與指導，本書中的方法將更相輔相成、發揮更多力量。

第1篇

一〇一種平和教養

不論父母怎麼做，手足之間難免都會發生衝突。每段關係中都會有衝突，孩子們的需求和渴望偶爾會彼此抵觸，不可能阻止的。你**可以**做的，是提供他們一些健康方法，讓他們好好處理眼前的紛爭，而他們將受用一生。

每個孩子都是獨一無二的，有些手足確實真的比較處不來。因此也許出乎你的意料，不過如果要讓小孩之間擁有健康、充滿樂趣、令人滿足的關係，關鍵並不是他們的行為或先天氣質。這些固然重要，但真正的關鍵其實在於你！

這幾十年來，許多關於手足與家庭的研究發現有趣的結論。在本書中我會討論一些，而其中有一份最重要、也得到許多證實的研究指出：

如果父母與每個小孩的個別關係處理好，小孩間的手足關係也會比較正向愉快；如果父母與小孩的關係較為負面、較常懲罰，小孩之間也會對彼此較有攻擊性、較自私。

因此，你無法掌控孩子們如何互相對待，但你可以掌控在這當中有著巨大影響力的人——也就是你自己。

沒錯，孩子之間必然會互相競爭較勁，每個家庭多少都會發生孩子為微不足道的小事而爭吵不休、或者痛恨對方。然而，運用我稱之為「平和教養」的育兒法來協助孩子，往往能讓愛的感覺超越競爭較勁的衝動。

第1章 如何當個平和的父母？

當我可以處於當下、並深呼吸，愛的感覺便會浮現；但如果我陷在恐懼或過往經驗中，即便現實原本沒那麼嚴重，我也將使得一切越演越烈。

——史黛琪

平和，不代表從此家裡不再有人失控脫序，或不再熱鬧有趣，而是**你**讓自己的思緒更沉著穩定，這對小孩而言是個好榜樣，並有助於他的腦部神經系統發展出自我調節的能力。

沒有人能時時刻刻保持平靜，然而，如果父母希望家裡以及自己的內心能更平和，以下三個練習非常有幫助：

1. **平和的父母能夠調整自己的情緒**。即便小孩的情緒高漲或行為脫序時，依然可與小孩保持正向連結。有時我們會指責小孩的幼稚，因此我們有責任表現得成熟，這意謂我們不該情緒化地亂發脾氣。身為父母，我們的回應可能幫忙小孩化解情緒風暴，但也有可能讓一切變得更糟。

   父母本身的情緒調整如何影響手足關係呢？父母就是小孩的榜樣，你會聽到小孩向手足說話時複製你的用詞和語氣。如果父母能調整自己的情緒，孩子便能學習處理自己的感覺，進而管理自己的行為（包括對待手足的方式）。如果他們更能讓自己冷靜下來，就比較不會吵架了。手足之間存在嫉妒之情，但他們將擁有更多的內在資源，能更健康地處理複雜的手足情結，而彼此間的情感便更有機會勝過競爭的衝動。

2. **平和的父母會將「與小孩維持溫暖的連結」視為首要之務**。每個小孩都需要感覺到自己如實地被聆聽、理解與尊重，不然便會感到不安，並反抗父母。

   另有一個好處：連結感是孩子願意聽話的重要動機。當我們**使用強迫方式來讓**孩子做某些事，其效果只能建立在實際利益上，小孩會**選擇性**地達成我們的要求。這就是為什麼很多父母都覺得與小孩相處彷彿是永無止盡的威脅利誘、權力角力。相對地，當父母與孩子有深度連結，孩子會**想要**維護這段關係，便會傾向遵循父母的指導。因此，如果小孩能感受到連結感，便比較願意與父母合作，當然，這對父母來說勢必會輕鬆許多，而對其他手足而言也是如此，因為孩子比較開心時也會比較慷慨大方。

最終，可以感覺到與父母連結的孩子，比較會看重父母所重視的，並將父母視為行為的榜樣；也就是說，他會效仿父母如何對待手足，因此自己也會用比較照顧、友善和有耐心的方式對待手足。

3. **平和的父母會提供指導，而非控制**。指導而非控制，這是什麼意思？指導意謂教導、扶持小孩發展出他自己最好的狀況，而非施予懲罰；會耐心地為孩子開創成長的機會，孩子每踏出正確的一步都會為他喝彩。孩子會想更努力嘗試、想要「像」父母一樣。相對地，控制，則是強迫孩子行為舉止要按照你的意思，如果他不願意，便以懲罰威脅。

換句話說，平和的父母不會懲罰小孩。當然，他們同樣會設限，只是與懲罰無關。我知道很多人都認為越嚴厲便越能教出乖小孩，但這不是真的。關於紀律的研究一再指出，嚴苛而權威的教養方式會讓孩子自尊低落、表現比較差，並又因此更常導致受罰！懲罰會產生的另一個問題是，孩子的作為並非他「自主」的選擇，那並不屬於他，他並非自發地懷有「做正確事情」的動機。我女兒十六歲時，我因要寫一篇關於「未曾受過懲罰的她，如何學會自律？」的網路文章，而訪問她，她說：「不管是否受到懲罰，小孩最終都會學到不能打人。但如果你是以懲罰的方式來教他，他學到的是：他之所以不打人是因這樣自己才不會受苦、受痛；如果你以同理心來教他，他會體悟到：之所以不打人是為了不想弄傷、弄痛別人。最終他會成長為一個更好的人、更懂得關懷他人。」

如果孩子對我們百依百順，那當然很輕鬆！不過，其實小孩擁有**選擇自己行為**的需求是很好的，這是為自己承擔責任的第一步。當你指導孩子，你激發他「成為最好的自己」的能力與渴望，他的動機將源自內在。在本書中，我們都在談論如何**以同理心、指導與示範來教養小孩**，好讓他**想要**配合，你自然不須動用懲罰。

父母指導（parental coaching）對手足關係會造成什麼影響呢？研究顯示，父母以懲罰和控制的方式養育小孩，手足關係將較為負面，因為他們學會以威脅和強迫方式讓別人照著自己的意思做。相對地，面對衝突時，平和的父母指導孩子運用人際互動的技巧來解決，學習如何在滿足需求的同時，仍能尊重他人，因此，孩子將更懂得如何應對與他人之間必然的衝突。

「平和的父母」代表父母總是心平氣和嗎?當然不可能,父母也是人!所有人都一樣,沒有完美的父母。自我調節是最艱難的情緒課題,因此,就算我們立意良善,這仍然是一場艱困的戰役。**那麼平和的父母有哪些特點呢?他們會花心思調整自己、創造連結、提供指導,而不控制孩子。這樣的努力會改變我們的行為,一次做出一點改變**。親子關係是由日常生活的點點滴滴累積而成的,所有正向的選擇都是加分。如果今天加了兩分、但減了一分,你的家庭關係依然會朝著正向的方向發展,在不知不覺之間演變成新的光景。

一些教養的祕訣,協助你做個心平氣和的父母

如果你希望成為更平和的父母,要從哪裡開始呢?有兩個基本的教養祕訣:退一步、讓自己冷靜下來,以及提供情緒輔導。

退一步,讓自己冷靜下來

我從來不會大吼大叫,直到我有了兩個小孩。

——愛蓮

大多數父母都會希望自己可以「再冷靜一點」，但沒有人能時時刻刻都保持冷靜，更不必說那些養育多個小孩的父母。父母每天被孩子的各種瑣事煩擾，完全無法維持自己的生活常軌，與其努力「保持冷靜」，不如把目標改成注意自己的心情是從什麼時候開始惡化，並發展一系列策略，以幫助自己回復平靜。

這樣的過程有點像在學樂器，一開始，要彈出簡單的旋律看似不可能，但只要繼續練習，一年之後你就可以彈出奏鳴曲了。如同每一次的練習都不可能是完美的，不過只要有練習，便會一次比一次更順手。實際上，你可以改寫自己的大腦迴路，建立有助於自我調節的神經連結。

如果你擁有充足的睡眠、滿足基本的需求——這對父母來說往往是個大挑戰——你便比較能在陷入「低路」前拉住自己。低路的概念是由《由內而外的教養》（*Parenting from the Inside Out*）一書的作者之一丹尼爾・席格（Daniel Siegel）博士所提出。低路就是當人備感壓力、精疲力盡或憤怒不滿時所呈現的狀態，舉凡當你對著小孩堅持自己是對的，或非要小孩道歉不可；當你陷入戰鬥或逃跑模式，而小孩在你眼裡像是個敵人；當你理智線快斷了，覺得就算大發脾氣也心安理得；上述這些狀態都是低路的展現。相對地，高路就是當你感覺狀況不錯，因此在情緒上可以很慷慨寬容；即使小孩正在爭吵，你依然可以耐心地理解，甚至帶點幽默感。當處於高路時，為人父母是一種享受。

首先，我們要練習注意自己什麼時候開始陷入低路；再來，直到重新回到平衡之前，都**不要**採取任何行動。可能你只需休息一下（例如做幾個深呼吸），或者你也可能要花上二十分鐘（例如動動身體或冥想）。如果小孩就在身旁，根本無法做上述舉例的這些？你可以試試放點音樂，跟他們一起跳舞，來轉換一下情緒。

這聽起來很難，確實不簡單，但有些簡易的方法可以讓你先從小處著手，例如，試試簡單的「五個深呼吸」（Take Five）來調整自己、回到平衡。做五個深度而緩慢的呼吸，如果要加深效果，就在呼吸時注意身體有些什麼反應，想像你正把輕盈的感覺吸進身體裡各個緊繃的部位，並把壓力呼出去。這個簡單的想像練習，讓你更覺察自己的壓力，而可以透過一吸一吐來釋放。研究顯示，像這樣有意識地呼吸，只需做五次，就可以讓你從壓力狀態變得平靜，而且會越做越有效。當寶寶在你幫他洗澡或大家目光都盯著你時大哭起來，你可以抱著他做「五個深呼吸」。

最重要的是，當你的小孩們爭吵不休，在插手介入前，你可先做五個深呼吸。這很重要，因為當孩子的情緒高漲時，他們已進入「戰鬥、逃跑或凍結」的狀態，這意謂他們將這情境視為危機，因此，身為父母，我們回應他們時很自然也會把警報拉到同樣的等級，彷彿真的

處於危機之中。這將會造成的問題是，腦袋被危機的生理反應淹沒了，任誰都無法保持清晰的思考，因此很難做到父母最該做到的回應。

想一想到底是怎麼回事，你的兒子推倒妹妹，這真的是危機事件嗎？其實不然，只是當下感覺彷彿如此。在還沒想通這點前，你已經進入「戰鬥、逃跑或凍結」狀態，而兒子看起來就是你的頭號敵人，你心裡的警鈴大作，馬上介入、打擊敵人、拯救小女兒。

不幸的是，對這兩個小孩來說，這個警鈴聲反而讓場面變緊張。你的小女兒原本只是嚇一跳，並沒有受傷，這下開始哭了。兒子被你的大叫與威脅嚇到，躲到沙發後面，整整花了二十分鐘一切才恢復平靜。

如果這情景在家裡經常發生，小孩的杏仁核——也就是大腦負責偵測危險的部位——會變得更活躍、容易擔憂，他們的情緒會更迅速地從零飆到六十，因為他們更容易感到被威脅與激怒，因而便會更容易與手足發生衝突。

你必須知道一件很重要的事：剛出生時，寶寶的腦部尚未發展完成，這是為了讓寶寶更能因應所處的環境而做調整。**我們與寶寶的互動將會形塑他的腦部建構**。我們越容易動怒，小孩就越會感覺自己總是處於危機之中，他的腦部將經常準備自我保護，並使得他更具攻擊性。

當然，有了小孩後的生活，會讓父母心情沮喪、感到被淹沒與怒不可遏的原因比比皆是，例如嬰兒老是哭個不停、小孩出手打嬰兒、學齡前的小孩把弟妹的娃娃沖進馬桶、六歲的孩子開始把在學校聽到的不雅詞彙掛在嘴邊、把弟弟罵哭。尤其當小孩爭吵、打架時，我們的心情當然會很差，緊繃神經、大叫、選邊站、說一些事後會後悔的話。我們只是想要解決這些問題，但當心緒處於危機狀態，我們的所作所為必然只會適得其反，讓當下的情境以及小孩之間的手足關係更加惡化。如果想要打破這個惡性循環，我們就必須自我調整。

卡蜜兒的爸媽都在習慣大聲吆喝的家庭中長大，他們一旦感到挫折就會大吼大叫。當三歲的卡蜜兒做錯事（這對三歲的小孩來說再自然不過了），爸媽便會吼她。而當卡蜜兒的弟弟馬可拿了她的玩具，或在哭時，卡蜜兒也會吼他。事實上，有時卡蜜兒只是有點煩躁或心情不好，她也會吆喝弟弟。現在，十六個月大的馬可也開始會吼回去了。

伊莎貝的爸媽同樣也都在習慣大聲吆喝的家庭中長大，但他們很努力地練習不要用吼的，當然，他們會挫折沮喪，尤其當三歲的伊莎貝行為脫序。他們發展一系列的方法來幫助自己調整情緒，以減少對小孩大呼小叫的次數。當伊莎貝的弟弟米羅拿走她的玩具，伊莎貝學會以另一個玩具和米羅交換；當米羅開始哭，她會學父母說過的話「米羅，你傷心呀？我來幫你。」米羅現在十六個月大了，他經常拿玩具給伊莎貝，而伊莎貝甚至比她的爸媽還更懂得如何逗米羅開心。

小孩會從生活中學習，當我們大吼大叫，小孩都看在眼裡，他們將會學到：

- 對手足或父母大呼小叫。
- 以吼叫與責怪他人的方式，來應對生活中不可避免的衝突與挫折，而不是與對方一起琢磨解決辦法。
- 心情不好，便把氣發洩在別人身上。

這聽起來可能有點奇怪，但父母學著恢復冷靜對增進小孩手足關係而言是很重要的。這很簡單嗎？不，調節自己的情緒是教養中最難的環節，且這往往是持續不斷的歷程。如果被逼到極限，每個人都可能會逾越界線，然而，**這正是為什麼身為父母的我們有責任要遠離這道界線**。對任何人來說，調整自己的情緒是最困難的事，但總不能因為這樣我們就雙手一攤、什麼都不做。如果你經常大吼，現在就是你改變的最好時機，這並不容易，但我看過成千上萬對父母改變了。（更多關於如何停止大吼的內容，詳見《與孩子的情緒對焦》的第一章內容〈如何不對孩子吼叫〉。）

好消息是，當我們可以平靜地做出反應，即便情緒仍相當高漲，孩子也會學到在情緒很糟時，如何能較有建設性地管理情緒。他們將學會：

- 眼前的情況在我看來像是一場危機，其實並非如此。
- 我知道有人會聽我說話，所以我也會聽兄弟姊妹說話。

我們一定可以解決事情的：情緒教導

什麼是情緒教導（emotion-coaching）？就是協助你的小孩發展情緒智能。情緒智能讓我們可以調整情緒、能與他人合作或玩在一起，以及在關係中處理衝突、讓雙方的需求都能適度滿足。「情緒教導」這個詞是由《與孩子一起上的情緒管理課》（*Raising an Emotionally Intelligent Child*）作者約翰・高曼（John Gottman）所創，他位於西雅圖的「愛的研究室」（Love Lab）做了多年觀察家庭的研究，他發現父母充滿關愛雖然很重要，卻不足以養育出能自我調節的孩子。父母必須幫忙孩子面對渡過一些困難的情緒，例如嫉妒、憤怒和恐懼。

協助孩子處理情緒，首先我們要知道，一旦情緒能被察覺，便會開始消退。相對地，如果我們推開情緒，最終仍會在潛意識的層次繼續受它之苦，而在潛意識中我們便無法掌控，這就是為什麼情緒一旦被「刺激」便大爆發：那些被壓抑的情緒急著要浮現與得到療癒，但它們不在意識控制下，會不定時地傾瀉而出。因此情緒教導的首要目標，就是協助小孩體會到擁有自己的感覺是安全的，而且這麼做能療癒負面情緒，同時也幫助孩子學習管理自己的感覺。一旦他們可以管理自己的情緒，便可以管理自己的行為了。

為什麼情緒教導對孩子之間的手足連結很重要？高曼同事、也是手足關係專家羅利・克雷瑪（Laurie Kramer）說：「即便小孩從父母雙方都得到許多關愛，但如果沒人教導如何經營手足關係，他在這方面仍可能無法成功發展。」情緒教導幫助小孩學習冷靜下來，理解手足的立場與觀點，在手足衝突中把自己的需求化作語言表達，而非動用肢體攻擊，孩子因此可以想出一個顧全雙方的解決方法。

情緒智能的技巧來自小孩自我安撫的能力。有些孩子天生便比較有能力自我調整。但在所有孩子發展情緒調節的過程中，父母都扮演很重要的角色。由於大腦在生命頭幾年便形塑出回應經驗的方式，**每一次你舒緩嬰兒的負面感受，他的腦部都會建造一些自我舒緩的神經迴路。單單只是在嬰兒難受時安撫他，你便已促進小孩的生理釋放冷靜的化學激素，並強化他**

日後自我調節的能力，而這正是情緒智能中最基本的能力。（你可能聽過一些說法，聲稱將寶寶留在某處想辦法自我舒緩，會讓寶寶學會自我安撫，但近期的腦部研究駁斥這過時的建議。）隨著小孩逐漸長大，你可以透過辨認他的受傷與挫折，繼續協助他學習自我安撫，這有助於他接受自己的情緒，這正是學會管理自己的第一步。如果你的小孩很難安撫自己，你只要簡單地把他抱在懷裡，而你慢慢地深呼吸，在吐氣時發出舒緩的聲音，這同樣能協助他學習。當他平靜下來，你可以邀請他跟你一起深呼吸。

對父母而言，最重要的情緒教導技巧是同理小孩的情緒，這不僅會舒緩小孩，也會幫助他發展同理的能力。事實上透過鏡像神經元和邊緣系統，小孩天生具有理解他人情緒的能力。然而除非小孩經驗過被理解的感受，他不會體會到如何安全地擁有自己的情緒，因此別人的負向情緒會令他害怕。你持續而積極地同理小孩，將會是他是否能理解手足的關鍵。

你的同理同樣幫助小孩發展自我調節。當小孩感覺到被理解，他會覺得自己與父母比較親近，因此他比較會接受你的設限或願意合作。他學習到情緒並不危險，他可以選擇是否要在情緒的當頭行事，因此他發展較好的自我控制，更能處理失望情緒，因此他更有韌力。相對地，那些覺得自己的情緒很糟糕的小孩會把情緒隱藏起來，不幸的是，被壓抑的情緒便不在意識的掌控下，將會在日後以「偏差行為」爆發。

具體而言，究竟怎麼**做**是同理呢？同理意謂我們辨認出別人是什麼感受，是一種心理上的理解，而不只是言語的表達。同理的祕訣是停下手邊事，我們才能真正聆聽和注意到小孩的感受。只要小孩正在經歷某種困難或掙扎，就以同理心去接近他。

「你想要玩，但哥哥想要獨處，這讓你很難過。」

「姊姊在過生日，你可能覺得被晾在一旁，再過幾個月就輪到你生日了。」

「噢，小寶貝，我很遺憾妹妹撕破了你的畫……你很傷心，也很生氣，想要打人，我們把這些心情告訴妹妹。」

對多數人來說，同理並不是信手捻來的習慣，並不是我們心地不好，而是因為在日常生活中，我們往往透過自己的需求和渴望來看待別人。當小孩心情不好時，我們不會自然而然地從他的角度看事情，而是從自己的角度看，這意謂我們經常把他的情緒視為一種麻煩、過度反應，甚至可能認為他在故意找碴。

然而如果希望小孩對手足或其他人有同理心，我們必須讓他感覺到被同理。這意謂不論他做什麼、說什麼，我們都能理解他的看法，即便你不同意他的觀點。

如果你沒辦法做到每分每秒都保持同理？沒關係，這是目標，就像其他目標一樣，這必須常常練習。有時候你真的太生氣、太忙或太累了，這是在所難免的，其實小孩並不需要你百分之百、全天候地同理他，只要努力把同理他的頻率提高就好。

許多父母擔心接受小孩的情緒會養成他的「公主病、王子病」，其實正好相反，當父母能真正打開小孩的心房，允許小孩表達任何他想表達的，小孩將學會：

- **「我的情緒是正常的，並不危險。」**情緒往往有淹沒人的感覺，但小孩會學習去感覺有情緒是正常的，一旦他去感覺，便不再被情緒掌控。
- **「當我說出我的感覺，便不會變得瘋狂。」**情緒會保持在意識的掌握之下，因此，即便小孩感覺很差，他依然比較能規範自己的行為。
- **「覺察自己感覺到什麼，讓我比較能用語言表達，而非動手傷害弟弟。」**你可能不太喜歡聽小孩大呼小叫地抱怨令他不高興的理由，但這是遠離肢體攻擊的關鍵。
- **「我那時很生氣，現在也還在生氣。生氣很複雜，包含受傷、害怕和傷心的感覺，一旦我注意到這些，就不再感覺這麼生氣了。」**這是管理憤怒情緒的基礎，難道你不希望自己能在小時候就學會這點嗎？

你可能第一次聽到這個接納情緒的方法，請記住，我並非建議你改變家裡原先的規矩，我是說，所有情緒都可以被接納。讓小孩與情緒「為友」，讓他學會管理情緒。日久成習，越來越自然地接受情緒，即便在你備感壓力下，依舊如此。你會發現，當小孩心情不好時，你不再那麼容易受影響，而且能夠以新的方式耐住性子。

當你嘗試這個同理心法，你會發現小孩有所轉變，甚至可能會在你心情不好時擁抱你。父母如果以情緒教導來教養小孩，孩子將能理解他人行為背後的感受，有能力處理與朋友、同學、老師關係中的複雜情緒，當然，手足之間的關係也是如此！

第2章

平和教養如何協助手足關係？

大量的研究指出，父母與小孩的個別關係——包括父母對各個小孩不同的規範——對手足關係的品質有重要的影響力。

學者吉恩・布洛迪（Gene Brody）在手足關係的研究領域中備受尊崇、且著作等身，他發現，當父母不採懲罰方式指導小孩，小孩之間比較不會打架、也會對彼此比較好些。如同前言中提到的，即便父母不懲罰，年紀越小的孩子越容易和手足打架，大概是因為小小孩比較難控制自己。然而隨著年齡增長，比起那些以傳統規範教導的孩子，在父母以情緒輔導方式下長大的孩子，更能調整自己的情緒，對手足比較友善。

一篇關於手足關係的研究發現，那些「對彼此較有同理心與關懷的手足」（約有三分之一的比例），其父母相當溫暖、且在努力達成期待的過程中會得到扶持。另外三分之一的手足為「競爭關係」，「有時出現攻擊行為」、「有時則和諧溫暖」，基本上就是一般所想像的那種手足關係，這些孩子的家庭中，父母至少有一人或嚴厲、或放縱、或對小孩漠不關心。另外百分之二十二的手足則為高攻擊、對彼此冷漠，這些孩子的父母雙方**都是**嚴厲或漠不關心的。而最後百分之十的手足呢？他們來自失功能的家庭，父母在情緒層面上未能與孩子互動，這些手足彼此過度牽絆黏膩，也就是說他們的關係是喪失功能的，因為父母親職功能不足，他們必須照顧彼此，然而，手足不該承擔養育彼此的責任。

因此，父母設立合理的期待並協助孩子，會讓孩子較有能力與他人好好相處；相對地，嚴厲或放縱的教養方式則會讓孩子比較容易彼此衝突、打架。

重新思考「規矩」

「規矩」呢？規矩與懲罰之間有什麼關聯？「規矩」（discipline）這個詞事實上意謂「引導」，源自「弟子／門徒」（disciple）這個字根。懲罰則意謂強迫，較少引導的意涵，它意

為什麼懲罰與放縱會加劇手足衝突？

直覺上我們比較能理解為什麼放縱不利於手足關係。如果希望孩子可以善待彼此，我們必須清楚表明對家中「禮儀」的期待，並協助孩子達到這些期待。這就是為什麼鼓勵父母忽視手足衝突會造成反效果，針對這點，我們將在第二篇詳細討論。

為什麼懲罰會造成更多手足衝突，這通常比較難理解。畢竟，我們懲罰小孩是為了強化我們所設立的限制，並讓他們學到一些重要的教訓。為什麼這樣不會增進手足關係呢？

我們可以從小孩的雙眼中窺見關於這問題的驚人洞見。在小孩的眼裡，紀律並非你教他什麼是合宜的舉止，相對地，是當家人之間心情不好、或彼此的渴望相互衝突時，孩子會從你如何處理這些事情中看見所謂的「紀律」；換句話說，**你處理問題的態度會成為他處理人際問題的模範**。因此，懲罰——也就是使用強迫的方式——教會他的是，一旦有問題要解決，他便使用強迫的方式來對待手足。

關於孩子如何解讀懲罰，以及懲罰如何形塑孩子的手足關係，你會想知道更多嗎？

1. **懲罰讓孩子的注意力集中在如何避免更多的懲罰，而不是如何關懷彼此**。他們可能會學到不能打手足，但之所以不能這麼做，是為了避免自己惹上麻煩，而不是因為他想到手足被打會感到疼痛。懲罰延緩同理心的發展，這會讓孩子更難以理解手足的觀點。
2. **設立限制時若缺乏同理，將抹煞孩子內化自我紀律的機會**。沒有人喜歡被控制，所以孩子會抗拒缺乏同理的限制是很自然的事，孩子拒絕限制、不把我們施予的「控制」放在心上。聽起來可能很瘋狂，這意謂**當他們**

生氣時，他們把「防止攻擊手足」視為你的責任，而不認為自我控制是自己該做的事。當我們設立限制時，最好同時讓孩子感到被理解，他最終會內化我們所給予的限制，並為自己負起責任，即便沒有權威人物在場時亦然。

3. 在懲罰中長大的孩子，學會用懲罰來對付手足，以便強化自己的地位與權力。當小孩知道彼此間的競爭會招致懲罰，他們就想要告狀，一方面是為了讓手足遭殃，另方面也為了能扮演「好孩子」的角色（第四章會進一步討論「告狀」）。
4. 當手足因起衝突而遭受懲罰，他們會變得越來越討厭彼此、一心想著報仇。他們往往會陷入負向的循環中，為了要營造是對方犯錯的場面而煽動衝突的發生。
5. 在懲罰性的規範下長大的孩子，傾向常懷憤怒或憂鬱。因為我們讓孩子覺得自己真實的情緒是不被接受的，由於父母並未在一旁協助他們管理自己的困難感受，他們彷彿被冷落在一旁，必須絞盡腦汁、想辦法克服自己的「小」衝動。這讓他們更難去管理自己的憤怒，也更可能將憤怒發洩在手足身上，畢竟手足是他們難得可以發洩的對象。
6. 懲罰造成恐懼。孩子從生活以及你的示範中學習，如果他出自害怕才去做你要他做的事，這個舉動其實把孩子推向成為霸凌者。如果你吼他，他也會吼別人；如果你強迫他，他也會強迫別人。讓他習慣去對抗他能對抗的人，其中包括他的手足。

這可能很難接受，但研究清楚指出：大人施予懲罰，將在無意間造成負面影響，讓孩子學到運用權力來解決意見不合與難受的感覺。因此，懲罰孩子不僅會損害他的整體發展，同時也會對孩子與他人的關係有負面的影響。

謂透過造成對方情緒或身體上的痛苦，而使對方臣服、照我們的意思去做我們要他做的事。然而我們的文化認為，規矩必定要透過造成孩子情緒上（有時甚至是身體）的痛苦，來影響他們的行為舉止。其實我們是以「懲罰」的概念來使用及思考規矩。

因為「規矩」這個詞經常被錯誤解讀，我建議我們別再使用這個詞，改用「愛的引導」來指導小孩。這樣會大大不同？這會改變我們對孩子的理解，不再認為要以「規矩」來影響孩子的行為舉止，我們會換上全新的視野。

1. **小孩天生需要與大人連結**。當孩子與父母有連結關係，在不須特別妥協的前提下，便願意遵從父母的引導和保護。若能保持與孩子的連結，他自然會**想要**配合。若他不配合，往往是因為他做不到，他需要你的協助，情緒上的困難驅使他做出不合宜的行為。

你大概認為，小孩的脫序行為不過是他想為所欲為？沒錯，正是如此！而這個徵兆表示他認為去做想做的事比你與他之間的連結還重要，**當孩子相信我們真的和他站在一起，他會願意放棄原本想做的事，選擇做他更渴望的事——與父母保持正向連結**。想想看，這就是自制力的定義呀！為了更為深切的渴望（例如健康與身材）而放棄原本想做的事（例如吃塊蛋糕）。因此，孩子之所以克制對手足動手的衝動，是因為他更希望得到你溫暖的重視，與此同時，他的腦部也發展著自制的神經迴路，有助於長大後他將更能自制。

2. **小孩從重複的生活經驗中學習**。與你互動的每個片刻，都在為他示範要如何管理自己以及要如何與人互動。

3. **所有脫序行為都表示小孩需要協助或連結**。回應孩子的需求，他的行為便會有所改變。當孩子沒達到我們的期待，他是需要更多的扶持才能達成，所謂的「扶持」包括更多的教導、連結或幫忙他處理阻撓著他的困難情緒。大多被我們視為「脫序」的行為都只是正常的孩子氣罷了，只須透過愛的引導便能「改正」。

4. **小孩一旦可以調整自己的情緒，便可調整自己的行為**。如果你的孩子感覺到跟你有連結，他會想要跟隨你的引領，但有時候他也會做不到，因為劇烈的情緒癱瘓了尚未發展完全的前額葉皮質，就像我們已經討論過的，你可以透過同理心這個有用的方法來幫忙他學習調整自己的情緒。有時這還不夠，狂亂的情緒會讓孩子大爆發。隨著孩子的成長，他們越來越能用語言表達情緒並渡過情緒的波動，但較年幼的小孩通常需要哭一哭，關於這點，在本章後段將有更多描述。

5. **設立有效限制的關鍵在於同理**。這不是放縱。你是領導者，你有責任引導小孩的行為。

指導並非讓小孩予取予求，他不能在牆壁上畫畫、不睡覺或打小寶寶。然而即使堅持他必須遵循我們的規矩，只要傾聽與同理他，願意找出顧全雙方的做法，他依然可以感覺到我們對他的重視。設立限制時帶有同理，將會消弭小孩的抗拒，因為孩子至少會感覺到被理解，即便他並未得到他想要的。

平靜地引導小孩，意思是我們要努力讓自己保持平靜，用和緩而非強迫的方式教小孩。我們正在示範如何以尊重的態度向他人表達自己的需求，以及對他人的行為畫定界線。平和的父母知道自己不能夠控制小孩的行為，唯有小孩自己可以控制自己的行為。因此我們與孩子建立信任的關係，他會願意接受我們的引導。健康的選擇將會為他的生活帶來好的結果，他會看見這麼做的好處，並真正「主導」這些行為背後的選擇。這就是為什麼有些孩子在長大過程中更傾向做出「正確」的選擇，即便沒有人盯著他們。

設立帶有同理的限制

既不嚴厲、也非放縱，更好的做法是扶持孩子，以協助他們達成我們的期待。要如何在須設立限制的同時仍給予扶持呢？透過重新連結、以及理解孩子的觀點，所設立的限制要能同理孩子。我們來看一些例子。

每次都從一個深呼吸開始，以便讓你自己回到中心。接著，引導孩子到你所期待的行為，與此同時，與他保持連結。

在設立限制的同時，理解他的感覺與需求

盡量避免：「不要對寶寶大叫！你這樣只會讓他哭得更慘！」

試著這麼做：「我知道寶寶哭得好大聲，讓你的耳朵不舒服，我的耳朵也不舒服。但是對他大叫是不好的，因為大叫會嚇到他，會讓他哭更久。」

設立限制要有同理，並重新導向小孩的衝動

盡量避免：「你這個惡霸！夠了，停下來，去罰站！」

試著這麼做：「你很生氣，但我不會讓你打弟弟，你可不可以用說的告訴他你有多生氣，以及你需要他怎麼做？」

設立限制要有同理，理解他心裡的渴望

盡量避免：「不要這麼自私！我已經跟你玩一個小時的扮家家酒了，寶寶餓了！」

試著這麼做：「你希望我可以一直跟你玩扮家家酒，但寶寶哭的時候我必須先去看看他，他才不會覺得害怕、孤獨，就像你哭的時候我也會去找你……我想有時候你很希望回到只有我跟你的時候，就像以前那樣，對吧？如果我們可以整個早上都坐在這裡玩扮家家酒，那就太好了，你就不需要跟寶寶分享我了。」

設立限制要有同理，讓小孩選擇

盡量避免：「太危險了！把這根棍子給我！」

試著這麼做：「奧斯丁，你有聽到路易斯說什麼嗎？他說他不想要棍子靠近他的臉……你可以把棍子放下，或者你可以來我這邊揮棍子，這樣就會離路易斯遠一點了。」

設立限制要有同理，邀請小孩在玩樂中與你合作

盡量避免：「如果你們沒辦法不打架，就兩個都從沙發上下來。」

試著這麼做：「我們就在沙發上把打架的事情解決掉！我從來沒有自己獨占沙發過！」—

邊說，一邊跳到兩個小孩身上。

設立限制要有同理，以實際行動守住界線

盡量避免：「不要潑妹妹水，我已經講第三次了！你離開浴缸，立刻！不准哭，這是你自己造成的！」

試著這麼做：「佩頓，你看看妹妹的臉……你潑太多水到她身上了，你也快把我弄濕了，你可以停止嗎？停不下來嗎？好吧，那麼今天晚上洗澡時間要結束了……出來了，你哭了，你還沒準備好結束……你很喜歡潑水，是嗎？但小寶寶不能被這樣潑水，如果明天我們在後院弄一個小水池，你就可以盡情潑水了，這樣好嗎？」

設立限制要有同理，邀請小孩和你一起努力想出顧全雙方的解決方法

盡量避免：「不可以，寶寶在睡覺的時候，你不能放音樂，找點別的事做。」

試著這麼做：「你想要大聲放音樂，我們可以開心跳舞……但現在我需要安靜，寶寶才可以睡覺，那我們可以玩……嗯……這樣的話我們可以玩什麼呢？不如我們現在來玩樂高，等寶寶睡醒了，我把她揹在揹帶裡，你放音樂，我們一起跳舞，如何？」

重新思考「暫時隔離」

我在四歲的女兒身上試過一次「暫時隔離」，就像妳所警告的，有一次她打了兩歲的弟弟後，我第一次叫她自己待在房間，她便對我說：「我很壞！我忍不住一直打弟弟，你們不再愛我了。」

——薇樂莉

我們已經討論過為什麼不懲罰小孩有助於手足關係了，那麼暫時隔離呢？多數父母在小孩起衝突時，會採「暫時隔離」來分開小孩，並希望他們可以對彼此好一點。

然而，暫時隔離對小孩來說是一種懲罰，不會讓小孩對彼此好。事實上，這做法會讓小孩的行為更糟，就像其他的懲罰一樣。為什麼呢？

● **暫時隔離讓孩子感到羞恥。**如果孩子相信自己是「好的」，便能夠停止心中很糟的感覺，而正是這些很糟的感覺讓他們做出脫序行為。不幸的是，當他們感覺自己不好，我們也會對他們不好，因此，羞恥感便創造出惡性循環，不斷增強孩子內在覺得自己不好的感受。

- **暫時隔離不能協助孩子學會調整情緒**。當你把他獨自送進房間，他最後一定會冷靜下來，但那是因為他沒有機會表達這些感受，他壓抑感覺了，那些感覺不再處於他意識的掌控下。這就是暫時隔離往往讓小孩更憤怒、也更難以調整情緒的原因，因此你會看到他走過妹妹身邊時，無緣無故就推妹妹一把。
- **暫時隔離不能真正解決小孩之間發生的問題**。只會讓他們其中一人、甚至兩人都忿忿不平。父母經常認為讓小孩分開、給他們一點教訓，事情就解決了，但這對下一次復發的衝突其實一點幫助都沒有。
- 如同其他形式的懲罰，**暫時隔離同樣削弱了我們與小孩之間的連結**。不幸的是，這個連結是小孩願意聽話的唯一理由。因此，父母隔離了小孩，將會使他的行為陷入惡性循環中。
- **暫時隔離激起親子之間的權力角力**。它會讓小孩經驗到毫無權力，藉機便會發洩在更沒有權力的對象上，而那通常就是他的手足。
- **暫時隔離是因恐懼而奏效**。被隔離象徵著被拋棄，艾爾斐・柯恩（Alfie Kohn）指出它是一種「撤回關愛」的形式。既然手足競爭的根源就是小孩擔心會因手足而失去父母的愛，任何教養一旦牽涉到撤回關愛，注定會加劇手足競爭。

你可能看過一些研究，告訴你如果「正確」操作暫時隔離，被證實是「有效」的。但到底是對什麼有效？我讀過許多研究都說暫時隔離確實會在當下停止不良行為，如果你打小孩一巴掌也會讓他停下來呀，但我們都知道打巴掌會傷害孩子的身心。我還沒有見到任何研究，長期針對受到暫時隔離管教長大的孩子，探索他長大後的身心狀態為何，並與其他不曾受過暫時隔離或任何懲罰的孩子相比，結果又是如何。沒錯，現在有成千上萬名孩子是在愛的引導中長大，很少受到懲罰，這都要感謝正向親職之父海姆・吉諾特（Haim Ginott）、正向教養運動發起人珍・尼爾森（Jane Nelsen），以及其他眾多為兒童付出的倡議者。

然而，確實有許多證據證實暫時隔離無法預防不良行為的復發，這就形成一個問題：暫時隔離是否可能就是這些行為復發的導因？一份國家心智衛生研究院（National Institute of Mental Health）的研究指出，暫時隔離能讓學步期幼兒配合，但只是暫時性的，這些幼兒與其他未受到暫時隔離的幼兒相比，日後出現更多不良行為，即便媽媽在隔離結束後花時間與小孩聊聊，結果也一樣。這份研究的作者麥可・查普曼（Michael Chapman）和卡洛琳・瓦克思勒（Carolyn Zahn-Waxler）結論道，當小孩感受到父母撤回關愛，他們的反應便是脫序行為。這與其他指出「關愛撤回是一種懲罰方式」的研究相呼應，它們都指出在這種狀況下的小孩，傾向展現更多不良行為、更不好的情緒健康、道德的發展程度也較低。這些結果不令人訝異，畢竟小孩需要感受與大人有所連結才能安心，同時如果他們感覺不安全，便可能行為脫序。

如果你現在有點擔心，我可以理解，你可能困惑著，不採暫時隔離要如何讓孩子聽話？我的回答是，暫時隔離並不能幫助小孩舉止合宜；暫時隔離破壞了小孩與你的連結，並導致更多脫序行為。我見過上千個改用平和教養的家庭，他們把注意力放在調整自己、重新與小孩建立連結，以及設立帶有同理的限制，而他們的小孩不再那麼脫序了。平和教養會讓孩子**想要**遵守家庭規則，因你便不須懲罰孩子，包括你也不須使用暫時隔離了。

重新思考「獎勵」

換個角度想，何不採用獎勵來取代懲罰呢？畢竟，獎勵會讓所期待的行為更常出現。

沒錯，獎勵會讓小孩想要得到更多獎勵。不過，也有研究不太看好獎勵。一旦讓小孩接觸到**外在**的獎勵，例如貼紙，小孩便會停止感受**內在**的回饋，例如當他分享東西給弟弟時會從弟弟臉上看見的那份喜悅。因此，獎勵只會在小孩渴望得到貼紙時奏效，同時，便未能體會到自己貼心的舉動所帶來的美好價值感。事實上，許多研究顯示，獎勵會**降低**小孩分享的意願，除非你正盯著他。

另一個採用獎勵控制小孩所會造成的問題是，當人們感覺到被外界控制，不論是獎勵或懲罰，都會自然心生一股反抗，你不會嗎？一位媽媽曾告訴我，她固執的女兒終於「變乖」到可以得到芭比娃娃當獎品了，但她才剛踏出商店，就扯下芭比的頭、把它甩在地上。當人們感到被操控，就會反抗對立。

請注意，我不是說不要鼓勵孩子。孩子和我們一樣，會因為認可與鼓勵的話語而茁壯，然而獎勵並不會讓小孩感覺到我們所要求的事是有價值的，這不光只是為了獎勵，而是更深的、更帶給人滿足的內在理由——最初是媽媽臉上的愉悅神情，接著是與妹妹擁有歡樂的時光，以及面對內在本質時的欣然感受。

後果與限制的不同

許多父母都把限制和後果搞混了。

「**『自然的』後果**」是指小孩行為的結果，父母根本無法插手創造後果。例如，小孩和哥哥玩水時老是喜歡朝哥哥的臉潑水，哥哥可能就不會想再和他玩水戰了。只要你沉得住氣、不介入去「拯救」孩子們經驗到事情的後果，後果所帶給孩子的學習，絕對比你的教誨更有效。

「**限制**」是你建立的界線，告訴小孩在家裡什麼樣的行為是被允許的。如果他跨越了界線，你要重新導正；如果他不能遵循你的限制，你就讓他遠離當下的情境。這不算懲罰，只是圈限在界線內。因此，如果你的規則是可以打水戰，但「不能朝臉潑水」，但小孩一直違反這規則，且引起其他手足抗議，那麼你就必須維護這個界線。

「但丁，規則是不可以朝著別人潑水，哥哥已經叫你不要這樣了，你可以停手了嗎？還是你需要我幫忙你？」

如果但丁說：「好，我不會再潑了。」他可能做得到，為什麼？因為他自主做了承諾。如果他沒有做到呢？表示他需要你的幫忙。

「但丁，哥哥一直在說：『不要朝臉潑水！』但你還一直潑。你來我這邊，我們一起深呼吸、冷靜一下，這樣你就可以在很興奮的時候稍微冷靜一下。」設立限制意謂你必須繼續維護，有時你須動用身體上的優勢來影響小孩。請注意，這不是懲罰或態度很凶，在守住界線時，不是採強制執行的方式，而更像是指導，協助小孩去達到你的期望。

在讓但丁重回玩水遊戲之前，你必須再次問他是否覺得可以控制自己了，幫助他想出一些計畫，並得到他的承諾。「但丁，為什麼我們要規定不能往臉上潑水呢？你要怎麼記住這個規定呢？如果你玩得很興奮時，怎麼記住這個規定？好，所以計畫是……好，去玩吧！」

你也要點出他剛才的行為導致什麼後果，並幫他彌補，「哥哥擔心你又要朝他的臉潑水，你要怎麼讓他安心跟你一起玩呢？……很好，所以你要跟他說你不會再這麼做了，你可以控制好自己？」

如果五分鐘後但丁又「忘了」，忍不住往哥哥臉上潑水呢？你要讓他離開這場遊戲，「今天，這對你來說似乎太難了……我們明天再試試……你每天都在成長，每天都更能控制自己、慢慢成為可以負起責任的玩伴。」如果他哭了呢？哭不是最糟的事情，他的淚水是哀悼歷程中的一環，而哀悼則是讓他走向更好的自我控制。

有注意到嗎？我還沒提到當小孩犯錯時父母強加「後果」在小孩身上，例如暫時隔離、剝奪某種權力，這些都是懲罰。它們並不能有效改變小孩的行為，原因同其他懲罰均無法奏效：受到懲罰會讓已經很難受的小孩更不想合作，而這些方法並未協助小孩，情緒正是讓小孩脫序的源頭。

例如，如果玩水時小孩總是朝哥哥臉上潑水，有時這代表他需要幫忙才能控管自己，也許他看不見別人臉上的痛苦與害怕，而需要你幫忙他學會同理；或者也許他看見別人的痛苦與害怕了，但他反而很享受，這表示他需要幫忙的是他的嫉妒；或者他需要在生活中感覺自己更有力量；又或者也許他事後會感覺很糟，只是當下他無法阻止自己這麼做，若是如此，他需要你幫忙的是控制衝動。由此可見，他在玩水時的行為只是一個表徵，其中暗藏更大的議題，他需要你的指導才能療癒。

你可能會想，這會不會是沒來由的寵溺？先不管他為什麼這麼做，如果有負面的後果他不就會停止了嗎？例如「但丁，你弄傷哥哥了！停止！你去坐那邊，坐到你可以乖乖為止！」不論你之後再去找他說些什麼，他究竟會學到什麼？

- 他記住自己是個造成傷害的人，而不會想到自己是個因為還在學習自我控制、所以需要幫助的人。他會覺得自己一定是個糟糕的壞小孩，因為他無法控制自己，而且他現在被隔離、排除了。
- 他沒有得到你的幫忙，反而被留在一旁安撫自己，這種情況下，他往往會壓抑情緒、壓到意識掌控的範圍之外，之後情緒將更容易突然爆發，這意謂十分鐘後他又會朝哥哥臉上潑水。這就是有時小孩會重複地被隔離、再犯、再被隔離的原因。
- 他感覺不到你和他站在一起，就算那是你必須要設的限制，在他眼裡你總是當哥哥的靠山，你一定比較愛哥哥。等著瞧吧，他等一下又要再潑哥哥了。

然而，難道不該有「後果」嗎？當然有，現在看看你的小孩學到些什麼（包括有意識的與無意識的）：

- 「當媽媽告訴我要做某件事，她是認真的，不要裝聾作啞。」
- 「如果我傷害到別人，我就要先停止遊戲，直到我可以管理好自己。」
- 「我犯了錯，但媽媽了解我，她幫我想出可以怎麼做比較好。」
- 「如果我傷害到別人，我可以做點什麼讓事情好一點。」
- 「我們家每個人都認真看待家庭規則，其中最重要的就是要尊重和友善對待彼此。」

而他自己不知道的是，當他選擇控制自己，同時他也正在打造日後增進自制力與調整情緒的神經迴路。

事實是，我們不可能讓別人做我們希望他做的事，我們只能協助他自己**想要**這麼做，帶有同理的限制可以協助小孩**想要**遵從你的指引，因此那些好習慣會變成他的一部分，不論你在場或不在場。

當同理不奏效，該怎麼辦？

當父母開始嘗試愛的引導，往往會很驚訝，同理竟能這麼有效地讓小孩冷靜下來、接受限制。事實上，同理能讓我們與心情很糟的小孩重新建立連結、幫助他冷靜下來。然同理並不是控制他人的手段，同理是與人連結、幫助小孩處理情緒的方法。因此當同理「沒效」，想想你是不是真的在連結、你是不是在幫忙小孩的情緒？關於父母運用同理時，以下是我最常聽到的問題：

1. **「同理讓我的小孩哭得更誇張。」**這意謂你的同理實際上非常「有效」。想想看，假設有糟糕的事情發生了，你把很巨大的感受鎖在心裡，也很努力把持住自己，然後有某位讓你安心的人靠近你、抱抱你，說了些溫暖的話，你的眼淚將會潰堤。因此當我們同理小孩劇烈的情緒，他們便會與情緒有更多接觸，這是好事。一旦他們感覺到自己的情緒，情緒便會消解，好好哭一場有助於改變體內的化學激素，連帶也會轉化我們的情緒狀態。

2. **「同理不能讓小孩停止發脾氣。」**一旦小孩已經進入「戰鬥或逃跑」狀態，語言就行不通了。因此與其將情緒標籤化，不如安全地與小孩溝通，讓他的情緒可以展現出來。話說得越少越好，只要讓他知道你懂他就好，以擁抱讓他知道你和他站在一起。同理不會讓小孩不再發脾氣，但同理會幫助小孩對你展現他的感受，進而展開情緒性的療癒。

3. **「我一直重複『你很難過、挫折』，但他卻發火，叫我別再說了。」**如果我們只是說說這類的句子，小孩會察覺到、並被激怒。當你真正感同身受小孩內在的感覺，你也會跟著眼眶泛紅，而他會感覺到你的理解。

小孩目前幾歲也是個關鍵。面對一個生氣的學齡前兒童，你可能會蹲下來、說出他的心情，「你很生氣！」學齡前兒童往往就放心了，他心裡的感覺是「對媽媽來說，剛才發生的事並不是什麼大事」，他可能還會為這個淹沒他的情緒風暴取個名字。但對於大一點的孩子，說出他的感受可能會讓他更生氣，就像多數的我們一樣，孩子也不喜歡被分析或操控，孩子希望你能從他的角度看事情。試著想像你很難過，而你的伴侶只是一直重複，「你好傷心、好挫折！」

沒有必要一直指認出情緒，了解他的觀點就足夠了：「我很遺憾，你午睡起來，發現爸爸帶弟弟出門買東西了，而你卻留在家裡……我知道你希望你也可以一起去。」

隨著孩子長大，簡單地說：「噢，親愛的，我很遺憾，這真的很難。」就足以傳達你的同理了。

當然，小孩正在發脾氣的當下，你不必說出他們有多傷心與生氣，這樣的話語形同火上加油，他唯一想知道的是他很安全，當他好一點時，你隨時可以抱抱他。

4. **「我同理他的情緒，但之後他還是對同樣的事情過不去。」**同理幫助我們看見小孩的觀點，並與他重新連結，有時候這就足以消散他的情緒。但如果他把所遇到的事情當成生活中的重大問題，他可能無法接受這個情緒，直到我們可以協助他解決這個問題：「你很傷心，妹妹一直把你娃娃屋裡的東西拿出來，我們一起找一個她拿不到的地方來玩。」

- 有時候，他需要我們的扶持來解決事情：「你生弟弟的氣，我想他需要聽一聽你有什麼感覺，我們去找弟弟，當你跟他說的時候，我會跟你一起。」
- 有時他只是得不到想要的，但你可以讓它變成一個願望：「哥哥不想跟你一起玩，你很難過，我想你很希望他每天都可以幫你一起蓋火車軌道，對嗎？」

然而，有時候問題就是解決不了，可能這個失望太強烈了，或是刺激了那仍潛伏著、等待被表達的早年傷口，因此只能流淚。在這種狀況下，同理是「有用的」，因為小孩感到足夠安全，而能夠在你面前展現他的傷心。這就是小孩如何建立內心韌力——你讓他感覺夠安全，因而他可以讓自己全然地經驗到失望——他學習到可以展現另一面的感受。他在哭？這可是一件**好事**呢！

5. **「我說『你很生氣，但是我們不能打人』，而他十分鐘後又再次打人了。」**如果你的訊息沒有傳達到他那裡，往往是比起得到你的同理，小孩更需要的是在情緒上得到支持。有時候，當我們使用「但是」這個詞，小孩不覺得自己的感覺真的被我們認可，你可以試著改用「而」來表達這句子：「你要怎麼生氣都沒有關係，**而**我們不打人。」

然而，同理之所以未能有效防止打架，最常見的原因是你不能期待單單用「講的」就能解決強烈的情緒。打人的小孩往往內心藏著某種恐懼，他們需要大哭、搖晃、大吼，讓你也感覺到他的恐懼，唯有經歷這個過程，打人的行為才會停止。關於如何協助小孩渡過強烈的情緒，我們在本章後面會再討論。

事實上，同理**總是**能夠讓你和小孩重新連結，並協助他的情緒。如果你的同理看起來「沒什麼用」，可能是話語阻礙了一切，別再試著擠出最精準的用詞，相對地，試著想像自己也是個小孩，去體會小孩在這一刻有什麼感覺，而你會希望父母如何愛你、陪著你走過這一切？那你就用同樣的方式去對待孩子。

維持平時的關係

對我們家來說，「特別時間」真的有神奇效果，即便一天只花個五分鐘。每當我們無意間注意到小孩在玩，他們之間開始會流露出美好的手足感情，且當衝突發生時情況大有改善。如果我們加入，一起打鬧，來一場小孩與大人間的趣味競賽，似乎更有效，真的會強化小孩彼此之間的連結。

——貝琳達

什麼是維持平時的關係？從字面上便能推測，是指在日常生活中便不時補充小孩心中的愛、為他們調整情緒，避免你老是在小孩崩潰的邊緣奮鬥。擁有一個以上的小孩，難免有時會與小孩失去連結，如果你在生活中不曾建立起與小孩的連結，「與小孩失去連結」會在不知不覺間變成大問題。因此如果你擁有多個小孩，平時分別與每個小孩維持關係是很重要的。

傳統的教養觀念不重視平時關係的維持，只著重在事情出錯時才介入處理。平和教養則強調從根源著手，照顧小孩的需求，才不會老是出現問題。當然，這必須花心力，但不論如何教養就是得花心力，這個正向的未雨綢繆將讓家裡更平靜、家人關係更親近、小孩也會較願意合作。比起為了小孩彼此爭吵而吼人，不如在準備晚餐前全家來場枕頭大戰，玩得不亦樂乎，心情好一點了大家也就都更好相處了。

維持平時關係的好處：

- 小孩因為做他自己，便感覺到深受珍惜，這是手足競爭的最佳解藥。
- 小孩能感受到與你深厚的連結，這有助於讓他**想要**與你合作，因此你的生活將會更平靜。
- 小孩感覺到安全，這有助他自我調節。
- 小孩在情緒崩潰**之前**便得到你的協助，這將降低小孩們同時都急著需要你的那種緊急場面。
- 小孩有更多機會享受與彼此的正向互動，研究指出這會讓手足關係更親近，比較少有衝突，進而再促進更多的正向互動，這是一個良性循環。

以下是一些平時維持關係的基本習慣，可以改變親子關係，連帶改變手足關係：

1. **建立規律的生活作息**。生活作息越固定的家庭，小孩的手足關係越好，儘管這並不代表其中有直接的影響或因果關係。不過生活規律確實會讓小孩感覺比較安心，進而幫助他們更能調整情緒，終而讓他們與每個家庭成員都相處得較好。這樣父母幾乎不須監督他們，並減少權力角力。這對手足關係很重要，因為親子權力角力效應之一，就是讓小孩轉而從手足身上行使並感受自己的權力。這不是建議你要嚴格強迫小孩照表操課，而是觀察什麼事物對小孩和你來說是有益處的，讓你們在生活例行事物中可以找出共同的期待。

2. **以同理方式接觸小孩**。身為父母，我們經常希望小孩照表操課，所以當他們出現負面情緒，我們往往視為麻煩問題。然而以同理回應小孩可能是維持平時關係中最重要的習慣，因為它強化親子關係，並幫助小孩處理浮現的情緒。所以當你的小孩說：「我恨雞肉！為什麼又要吃雞肉了！」你可能會很想教訓他：你工作那麼辛苦、他的身體需要蛋白質、他應該要對這頓健康的晚餐心存感激等等。請試試訓練自己第一時間便試著認可他的觀點，並以他的觀點來回應：「你今天不太想吃雞肉呀?我想我們最近有點常吃，而雞肉不是你的最愛，我知道，我猜你大概每天都想吃義大利麵，對吧?」不論你的小孩是開心地或不開心地吃下雞肉，但最終你將能擁有一頓比較平和的晚餐時光。同時在這樣的回應中，父母一併處理了關於兼顧營養、如何協調每個人不同的飲食偏好等等問題，當小孩吃完這頓飯，他會覺得自己與你更靠近，而不是吃下滿肚子委屈。

3. **每天來點打鬧遊戲**。一整天下來，小孩慢慢累積焦慮（輕度恐懼），他們需要釋放這些焦慮。幸運的是，大自然為人類設計一個減緩焦慮與清除壓力的絕佳妙法：嬉笑打鬧。笑真的是最好的良藥，而要讓小孩笑，最好的方法就是那種會激起輕微害怕的打鬧遊戲。笑同時會刺激產生催產素與腦內啡。因此每當你和某人一起歡笑，自然就會對他產生信任感。那麼當小孩彼此嬉戲大笑，他們便感到彼此有所連結。想想看什麼會讓你的小孩大笑，不外乎玩捉迷藏遊戲、在家裡追著他們跑、玩騎馬遊戲，或枕頭大戰（更多打鬧遊戲，詳見第八章）。

4. **個別獨處的特別時間**。每天為每個小孩留點個別時間，會重建小孩與你之間的信任與連結，也有助於小孩向你表達他的情緒，以處理這些情緒。育兒網站「手牽手，齊教養」（Hand in Hand Parenting）創辦人派蒂・懷普芙勒（Patty Wipfler）將「特別時間」的重要性提升到全新高度，她建議父母讓特別時間完全沒有特定形式、並讓小孩主導一切；換句話說，不必特別安排這段時間來做餅乾或一起看書，也不玩特定的遊戲。把自己當成平等的參與者，讓小孩決定這段時間要做些什麼，你的重點是對他傾注你的關愛與注意力；要忍住擔當積極角色的衝動，你可以做的是描述你所看見的（「卡車撞在一起了！」），如果他堅持要你參與遊戲，你可以扮演他要的角色，並讓他指揮你的動作。

大多數父母都表示，當開始每天都安排一些特別時間，他們與小孩之間的困難（手足間的攻擊性、發脾氣、反叛對立）便神奇地解決了。如果你無法每天都安排特別時間，那麼就在週末找出更充裕的時間，只是，即便每天只進行十分鐘，都會比等到週末才做更有效地滿足小孩的需求。偶爾安排一場特別的旅行，帶著其中一個小孩外出過夜，也有助於中斷惡性循環，翻轉情勢。如果你是單親父母，或是你必須單槍匹馬地照顧小孩，我力勸你找朋友協助你帶小孩，或者一週請保母來兩次，以便確保你能與每個小孩擁有個別的時間。

如果父母雙方都有工作，可能不容易空出時間來維持關係。然而，我相信那真的會對你的生活、小孩之間的關係產生正向的改變，所以鼓勵你試試看。在三個月裡，從行事曆上刪掉那些非必要的事務，試著每天來點打鬧遊戲與特別時間。果決一點，安排某個時間，取消與朋友的聚會、也不打開工作郵件，我保證你將看到小孩出現神奇的轉變，讓你在小孩長大之前都不想再回到先前的生活方式。

平時規律而確實地維持關係，有助於讓小孩**想要**遵從你的引領。當他不聽話，那是因為他不能管理自己的情緒，你可以如何幫助他？接下來將介紹「積極介入法」（Time-in）與「計畫好的情緒潰堤」（scheduled meltdowns）。

當小孩的行為已經脫序：積極介入法

小孩還會再大哭大叫幾分鐘，但已經越來越常最後是抱著我、冷靜下來，甚至我並沒有要求他道歉，他卻自己主動這麼做了，他才快三歲而已呢！

——卡翠娜

「積極介入法」（Time-in）如同其名稱，是「暫時隔離」（Time-out）的相對法。暫時隔離孤立小孩，積極介入法則是透過與小孩重新建立連結，來介入不良行為、避免行為加劇。

假設你的女兒易怒好鬥，最後她在房間裡摔杯子，應該以暫時隔離教訓她嗎？

如果她有能力表達自己的狀態，她可能會說：「媽媽、爸爸，我現在真的很難受，我一早起床就覺得很暴躁。家裡沒有我最愛的麥片了，我在幼稚園時一直好想吃它，一整天下來花了我好大心力才安靜坐在教室、聽老師的話。我的朋友說，如果玩的時候我不照他的意思，我就不能去參加他的生日派對。當我好不容易回到家，又餓又暴躁的，我看到你心中最可愛的弟弟又像往常一樣被你抱在腿上，而你卻叫我等一下！我不知道有誰真正關心我！可能你們找到取代我的人了，畢竟在你們眼裡我就是不夠好！」

當然，她不可能說出這些，因此她用令人困擾的行為展現她的心情，她壓抑下一整天的害怕和淚水，等待著安全的機會才能釋放，現在所有的情緒都湧現出來，所以她的「行為脫序」了（或說她的「情緒脫序」了）。當小孩被激怒、並故意破壞規矩，表示她內在洶湧的情緒需要協助，一般而言，連結感便足以協助她重新調整，而我們可以透過積極介入法做到這點。

因此，你耐著性子同理她，提醒自己她只是個小孩，她的行為表示需要協助。你可以說：「杯子不是用來丟的，寶貝，我知道妳現在很難受，對吧？我們一起弄個舒適的位置、躺一會兒吧。」你抱抱她，然後仔細布置一個安全而舒適的位置，彼此相偎，溫暖地連結，如果可以的話，逗笑她，因為如同淚水一樣，笑會消散那些積累的焦慮，喚回她的好心情，她便會準備好和你一起清理破碎的杯子。

你也許在想，為了讓她明白不能丟杯子，是不是該有所處罰？這不僅是多此一舉，更會適得其反。如果父母以積極介入法處理，那麼孩子已經學習到她下次不會想丟杯子，此外，她也學習到另一些重要教訓：

- **「爸媽是跟我站在一起的，我其實不須丟杯子，就算我再怎麼難過。爸媽永遠準備好聽我說話、幫忙我。」**（在親子關係中，讓孩子相信自己會被陪伴，他便會想合作。）
- **「當我心情不好，我會有衝動，想要表現自己有多麼不高興，但如果我跟這個情緒相處，先不要藉行為發洩，它便會逐漸消退。」**（學習調整自己情緒的方法，因而能控管自己的行為。）
- **「我只要如實地當自己，爸媽便會愛我、接納我，即便當我深陷困難的情緒，也是如此。」**（這是自尊的基礎。）
- **「在我冷靜後，我可以想出讓事情變好的方法。」**（接受沒有人能夠完美，相信我們可以接納，並修補自己的錯誤，這就是所能踏出的第一步。）

積極介入法不是懲罰，它提供孩子在自我調節時所需的連結。只要曾與父母分開，多數孩子們每天都需要這種重新連結的時間，重新連結便足以讓你整個晚上回到正軌。

然而，有時單是「關注」仍不夠，若是如此孩子會讓你知道，端看積極介入法之後，他的感覺和行為是否好轉，如果沒有好轉，表示他需要更多情緒上的協助，而不僅是簡單的連結。通常他是在抗拒與你的連結，因為一旦感覺到對你的愛，他原先努力隱忍的淚水將會潰堤。

然而如果你不正視這問題，他可能暫時隱藏這感覺，但崩潰仍隨時會發生，為什麼不好好接受它呢？

計畫好的情緒潰堤：協助孩子渡過強烈的情緒

經常，一場大崩潰快要發生前，我的兒子都會情緒很糟、態度挑釁或跟妹妹打架，做盡各種我們極力避免他做的事，接著就會情緒大爆發。即便我已經學過要盡量保持冷靜，這種場面仍會帶給我很大的壓力。在一切恢復平靜之前，我往往能了解這一切是因為他正在經歷一場「情緒潰堤」，這是好事，他釋放了一些積累的負面情緒。

——琳賽

什麼是計畫好的情緒潰堤？這裡所說的「情緒潰堤」就是孩子在遊戲場或超市裡的大崩潰，差別在於，你主動提供機會讓崩潰在家裡發生，在你準備好給予關注的時候發生。

為什麼要給孩子情緒潰堤的機會呢？乍聽之下可能有點奇怪，然而不論你是否希望如此，孩子們就是會有這些情緒。小孩腦部掌管理智的區域仍在發展，他們很容易會被情緒淹沒。

有時候，孩子們（大人也如此）只是需要哭一場。若你能給他機會，在你溫暖的陪伴下，他能安全地擁有自己心裡種種嚇人的情緒，情緒自然會消退，而他便能從中釋放、回到生活的正軌。眼淚能減緩血液循環中的壓力荷爾蒙，他會比較開心、放鬆。所以如果你能迎接孩子的負面情緒，幫忙他渡過這場風暴，這絕對是一份珍貴的禮物。直到今天睡覺前（說不定甚至到這週末結束時）他都可以比較開心，他也會覺得和你比較親近，並比較願意配合。

在孩子失控時，我從未遇見父母第一時間回應：「太棒了！現在他可以向我展現那些不好的情緒，他感覺好多了！」面對小孩的挑釁行為，我們最自然的反應往往是越來越惱火，直到就要把他們關進房間或更糟。要再過一陣子，我們才能體會：唯有讓孩子哭出來，一切才會好轉。他顯然需要渡過一陣強烈情緒，但我們究竟要從何得知小孩的狀態？

答案是：當孩子們哀號抱怨、變得頑固、提出一堆要求或故意唱反調，這**總是**事情不對勁的徵兆。有時候是身體上的不對勁，例如他在對抗感冒；有時候則是情緒上的不對勁，例如老師今天請病假，或者他正在跨越一個重大的發展階段，例如他在學騎腳踏車。然而原因往往不那麼具體，而是由眾多微小的壓力累積而成，如果孩子沒有機會透過遊戲或延遲疏通它們，這些情緒壓力便會在潛意識中迴盪，或形成我所說的「情緒包袱」。

因此，如果你的小孩經歷相當不開心的一天，父母可以試著認可他之所以不開心是有特定原因，如同我們的不開心一樣。幸運的是，我們不一定非得知道孩子為什麼不開心才能幫得上忙。孩子們一定是感到壓力而開始脫序，不論原因是什麼，只要壓力源不再影響他，笑或哭往往能讓一切好轉。因此每當孩子變得特別難搞，試著把那視作紅色警報，他並非故意刁難，而是情緒上備受壓力，他需要你的協助。

你要協助孩子感覺到你懂他。當孩子們心情不好，話語通常只會造成反效果，因為當他努力思考話語意涵時，情緒就卡死了。此外，多數孩子不能明白為什麼心情不好，至少在他好好哭一場之前，他真的做不到。幸運的是，只要讓情緒浮現，自然能有所療癒，如同免疫系統會將感染源推向表面、以利痊癒。你必須做的就是創造安全感，讓他可以順應天生的自然歷程。

首先，仔細感受那些激怒你的感覺，試著調整為更同理的視角，去同理小孩。當他態度挑釁時，要做到這點真不容易，你可以這句話來提醒自己「孩子們在看似最不值得被愛時，其實最需要愛」，此刻，他最需要從你身上感覺到的，是你依然愛他。

創造安全感。從身體上的情感開始，如果他能大方接受，以一些溫和的打鬧來逗他笑（詳見第八章）。這會讓他身體中的壓力荷爾蒙轉變成連結荷爾蒙，讓他更容易哭出來，而不是卡在憤怒裡。

針對每件事都設立帶有善意的限制，激發他情緒潰堤。例如，如果孩子與你單獨相處的時間還不夠，那麼「寶貝，我們再玩一下，等下就要停了喔。」這類話語會喚起他心中關於失去你的悲傷，便會刺激他哭。你可以針對他的行為或某件他想要的事物，設立這種善意的限制。

如果他轉為生氣，增加你的同理。我們同理孩子們時，他往往會生氣，這不代表你做錯了，他對你發怒，是因為你對他的理解讓他接觸到自己的感受，而在那個時間點，他的感受可能會有壓垮或帶給他傷痛、恐懼的危險，所以他的反應就如同我們感受到威脅時那樣——對外生氣、抨擊。你的目標是協助他感到足夠安全，可以超越生氣，「喔，寶貝，我知道你有多難過……這真的很難。」如果保持充分的同理——這是我們最大的挑戰——他就會哭，哭具有療癒效果，而不是生氣。

如果他沒有哭呢？退一步，花時間慢慢建立安全與連結，運用一些平時維持關係的做法，例如同理、打鬧遊戲與特別時間，接著盡力同理他，並鍥而不捨地這麼做。

迎接他的負面情緒。如果你能以同理而柔軟的心回應孩子的憤怒，他便可能會哭。哭得越多越好，恐懼總是被他鎖在身體裡，他可能會倒地扭動、汗流浹背、想要推東西，這些都有助於他的身體釋放恐懼。如果他大發雷霆，退後一點，別讓他傷到你。請記得，發怒並不是走向療效的步驟，你的目標是協助他感覺到足夠安全，而可以越過憤怒，接觸心裡那脆弱的恐懼、悲傷和無力狀態。

如果他要你別再說了？那就停下來，深層的療癒是超越言語的，別在他心煩意亂時問問題，也不要說太多關於你的事，只要幫他感覺一切安全到可以哭泣。「你可以安心……我在這裡……每個人都會需要哭一哭。」若要教導他，以後多的是時間。

如果他不要你抱他呢？留在他身邊就好，可以說：「當你想要抱抱的時候，我就在這裡。」接著，試著和他的痛楚待在一起，心思不要飄去想等一下要買些什麼，一陣子後他便會回到你的懷抱裡啜泣。

如果他叫你走開呢？他正在試著調整情緒的強度，因為他感覺到和你在一起是安全的，你在場時他浮現的感覺強度更高，所以他試著要離你遠一點，他才不必感覺到那些難以承受的情緒。他不是真的想要你離開，因為他需要你安全地陪著他。如果你真的離開了，他會冷靜下來，但那只會讓他的感受再度下沉，之後又會再爆發。若要疏通這些情緒，必須去感受它們，對孩子們來說，要獨自去面對這些嚇人的感覺是很不安全的，你可以說：「我退到這裡……我不會留你一個人在這裡面對這些劇烈的感受，當你想要抱抱時，我就在這裡。」

哭完之後，他可能會想擁抱。他可能會講別的話題，但他仍想知道擁有這些情緒究竟是不是被允許，以及你是否依然愛他。你可以簡單地說：「那是一些很巨大的感覺，真的不容易，我想我們需要好好抱一下。」接著，把剛才發生的一切編成一個故事，協助他重新思考那個歷程：「你很生氣和沮喪……你對媽咪大叫、想要打媽咪……媽咪說：『不可以打人！打人會讓人受傷！』然後媽咪抱住你、讓你不會打到人，媽咪會確保每個人的安全，你那時候很難受，一直哭一直哭，每個人都需要哭一哭。然後媽咪抱抱你，我們靠在一起，最後我們都感覺好多了。」

如果你真的很難忍受小孩的哭泣？對大多數的我們來說，這是最難的部分，試著深呼吸，讓你靜下心來，這不是危機狀況。你的接納能夠療癒孩子，只須盡你所能地保持冷靜與同理，不須**做**任何事、說任何話。在面對小孩的痛楚時，如果我們能不被自己的恐懼擊垮，我們內在的某部分也將同時被療癒。

這會把孩子教成「公主病」嗎？正好相反。孩子將會學到的是：如果接受自己的情緒，他便能疏通它們，這個過程讓他學會自我調節。有些敏感的孩子們可能需要每天都哭，一些小孩大約一星期哭一次，但不論頻率為何，隨著時間，只要他們能接觸到自己積累的情緒，哭的頻率便會慢慢降低。

最鼓舞人心的是，你將會看見孩子的情緒狀態大有不同。一旦小孩向你展現他赤裸裸的痛楚、而能感受到被理解，即便外在現實沒有改變，由於他能感覺與你更靠近，在情緒上他也會慷慨對待手足。他越來越能擁有幸福感，更能管理自己。父母往往會說：「他又變回原樣了，」更甚者，對於那些已經難帶好幾年的小孩，父母會說：「他是個不一樣的孩子了。」

由於你是在可以聽他說話時讓他情緒潰堤，避免了這頓脾氣在其他時間發作——沒錯，你大概不難預料——可能就在下次弟弟妹妹需要你的時候，他的情緒卻也大肆發作。

當不只一個孩子陷入劇烈情緒，如何協助每個孩子？

我發現，當孩子旁觀大人照顧另一位小孩的情緒，他會有所覺察、並能夠予以協助。我的小孩經常會模仿我所做過的動作，甚至能運用同理心與理解，幫忙彼此渡過負面情緒。

——西希恩

擁有多個小孩，最困難的往往是他們同時間需要你，你的愛也許大無邊界，但你只有一雙手呀！

這就是平時維持關係的重要性，孩子們比較不會那麼頻繁地鬧脾氣。

然而，不可避免地，當你單槍匹馬地照顧孩子，其他孩子突然在同時都非常需要你，或者其中一個特別需要你全心關注，這時候你能怎麼做？

1. **當每個小孩在同一時間都需要你，試著一起關心他們。**如果你只關心其中一個，其他孩子會覺得你偏心或選邊站。你可以描述當下的狀況：「我的兩個小孩心情都很差，現在他們都很傷心、都很需要爸爸，對不對……過來這裡，我的小寶貝，我把手臂張開就能同時抱著你們兩個……沒錯，你們就盡量哭吧……不管發生什麼，我們都會想辦法解決的。」這的確不容易處理，但是會發生，只要把他們分別抱在兩側，讓他們不會碰到對方即可。

2. **如果你必須先照顧其中一個，才有辦法輪到另一個，須對等待的那個孩子說話。**例如，當一個小孩（布萊恩）身體受傷了，而另一個小孩（凱莉）則是心裡很受傷，你可以在抱起布萊恩的同時，說：「凱莉，我知道妳也很難受、也需要我，我等下就過去，我現在先看看布萊恩的傷口，我等下會去聽聽妳怎麼了。」

3. **當你必須先關心比較難受的孩子，找點事情給另一個孩子做。**如果其中一個孩子看起來沒怎樣，簡單和他講幾句話、確定他沒事，給他一個大擁抱，並告訴他：「等下我去關心姊姊時，會準備一件特別的事情讓你做。」接著提議一個他喜歡的活動，例如聽有聲故事書、拿出專門為了讓孩子有事可做而事先準備好的活動箱（詳見第九章）。若你擔心十六個月大的幼兒可能無法安全地單獨做點事？你可以上網查查怎麼製作給幼兒玩的觸覺遊戲袋，並用很多膠帶確保幼兒不可能把它撕開。當你處理另一個小孩時，讓獨自玩耍的孩子待在你可見的範圍內。

4. **當另一個手足也關心心情不好的小孩，替孩子說出他的心情，讓他能安心**。「妹妹很難過、也很生氣……我正在幫忙她……待會兒她會感覺好一點。」

5. **如果另一個手足堅持要靠過來**，讓他們都坐在地板上，分別坐在你的兩側，你的注意力須在兩個小孩之間轉換，但你可以同時辨識他們的感受。

6. **心情不好的孩子，往往會因手足要介入而大發雷霆**。這時可以幫他說出他的心情：「你不希望妹妹湊過來……她不在的時候你就已經好難受了……有時候難受時，我們不喜歡別人待在旁邊。」接著，試著安全地修復一切：「妹妹只是很擔心你……她會在這個位置，不會太靠近你，而我就在這裡跟你一起。」

7. **保持你的幽默感**。同時有兩個孩子在哭，這場面真的很像某種緊急事件，如果你能保持冷靜，便能協助他們轉換能量。當孩子們的情緒過度激動，他們需要你的理解，（「你很生氣、難過……弟弟撞倒了你蓋好的積木大樓」）但同樣重要的是，他們也需要你非語言地傳達「現在很安全」的訊息，即便他們感覺一切都毀了，但事實上這不是世界末日。因此深呼吸一下，從「戰或逃」狀態轉換出來，只要繼續深呼吸，提醒自己他們哭一場之後，感覺（和行為）都會好多了。

8. **這時，不要對孩子機會教育，要他們從中學到教訓**。每當一焦急，我們往往會找個責備怪罪的對象，藉此解決問題。（「如果你剛剛沒有那樣對妹妹，事情就不會變成這樣了，以後，你要聽我的話……」）然而當情緒高漲時，腦部學習區域是停止運作的，所以小孩在此時是無法學到什麼的，更不用說當心情不佳時，往往會因為恐懼而說錯話。請忍住說話的衝動，只要以同理心去接觸孩子，「小寶貝，我知道這真的很難。」

9. **如果你自己也需要哭一哭呢？**就哭吧！只要說明你哭泣並不是他的錯，他不須負責讓一切好轉，每個人都需要哭一哭，你哭一下後會感覺好很多。你正在示範擁有情緒沒什麼大不了，而這正是通往健康自我調整的第一步。（當然，如果每次小孩心情不好你就哭泣，這對小孩是沒幫助的，你須為自己找到支持。）

當每個孩子在同一時間都需要你，這不會有簡單的解答。這就是為什麼平時維持關係如此重要，它會減少非預期的情緒潰堤。同時，協助孩子們處理劇烈情緒是困難的任務，因為你必須先調整自己。然而，當孩子看著你協助其他手足渡過劇烈的情緒，他將學會同理以及幫助難過的人，這個學習將讓他一生受用。辛苦半個小時，換得上述這些收穫應該相當值得吧！

第3章 手足競爭的根源——父母如何改善

從父母的觀點看，手足是最大的禮物，他們可以成為一生的朋友。但從孩子的觀點看，家裡怎麼突然冒出另一個寶寶？一開始這聽起來簡直是災難，他原先的地位可能不保。不論怎麼說，被迫和另個小孩分享父母，會讓孩子擔心父母的心力不足以照顧到自己的渴望與需要。說實在的，我們得承認小孩的擔心合情合理。為人父母，我們知道光是要照顧好一個小孩的需求，已經很不容易了，更不用說兩個或更多個。

因此，所有的手足多少都會有競爭感，有一些不在我們掌控之內的因素會增加手足關係的張力。然而，手足之間的愛與競爭是與生俱來的，身為父母的我們，可以協助讓愛的感覺勝過無可避免的嫉妒，因為父母對手足關係是有影響力的。本章將討論會影響手足關係的一些因素，包含有利與不利於手足關係的因素。也會為你畫出一幅藍圖，告訴你如何協助小孩發展出親密、珍貴的手足關係。

孩子的觀點：他才不是朋友，是來篡位的！

我妹妹在我六歲時出生，我依然記得當時我多麼擔心爸媽將不再愛我了，我好害怕他們從此就要忘記我了。

——黛德兒

作家艾戴兒・費柏與伊萊恩・馬茲里許在合著的《和平共處的手足》中提到一則耳熟能詳的故事，關於一個男人帶了二老婆回家，他說：「我非常愛妳，我希望有另一個老婆……她是不是很可愛？從現在起我們就是一家人了……妳跟她會處得很好……」後來，街坊鄰居都被二老婆的美麗吸引，大老婆被晾在一旁，自然會懷恨在心與充滿敵意。這故事只是個笑話，但笑話反映了某種真實。

這份真實就是，要孩子與弟妹共享父母是很困難的，畢竟媽媽就只有兩隻手，當忙著照顧寶寶時，老大就被晾在一旁。然而手足競爭源於更深的焦慮——存活下來的機率降低了。當然父母知道自己對孩子們的愛、食物與保護絕對是充裕的，但小孩經驗到的是，他的需求不再被擺第一了，而這會喚起他深層的恐懼，畢竟人類的基因依舊處於相當原始的層次，在潛意識裡，他就是會擔心，萬一突然跳出一隻老虎，媽媽會選擇先救哪個小孩？

身為父母，我們知道自己深愛著老大，這也是決定再多生幾個小孩的原因之一，然而不論我們怎麼說，小孩依然有點難相信這份承諾。一方面，大多數較年長的孩子其實喜歡細心呵護寶寶，只是另一方面，他們也有一股說不出的恐懼，有時他們會擔心自己不再被重視，甚至會擔心自己會像糖果屋故事中那對兄妹一樣，被遺忘在森林裡，現在爸媽已經有另一個可以「取代」自己的小孩了。當然弟弟妹妹也會有特定的焦慮，他不知道父母怎麼可能像重視哥哥姊姊那樣重視自己呢？畢竟哥哥姊姊在各方面都比較優秀，而且哥哥姊姊比他更早成為這個家的一份子。

意識到競爭的原型，讓我們更能思考如何化解手足競爭。**每個孩子都必須從生活中真實地經驗到，不論手足得到什麼，總有更多的愛、關注、欣賞屬於他，這份愛是無可比擬的。**一旦孩子們活在這份經驗中、並能相信這點，競爭的感覺便會緩和，手足之間的愛才有機會滋長。

加劇手足競爭的因素

學者們列出一些會加劇手足競爭的特定因素：先天氣質、年齡差距與性別。

先天氣質

擁有多個小孩的父母們知道，每個小孩天生的氣質都是獨一無二的，孩子們的先天氣質會以三種方式影響手足關係：

1. **先天氣質是否適配**。就像大人一樣，有些手足就是彼此處不來，因為性格差異太大，總是互看不順眼。對一個文靜、敏感的孩子來說，大量的活動與噪音會讓他感到感官刺激超載，如果他的手足活蹦亂跳、總是靜不下來，他自然會討厭和這樣的手足生活在同個屋簷下，有一種壓迫感。不過，這也可能對父母有利，假如你的兩個孩子剛好都精力過剩，他們可以打鬧在一起，永遠玩不膩；或兩個「很有戲」的孩子，喜愛一起玩「假扮」遊戲。

2. **小孩對新生兒的適應**。不意外地，研究顯示那些被父母描述為「好帶」的孩子，比較能適應新生兒。不過他們依然需要父母的慰藉，以及與父母單獨相處的時間，才不會太過害怕自己將失去父母的關注。相對地，天生比較難帶的小孩則會因新生兒的出生，變得更黏人、更難帶，出現更多睡眠問題。

什麼是「難帶」的氣質？這是由父母所描述的，需要父母付出更多耐心的小孩，會被認為是較難帶的先天氣質。每個嬰兒都非常需要父母，但有些小孩總是需索「更多」，對親子關係的改變更為敏銳。因此他們對新生兒有較多怨懟，並會表現在他們的行為上。幸好，從父母身上得到關注，可以緩和這個張力。請切記，如果你的小孩比較偏難帶者，他會需要更多額外的親密感，才能幫忙他適應新生兒的出現。

3. **手足衝突**。研究也指出，難帶的孩子們比較難發展出正向的手足關係。例如，那些被父母描述為情緒強度較高、身體活動力較大的小孩，有更高的機率會對弟弟妹妹具有攻擊性。事實上，在一份研究中發現，被描述為活動力強的孩子，感受到手足衝突的次數比其他孩子高出四倍。我們很容易想像尼可拉斯（那位總是動個不停的孩子）會對寶寶比較粗魯、大聲，和生性文靜溫和的姊姊瓦蘭堤娜比起來，尼可拉斯更容易被父母責罵、感到挫折。

研究顯示，如果較年長的孩子性情上比較好帶，這有助於帶領與照顧弟弟妹妹，進而增進手足關係的平和。也就是說，儘管難帶的孩子（不論出生序為何）會讓父母相當辛苦，不過如果是弟弟妹妹比較難帶，手足關係會比較容易經營。

「非常」好的消息的是，你能夠改變。研究發現，父母如果能與孩子（情緒或身體強度很高的孩子）保持緊密連結，「將可以創造出保護性因子，去改善天生氣質對手足關係的影響」。這意謂如果你家老大是難帶的小孩，而你正準備再生一胎，要促成良好的手足關係，最重要的是父母雙方都須與老大維繫深刻、滋養而正向的關係，不論在下一胎出生前、或出生後皆然。針對這點，本書將提供你一些訊息。

孩子的年齡差距

安妮很難與人共享我，她渴求更多關注，而我真的做不到。每天他們都會有好幾次同時哭著要我，當他們互推彼此，我只能坐著、同時抱著他們兩人。以前我希望小孩年紀近一點，這樣他們可以成為好朋友，然而現在，這真是一場災難。

——莎拉

孩子之間相差幾歲最適合呢？這是人類遇到的新問題，早在寶寶開始使用奶瓶、以及母親能確保自己衣食無虞之前，女人的身體不太可能那麼快再懷下一胎。因此，在人類的演化史上，兩胎之間通常大約間隔三年，而現代的母親則可以很快便懷了下一胎。

一些關於小孩年齡間隔的研究顯示，年紀越相近的手足，展現出越多攻擊、相互比較與競爭，但也更親密。這不難理解，年紀相近的小孩比較能玩在一起，自然產生較多爭執機會，但也建立更為親密的關係。如同研究手足學者茱蒂・鄧恩（Judy Dunn）所說：「經常吵架、激烈競爭的手足，在其他方面通常善待彼此、善於合作。當他們沒有打架或吵架時，可以一起盡興地玩、享受彼此的陪伴。有沒有可能，其實他們從比較與爭執中學會如何玩在一起？」如果父母能扶持年紀相近的孩子解決爭執，便可為他們創造一輩子的深刻連結。

但在你決定要讓兩胎年紀相近之前，以下有一些重要的考量，有一些因素會影響你協助孩子們建立緊密連結的能力。畢竟，不是每次爭吵都能以正面結果收場，持續的競爭也可能成為一生的常態。

那須考量些什麼呢？顯而易見又無可奈何的是，父母每天也就只有二十四小時，與一雙手，要照顧每個孩子、又要完成其他家庭瑣事。擁有越多孩子，就越難照顧每個孩子的需求而年紀越小的需求越是急迫。當新生兒誕生了，即便只有十八個月大，在父母眼裡也被視為大孩子，其實他還只是個寶寶。

大多數的我們都假設，反正小孩不會記得幼兒時期的事，他很快就會適應了。不幸的是，現在的學者們都認為，那些在意識記憶形成之前的經驗，反而對我們產生**更大的**影響，因為這些內隱記憶比較無法受到意識的檢閱。如同丹尼爾・席格（Daniel Siegel）在《人際關係與大腦的奧祕》（*The Developing Mind*）所說：「這些內隱因素形成我們對自己主觀感知的部分基礎。」因此，真正重要的不是他記得什麼，而是他在需求未被滿足的狀態下可以忍耐多久，以及當他在等待時潛意識如何感覺自己的價值、他人是否值得信任。

讓孩子們學會等待、延遲享樂，這不是很好嗎？當然很好，真正的關鍵在於他們是如何學會這點的。當孩子相信自己的需求會被滿足，他延遲享樂的時間便能拖長一點。所以稍微延後需求的滿足，有助於孩子發展信任感，但這只在孩子的需求真的能快速被滿足的前提下成立。多快呢？取決於孩子的年紀與先天氣質：當不舒適時，他能忍耐多久後才進入警戒狀態？他可能認為，如果不是用力大聲呼求，他永遠不會得到滿足，而這可能會形成他永久的模式。不意外地，研究顯示學步期幼兒比較難適應新生兒的到來。

有沒有可能同時照顧好年紀相近的孩子們，讓他們能好好發展呢？當然可以，很多家庭都做到了。只是，要同時照顧好每個孩子的需求勢必會有較大的壓力。如果你有餘裕可以決定孩子之間的年齡間隔多久，請好好地問自己以下幾個重要的問題：

- 在伴侶或家庭中，你能得到多少支持？
- 你擁有多少精力與耐性？回想一下，生下第一胎後你有多麼精疲力竭，而這次不同的是，產後同時還有另一個也很需要你的幼兒。
- 你的小孩多好帶？或多難帶？
- 你的健康狀況好嗎？在前一次生產後至少間隔十八個月再度懷孕，對胎兒的生理健康較佳，而這微小的風險因子最好不要混雜其他生理上的風險因子。
- 家庭中，有什麼其他顯著的壓力嗎？壓力對生理或心理都有顯著的影響，雖然我們無法量化其影響，如果孩子的年齡相近，將會對所有相關的人都形成壓力，包括父母與孩子，過度的壓力會讓與每個孩子經營緊密的親子連結變得更加困難。

如果你已經有兩個年紀相近的孩子呢？

當一切都走在正軌上，我們有餘裕可以安排孩子間隔多久後出生，但世事總是難料，我們無法掌握喜事什麼時候來報到。因此如果你的孩子緊接著出生，不必緊張，可以參考先天氣質與性別這兩個既定因素。這僅僅意謂，你身為父母在面對大量的需求時，要保持耐心，壓力可能大些。你的重大任務就是照顧好自己，這樣才能同時照顧好兩個寶寶的需求，你也才能與兩個小孩都建立起正向關係。不論他們年紀相差多少，你與他們的正向關係是他們建立愉快手足關係的基礎。

性別如何影響競爭

如果你的孩子中至少有一個是女生，他們可能會比較親近；如果全是男生，他們可能傾向比較競爭。同性的手足往往比較親密，但他們的關係也會有比較多攻擊，尤其是他們年紀還小、又都是男生。

你無法決定孩子的性別，但有些方法可以緩和競爭的傾向。首先，小孩年紀間隔大一點可減少過度競爭的機率，因為當小孩在不同階段，比較不會把對方視為競爭對象。

再者，盡量避免比較，即便你理智上知道兩個兒子是不同的個體，比起一兒一女，你可能更容易把兩個同性的小孩做比較。想當然耳，相較於異性手足，小孩自己也較容易認為自己與同性手足相似，並會比較。

最終，請重視每個小孩的獨特性，這將減輕他們之間的比較，不須爭著當「最棒的」，因為他們都是獨一無二的。我們會在第七章有更進一步討論。有一條簡單的準則提醒你，請避免稱呼他們為「兒子」或「女兒」，何不直接叫他們的名字呢？

父母擁有促進良好手足關係的力量

擔心家裡可能有一兩個刺激手足競爭的因素嗎？父母確實無法控制孩子的先天氣質或性別，連兩胎間隔多久往往也不是父母所能全權掌控的。幸運的是，你可以掌控最關鍵因素——你，就是孩子的父母！

為什麼你是最重要的因素呢？我們討論過平和教養的三個方法：調節自己的情緒、與孩子建立連結、提供指導而非控制，這三個方法能協助孩子們和平共處，並有動機經營和平的關係。我們也看見，情緒輔導與愛的引導教養對手足關係有多大的影響。在本書中，我們會運用平和教養來協助你催化親密的手足連結。

催化良好的手足關係，最重要的是分別與每個孩子經營深刻而滋養的連結。研究顯示，**如**

果你與每個孩子都擁有好的關係，他們之間的關係會較好。即便你擁有兩個先天氣質都很難帶、年紀又相近的兒子（或女兒），即便其中一個孩子先天氣質很難帶，如果你能努力與這「高需求」的孩子維持溫暖而正向的關係，你也在為較好的手足關係奠定基礎。事實上，也可說是在為他往後人生中的人際關係畫下較好的藍圖。

要如何創造緊密的連結呢？透過我們每天回應每個孩子需求的方式。每段親子關係都是獨一無二的，有賴父母與孩子雙方的投入，一起創造出增強反應模式的「系統」。不論你的孩子是什麼樣子，你都能選擇要如何回應他。你的回應會形塑你們之間的關係，甚至會形塑孩子的大腦發展，以及他人際關係的模式。

大多數父母都認為自己與孩子的關係不錯，畢竟我們深知自己多愛孩子，然而問題是，孩子感覺我們與他多親近，特別是當他心情不好時。

- 孩子是否相信，當他很需要、或恐懼時你會協助他？
- 孩子是否相信，當他很生氣，向我們展現他的憤怒是安全的？而且我們會以同理回應，所以他可以露出藏在憤怒背後的悲傷和恐懼。
- 孩子是否相信，我們重視他真實的樣貌？是否相信我們不會試著改變他，他不須擔心在我們心中留下什麼印象？

- 孩子是否相信，當自己犯錯時我們能理解他，我們的指導會協助他變得更好？或者他會不會擔心，我們只看見他的不乖，並懲罰他？
- 孩子是否相信，我們能處理好自己的焦慮，當他萬分挫折、或苦於掙扎某些事情時，我們能繼續指導他，而不會過度插手、想直接把事情解決好？

我們與孩子的關係越親近，便有越多信任，孩子也越能把我們當成安全堡壘。這種安全感將讓他茁壯，讓他能夠在情緒上對別人（包括手足）大方慷慨。

在本書中，你會發現維持連結、伴隨從事一些特定的活動，將有助於增進並深化與每個孩子的關係。你的目標是尋找更多與每個孩子正向互動的機會，同時盡量減少會破壞信任感的負向互動，並且當信任感無可避免受到破壞時，你們能一起去修復。

（更多關於如何與小孩建立緊密連結的建議，詳見《與孩子的情緒對焦》第二篇）

第2篇

教小孩和平共處

如何教孩子和平共處?單是告誡孩子「對別人好一點!」、「別吵架!」、「要善待彼此」是沒用的,完全動搖不了一個正奮力捍衛自己的孩子。我們都希望孩子可以對彼此好一點,但和平共處的意義並非從此不想要衝突、或不再出現衝突,而是在於**有效解決衝突**。如果我們傳遞給孩子的訊息是:我們看重他的行為甚於他的感受,或者父母指示他如何解決手足衝突、他就應該照單全收,這樣將會適得其反。**練習面對衝突**是學會和平共處的必經過程,慢慢地辨認並表達自己的需求、傾聽他人、看見多元觀點、想辦法顧全雙方、讓每個人都被照顧到,終而能靠自己的力量化解衝突。

第4章
指導孩子情緒溝通與問題解決

喬納拿走某個東西，西恩大哭起來，我會說：「我們要試著跟喬納說什麼？」當西恩說：「我還想玩那玩具，喬納，可以請你還給我嗎？」喬納通常會把東西還給西恩。我發現，只要我提醒他們與彼此溝通，他們大都能靠自己解決問題，我已經教會他們了。

——艾蜜莉

情緒智商起源於我們了解自己的情緒，進而能調整情緒並達成目標。接著，則要學習如何與人相處，了解他人的感受，以尊重的態度表達自己的渴求。因此當玩具被弟弟拿走時，情緒智商較好的孩子既不會哭泣、也不會出手打人，他會說：「我還在玩那玩具，喬納，可以請你還給我嗎？」

如果你察覺這種成熟的互動在兩歲至四歲的孩子身上並不常見，你的觀察是對的。多數手足不會這樣互動，根據父母的描述，年幼的手足一個小時平均發生七次衝突，這些衝突中約只有一成最後會以「和解」、甚至「妥協」而歡樂收場，其他約有九成，會出現一些恐嚇或強迫，最後由較強勢的一方說了算，或者兩個孩子都從衝突中退卻了。大多數父母盡量不介入，說服自己反正孩子大了就會知道如何與人相處，畢竟，他們一天到晚都在面對衝突，這樣的練習應該足夠了吧？

不過，許多研究顯示，有兄弟姊妹的孩子，他們的社會技巧並沒有比獨生子女更好，有許多手足就打了好幾年的架。想不透吧？柏・布朗森（Po Bronson）與艾許莉・麥莉曼（Ashley Merryman）在《教養大震撼》（*NurtureShock*）中提供一個令人不安的解答：「也許事實正好相反，孩子從手足競爭中學會的是負面的社會技巧，而缺乏正面的學習。」

換句話說，放任孩子自行處理，他們從手足互動中學到的，可能是「霸凌」才會贏。

所以，父母應該要介入、創造和平共處的情境？如果我們的介入聽起來像是：「把玩偶給你妹妹！」那只是在教小孩，如果在權位者面前搬弄是非、佯裝受害，便能達到目的。這麼一來，他們便無法學會如何建設性地處理與手足間的衝突。

反而，孩子們更能從同儕互動上學到社會技巧。為什麼？因為如果他想要繼續玩，他勢必得聽進他人的觀點、想辦法顧全雙方。畢竟同儕關係極有可能真的說斷就斷，相較而言，與手足相處就不一定非得要解決衝突點、讓雙方都滿意。我們的文化較缺乏好好處理差異的典範，至少過去時代村落中的孩子們比較不會被依照年紀分開，年幼的孩子們會跟著年長的孩子們到處跑。幸運一點的孩子們會交到親近的朋友，並從對方身上學習彼此善待、互惠，他的手足關係也明顯地較為正向，而學校或托兒所確實是孩子們學習「利社會能力」的場域。否則除非我們仔細指導，不然孩子們可能學不到有建設性的社會技能。

這並不表示我們必須干涉孩子們間的互動，這麼做會讓他們缺乏練習自己創造和平共處的機會。如果我們希望孩子說出：「我還在玩這個玩具，喬納，可以請你還給我嗎？」這樣的話，而不是動手打人，父母確實應該給予明確的引導，他們才知道究竟該怎麼做。

指導基本的情緒智商能力

第一章，我們已經討論過情緒輔導與同理，這兩者奠定孩子們了解自己與他人情緒的基礎。

父母還能如何協助孩子們發展情緒和社會智能，讓他們和平共處呢？

1. **談談感受**。如果父母多與孩子談談日常生活中每個家人的感受與需求，手足對待彼此時會比較敏銳、比較有感情，也更能理解別人的觀點。即使孩子年紀還小，也會有效果。當媽媽告訴學步幼兒，寶寶可能有些什麼感受，學步兒也會對寶寶發展出更多同理，並減少嫉妒。

2. **問問關於感受、需求、渴望與選擇的問題。**

- 「你感覺怎麼樣？」
- 「你想要什麼？」
- 「你剛剛做了什麼？」
- 「那樣做有用嗎？」
- 「你有得到想要的嗎？」
- 「你的哥哥／弟弟有得到他想要的嗎？」
- 「你覺得他是什麼感覺？」
- 「下次同樣的狀況，你還會這麼做嗎？或是你可以試試不一樣的做法？」

- 「你覺得自己還可以怎麼做？」
- 「你覺得那樣的話，會發生什麼？」

聆聽、點點頭、重述一遍，確保你正確地理解。維持溫暖、不評價的態度。保持幽默感，當孩子說：「下次我就會揍他！」你可簡單地問：「嗯……那你覺得會發生什麼事？」試著不要馬上評論或訓誡他，引導孩子們重新思考，將有助於他發展判斷力，而好的判斷往往來自於糟糕的經驗。

3. 一次又一次的**解釋與示範**。

當他們爭奪某個東西，我會說：「傑可布，你說：『莎拉，你玩完時可以換我嗎？拜託。』」等他重複說一次，接著我會轉過頭，對莎拉說：『好，傑可布。』我會重複很多遍。直到有一天，我在煮飯，側耳聽到他們幾乎用一模一樣的字句解決衝突。那時我真感到驕傲！

——蒂恩

4. **練習找出兩全其美的解決方法**。在一個家庭的日常生活中，家人之間擁有各種不同的需求，這些都是契機，試著想出對大家都好的辦法，「嗯……你想去游泳，但姊姊想去公園……有什麼方法可以讓兩個人都開心？」

5. **示範運用以「我」為主詞的句子**，這意謂表達自己的需求，而不是評斷或攻擊他人。例如，當女兒大叫，與其說：「你才笨吧！」不如說：「我不喜歡你這樣罵我。」練習以「我」開頭的句型，可用來描述你的感覺、需要什麼、怎麼看待這個情境，並在最後加上你希望孩子怎麼做。「我覺得＿＿＿，因為我想要（或需要）＿＿＿，但我發現你＿＿＿。」例如，「我很擔心，因為我想要準時出門，但我發現你還沒準備好。請你趕快穿上鞋子。」

6. **示範利社會行為**。家裡的大人如何對待彼此，是孩子們最有影響力的示範，善用這點，運用角色扮演來示範你希望孩子們如何對待彼此。例如，你可能會對伴侶說：「只剩下一根香蕉了，我們分著吃吧。」或示範如何以尊重態度設立限制，說：「不好意思，我正在使用它，等我用完換你用。」搭配微笑和擁抱。

你的新角色：翻譯員

你可以把「教孩子們溝通」想像成是在幫兩個雞同鴨講的人翻譯。當然，孩子們自己本來就在學習如何有效溝通。只是當他們一焦慮、或脾氣一上來，思緒就亂了，也聽不進別人說的話。這時，父母的工作就是幫孩子們搭起橋梁，讓他們表達自己的需求與感受，並幫他們聽懂彼此的表達。一旦你幫他們建立起溝通的橋梁，他們將越來越有能力一起嘗試解決問題，漸漸不再借助你的幫忙。

「你抱起吉歐瓦娜，她就開始生氣，你有沒有聽見呢？看起來她希望你放下她。」

「柴克喊停了，他不想要你這樣拉他。」

「雅美莉亞說是她先拿到玩具的，安柏也說是他先拿到玩具的……你們都認為是自己先拿到的！」

成功的翻譯員必須發揮同理，理解孩子們雙方的觀點，也必須保持冷靜，才不會馬上評斷對錯，即便我們為了確保所有人都安全而設立限制時，也是如此。如果我們站在某個孩子那邊，另個孩子便會豎起防衛、關閉耳朵。試著想像孩子對你這樣的介入會有什麼反應？

「你弄傷寶寶了！立刻把她放下來！」

「別再拉他了！你怎麼一天到晚對弟弟動手動腳！」

「雅美莉亞，妳是姊姊，應該比較懂事才對，不要再跟妹妹搶了！」

以上這些語言不會建立橋梁，因為孩子覺得被批評了，即便他最終乖乖合作（這不太可能發生），也會心生怨懟，往後更愛反抗。

翻譯是寶貴的教導方法，幫助孩子們了解社會動力。如果你可以以同理翻譯、盡量不去評斷對錯，會讓每個孩子都覺得自己被聽見了，他們的情緒於是會冷靜下來，讓他們更能聽見彼此。

指導孩子們辨認與溝通自己的需求與感受

如同我們討論過的，當父母讓每個孩子都感覺自己倍受關愛，便可以讓手足競爭降到最低。

然而不論你再怎麼回應，孩子們偶爾還是會起點衝突。如果孩子無法以語言表達他想要什麼，他就會藉身體來做出反應。所以父母的工作就是協助孩子們學習辨認，並勇敢地表達自己的需求與感受，也幫助其他手足聽見、並回應他的表達。

如果你有多個孩子，你便會有許多機會去指導他們辨認、溝通自己的感覺。我們來看看一些例子。

詹姆士（三歲）正在玩他的小砂石車，維莉特（十五個月）走到他身後、拉了他的衣服，他煩躁地看一看自己的肩膀。當他正要轉身推開維莉特時，媽媽說：「詹姆士，維莉特拉你衣服，看起來你不喜歡這樣，你可以用講的告訴她嗎？推人會讓人受傷喔。」

詹姆士：維莉特！不要！

媽　媽：詹姆士，我聽到你說不要了！你可以告訴維莉特，你不要她做什麼嗎？

詹姆士：不要拉我的衣服！

維莉特睜大眼睛，來回看向媽媽和詹姆士。

媽　媽：維莉特，詹姆士說不要拉他的衣服，妳想要詹姆士注意妳嗎？妳想要跟他玩嗎？

維莉特笑了，並拍拍手。

媽　　媽：詹姆士，你看看維莉特好想跟你一起玩！這是她拉你衣服的原因，她想說她要跟你一起玩。我看到你正在玩小砂石車，維莉特可以怎麼樣加入你的遊戲？

詹 姆 士：在這裡，小維……妳可以拿這台砂石車，妳去挑一個積木放在裡面，把它載到砂石車這裡。

強尼（四歲）走進房間，克里斯丁（五歲）正在房間裡玩飛機，強尼一把抓住飛機。

強　　尼：換我了！

克里斯丁：沒有，現在我還在玩……我可以玩很久。

他讓飛機從強尼面前滑過，發出咻咻聲，強尼開始哭，追著飛機跑。

爸　　爸：我聽到強尼在哭……你們兩個還好嗎？

強　　尼：他很壞！

爸　　爸：強尼，我看到你很傷心……你可以告訴哥哥你想要什麼嗎？而不是罵他。

強　　尼：他惹我！我也想玩飛機！

克里斯丁：但現在是我在玩！

爸　　爸：強尼說他想要輪流玩飛機，克里斯丁說還沒準備好玩完這一輪……嗯……這真是傷腦筋……我知道等待是很難的，強尼。

強　尼：我不想要等……我現在就想要玩飛機！我想要用卡車幫它加油。

爸　爸：強尼，我知道你想要現在就玩飛機，你已經想好要怎麼玩了，你可以問問看克里斯丁他玩完時能不能拿給你。

強　尼：你玩完的時候，飛機可以換我玩嗎？克里斯丁。

克里斯丁：好，但我還要玩很久。

爸　爸：好……我們家的規則是每個人一輪都可以玩很久……你可以告訴強尼大概什麼時候可以換他玩飛機嗎？

克里斯丁：我到睡覺前都想玩。

強　尼：那我想要把飛機放在床邊，這樣明天就會是我先玩飛機了。

爸　爸：好，所以克里斯丁會玩到睡覺前，然後晚上飛機會放在強尼床邊，明天起床換強尼先玩？你們都同意？

克里斯丁：這樣很好，爸爸，看我飛！

強　尼：好……克里斯丁，那我可以當地勤嗎？如果你要降落時，我可以幫飛機加油。

如果強尼按捺不住、情緒潰堤了呢？協助他等待輪到他的時候（閱讀第239頁「指導孩子學習等待」），你可能須面對他大哭大鬧，但若不這麼做，也許強尼就整個晚上悶悶不樂，這樣的結果將更不利；相對地，在崩潰之後，他便能想辦法去跟克里斯丁一起玩飛機，或他會找別的事情做，大家都能擁有一個比較快樂的晚上。（閱讀第96頁的「計畫好的情緒潰堤：協助孩子渡過強烈的情緒」）

賽巴斯汀（五歲）和克萊兒（七歲）在玩學校遊戲，克萊兒扮演老師。

賽巴斯汀：我不想玩了。

克　萊　兒：你要一起玩，我是老師，所以你要聽我的。

賽巴斯汀：爸爸，我一定要繼續跟克萊兒玩嗎？

爸　　　爸：每個人都可以決定自己要跟誰玩，你不想玩了嗎？

賽巴斯汀（啜泣著）：她很凶。

爸　　　爸：我知道了，姊姊需要感受到你的心情。

賽巴斯汀（再度啜泣）：你去告訴她。

爸　爸：你會擔心要告訴克萊兒你的心情嗎？你可以試著告訴她你的感覺嗎？

賽巴斯汀（對著克萊兒）：妳太凶了。

克 萊 兒：我才沒有！

爸　爸：賽巴斯汀，你可以告訴姊姊你有什麼感覺嗎？

賽巴斯汀：我不喜歡這樣，我什麼事都不能決定。

克 萊 兒：好吧……你想當一下老師嗎？我來當壞學生。

你有注意到這幾位父母做些什麼嗎？他們協助孩子們辨認和表達自己的情緒，不去攻擊手足。他們這麼做：

- 描述所發生的事情。
- 同理每一個孩子。
- 指導孩子們把感受化作語言，而非攻擊。

一旦聽見彼此的需求，孩子們將更能想出兩全其美的解決方法。

有些父母會說：「這下好了，以後我每次都得插手了，他們什麼時候可以自己處理？」凡是要求更多洋芋片、溜滑梯排隊時堅守自己的順序、買冰淇淋甜筒等，各種人際能力會在一次次指導與練習中學會。然而，如果父母僅是告訴孩子們「用講的！」是不會有效果的，我們必須仔細地教導他們要講些**什麼**。

一旦你開始用上述方式指導孩子們，你會訝異地發現他們竟可以這麼快速地學會處理事情。即便年紀還小，孩子們也喜歡解決問題、與所愛的人和平共處，他們只是需要你教導他該怎麼做罷了。

指導孩子們向對方設立限制

當人們感覺遭受威脅，本能反應便是發動攻擊。因此，孩子們需要我們幫忙他，學會以尊重的態度，向手足表達自己的需求與情緒（包括憤怒）。我們同樣可以運用翻譯的方法：

- 描述。
- 同理。

● 指導孩子們辨識與表達自己的需求與情緒，而不攻擊其他孩子。

如果必要，你也需要：

● 如果孩子設立限制了，對方卻置之不理，你要去當他的靠山、支持他。

● 如果孩子不把限制放在眼裡，你要重新強調家庭規則。

● 協助孩子們解決問題。

伊娃（五歲）穿著小仙子服裝，在房間裡展翅跳舞，隨著音樂揮舞魔法杖，她撞到麥肯希（七歲）正在玩的娃娃屋。

麥肯希：喔，不！妳撞壞娃娃屋了！我討厭妳，伊娃！

媽　　媽：麥肯希，你聽起來好生氣，你先不要打妹妹，你可以把你的感覺說給她聽嗎？

麥肯希：我很生氣，我的感覺就是很生氣！伊娃，我才剛擺好，妳就撞倒了！

媽　　媽：喔，麥肯希，難怪你這麼不高興，你花了好大的心力才擺好……現在得從頭來過了，真的很遺憾……

伊　　娃：我不是故意的，麥肯希……我只是在飛……你想要我幫你把家具放到原本的位置嗎？

麥肯希：嗯……沒那麼簡單，我要擺得像剛剛那樣。

伊　　娃：麥肯希，對不起，我可以幫你忙……我可以把倒掉的家具弄好？

麥 肯 希：可以……我想妳可以……但妳要小心喔！

強森（四歲）推著尼可拉斯（兩歲），尼可拉斯哭了，努力站穩。

爸　　爸：你們兩個都喜歡玩這個遊戲嗎？我看到尼可拉斯在哭。

強森小心翼翼地抬起頭來。

尼可拉斯淚眼汪汪地搖頭說不。

爸　　爸：尼可拉斯，你可以告訴哥哥你不喜歡什麼嗎？

尼可拉斯：不喜歡！

爸　　爸：尼可拉斯，你不喜歡什麼？可以清楚說給哥哥聽嗎？

尼可拉斯：尼可拉斯不喜歡推！

爸爸（幫忙翻譯、並確認是不是這意思）：強森，尼可拉斯說他不喜歡被推，你可以停止推他嗎？

強森點點頭。

強森點頭，表示他會尊重這份承諾。如果強森沒點頭呢？如果他不願意承諾，便可能會繼續推人，在這種情況下，爸爸須繼續介入處理。

爸　爸：強森，看起來你還沒準備好不推，尼可拉斯說他不喜歡被你推，他需要你答應不再推他，他才能覺得比較安全，你可以停止推他嗎？

強森搖搖頭。

爸　爸：好吧，看來你現在非推不可，但不能推尼可拉斯，想想看還有什麼是你可以推的？你的嘟嘟車？在這裡，我幫你拿出來，讓你盡情地推。你可以讓我看看，你有多想推車車嗎？哇！強森，你推得好用力呀！看看你推的！……現在，我必須去清理廚房了。尼可拉斯，你想要跟我一起去，幫忙我打洗碗的泡泡水嗎？

卡里（十五個月）打了亞娃（三歲）。

亞娃（僵住不動）：哎喔！

卡里咯咯笑，又再出手一次。

亞娃（咯咯笑）：哎喔！

卡　里：哎喔！

他又再打了亞娃一次，繼續咯咯笑。

媽　媽：嘿，我聽到亞娃說「哎喔」，我也聽見你們在笑，你們是在玩嗎？

亞　娃：我不想要他打我，但沒有很痛……

媽　媽：聽起來妳想跟弟弟玩，但妳不確定自己是不是真的想要被打……亞娃，妳可以用別的方式跟他玩，還有什麼可以玩的？

亞　娃：我覺得他喜歡聽我說「哎喔！」，卡里，來這裡，你打沙發，對，就是這樣，哎喔！

亞娃和卡里一起打沙發，大叫「哎喔」，笑得很開心。

放學後，媽媽跟克蘿伊（九歲）和萊恩（七歲）一起走進家門，萊恩走著走著，在脫鞋子時撞到克蘿伊。

克 蘿 伊：萊恩！你這個笨蛋，別撞我！

萊　恩：我什麼都沒做！我不是笨蛋！

媽　媽：克蘿伊，這樣罵人會讓人難過，妳想跟萊恩說的是什麼？

克蘿伊：不要踢我！

萊　恩：我又沒有踢妳！

媽　媽：嗯……我不知道發生什麼事，但我猜有可能是你在脫鞋時，腳撞到姊姊了……

克蘿伊，是這樣嗎？

克蘿伊：好像是吧……我感覺很像被踢了。

媽　媽：就算是不小心踢到，還是有可能會受傷……萊恩，可能你沒發現自己的腳踢到克蘿伊了……有時候會這樣，她感覺像被踢了，她以為你是故意的……所以有一個很大的誤會，讓你們兩個都很不愉快，對吧？

兩個小孩互看，還是很生氣。

媽　媽：你們兩個是不是可以跟對方說些什麼，讓事情變好一點？

萊　恩：我不是故意踢妳的，克蘿伊，對不起，但我不喜歡妳叫我笨蛋。

克蘿伊：我不是說你真的是笨蛋，我只是很生氣……但你踢得滿大力的，我不喜歡被踢，你可以小心一點嗎？

萊　恩：只要妳答應不要再罵我就好。

媽　媽：聽起來這是個不錯的協議呀。我們家的規定就是不能罵人，我們也不能在別人沒有同意之下就碰別人的身體。我在想怎樣比較好，能讓你不會不小心撞到姊姊……有誰能想到方法嗎？

萊　恩：我脫鞋子的時候不要跟她一起坐在椅子上……我可以坐地上。

媽　媽：哇，這對你會有幫助嗎？那妳呢，克蘿伊？

克蘿伊：這樣比較好。萊恩，我喜歡你，我只是不喜歡被撞到。

指導孩子們傾聽彼此說話

通常，當孩子們沒有在聽彼此說話，是因為當下他們有情緒，所以不再在乎對方。這時，首要目標是讓雙方先冷靜下來，他們才會打開耳朵。當你介入時，不論你認為是哪方「有錯」，都必須同時同理雙方。如果你處理的方式感覺像是攻擊某一方，他們便不可能去同理手足，這是我們不選邊站的重要原因。你可以先深呼吸、冷靜下來，心中默念「這不是緊急事件，我是小孩的榜樣，讓他們能學會處理彼此間的事」，接著：

1. **幫忙孩子脫離「戰或逃」狀態**。首先，你可以抱持「這並不是緊急事件，這是可以解決的」態度，並將這態度傳達給小孩，便能增加他們心中的安全感，必要時則要化作語言，說給他們聽，「看來我們遇到一個問題……我們可以解決的。」

2. **鼓勵孩子為自己說話**（如同前面所提的案例）。「你可以告訴他……」

3. **當其中一個孩子聽不進別人說的話，可提供協助**。「姊姊喊停了……你需要我幫忙你停下來嗎？」如果被弄傷的那個小孩還不會說話，你可以說：「看看弟弟的表情……看起來他並不喜歡這樣。」他已經知道傷到弟弟了，他心裡也不好受了，他只是無法管理自己的劇烈情緒。你的目的不是羞辱他，而是提醒他，不論他心裡是什麼感覺，他都有責任避免傷到他人，並讓他知道你會跟他一起、幫忙他調整自己。

4. **當孩子看不見協調的必要，可重申家庭規則，鼓勵他想想顧全雙方的做法**。「弟弟說他想要幫奶奶的花園澆水，要用這條水管。我們家的規則是每個人輪流的時候都可以使用很久，不過，今天我們可能需要輪得快一點，因為我們只有今天待在奶奶家，要讓每個人都有機會用到水管。你們覺得可以怎麼做，讓每個人都開心呢？」

指導孩子們解決問題

在處理紛爭時，我不會討論「誰做了什麼」，我會問他們「可以怎麼做來解決問題」或「把事情做好」。

——翠西亞

幫助孩子們解決問題的方法很簡單，你只須界定出問題點，鼓勵孩子們想出可行的解決方案，並鼓勵他們達成共識。要學習這麼做，你可能必須更詳盡描述。

1. **示範冷靜**，好讓每個人都能思考，也更願意解決問題。
2. **指出問題所在**。當孩子們們陷入僵局，便會把彼此視為問題；如果你能指出問題所在，將有助於他們就事論事。
3. **如果孩子們是因某個東西而起衝突**，把這個東西（或孩子們）帶離現場，不讓任何人獨占它。
4. **不帶評論地描述問題**，好讓孩子們理解對方也有合理的需求與渴望。

5. **確認他們都同意，這就是眼前遇到的問題**，以免你可能沒有從孩子的角度理解這問題、或他們對問題可能沒有達到共識。

6. **邀請孩子們想出解決方法。**在一些情況中，解決方法會是既有的規定：「我們家輪流的規則是，不須因為有人新加入、就要馬上輪他，但如果你們都同意要這樣，那就可以。」如果以前沒有訂立相關規則，你可以問：「你們要怎麼解決這個問題呢？」

7. **幫忙寫下他們想到的解決方法（即便小孩仍不識字，也可以這麼做）**。可以從黑板或一張大紙上寫下解決方法，特別有助於孩子們「內化」這個過程。當他們陷入僵局時，你可以提出一些建議，但要避免只是你單方面幫他們想。同時，你可以想一些愚蠢或狂野的主意，來打破他們的僵局，刺激新想法的出現。

8. **寫下所有解決方法，就算其中有些做法不是所有人都贊同**。這是大家一起動腦思考的時間，不宜評論，愚蠢的主意會讓人發笑、化解張力。當孩子們提出建議，重述並寫下。

9. **一條一條地唸出每個解決方案**，並問孩子們是否都同意。

10. **重述孩子所提的不同意見、妥協意見，以及最終的解決方法，然後，問問這個新的解決方法是否有用**。這是很重要的步驟。通常，最好的解決方案是來自孩子們對現有的想法提出異議，這有助於他們把自己的渴望表達得更詳盡，學習從他人的觀點看待事情，並能讓解決方法更適合每個人。在一開始，你須幫忙他們達到這些妥協，隨著時間推移，他們將學會靠自己做到。唯有當每一方都同意，解決方法才能發揮效用。

11. **一旦得到顧全雙方的解決方法，確保它有被執行、且真的可以解決問題**。我們大多想跳過這步驟，但如果你希望孩子們可以遵守彼此協定的承諾，便不能跳過這步驟。如果很難執行討論出來的這個解決方法，試著縮小解決問題的目標，來幫助他們化解困境。

上述內容提到許多「重述」這個動作，它能幫助孩子們聽見彼此、澄清表達的內容，有助於孩子們「就事論事」，不會在嘗試解決事情時牽扯出更多紛爭。逐漸地，孩子們也將學會「重述」，彼此間的溝通將會更清楚，並更有效地解決問題，你就不用再幫忙他們了！

這究竟是怎麼發生的呢？

媽　　媽：我聽到很大的聲音……你們兩個是不是遇到問題了？

泰勒（五歲）：他一直推我的積木大樓！

朱利安（三歲）：我是想幫忙。

泰　　勒：不是！朱利安，你是故意的！你想要把它弄倒！

朱利安：它倒掉了！

媽媽：所以問題出在泰勒想自己蓋積木大樓，但朱利安想要幫忙……也想要把它推倒？這就是你們遇到的問題嗎？

泰勒：對！

朱利安：對！

媽媽：所以我們有一個人想要自己蓋積木大樓，讓它高高的，另一個人想要幫忙、也想把它推倒……這狀況聽起來真不妙，你們兩個人怎麼解決這問題呢？

泰勒：請叫朱利安走開……我想自己蓋。

媽媽（寫在紙上）：好，這是一個可行的做法，泰勒可以自己蓋，不要任何幫忙，也不要被推倒。還有嗎？

朱利安：可是我也想蓋呀！

泰勒：你可以蓋你自己的大樓啊，不要碰我的大樓！

媽媽（寫下）：這是另一個可行的做法嗎？朱利安去蓋自己的大樓？你們各自蓋自己的大樓？

朱利安：不！我不行！我沒辦法蓋得像泰勒的那麼高，我蓋的大樓都不好。

媽　媽：你不喜歡這個做法，好吧，我們先把所有可行的做法都討論一遍，還有其他做法嗎？

朱利安（笑著說）：把它們都推倒！

媽　媽：朱利安，這聽起來真是痛快！好，我會把它寫下來，這個做法是把大樓推倒？

泰　勒：我討厭那樣！

媽　媽：我聽見了，我知道，泰勒，還有其他做法嗎？

泰勒和朱利安默不作聲。

媽　媽：好，我們來看看這裡哪個做法可以讓你們兩個都開心……第一個做法是你們各自蓋大樓，而沒有人可以推倒泰勒的大樓……這個做法你們都接受嗎？

泰　勒：對！

朱利安看起來仍一臉漠然。

媽　媽：朱利安，這個做法是你可以蓋自己的大樓，然後把自己的大樓推倒……但你不能去碰哥哥的大樓，好嗎？

朱利安：我不喜歡這樣……我的大樓不夠高。

媽　媽：嗯……泰勒，你有聽見嗎？朱利安之所以喜歡推倒你的大樓，是因為你的大樓比較高。

泰　　勒：我們可以一起把他的大樓蓋高一點，我可以幫他。

媽　　媽：這是另一個可以寫下來的做法……這個做法是「泰勒幫朱利安蓋很高的大樓，讓朱利安可以推倒它」。

朱利安（跳上跳下）：太棒了！

媽　　媽：朱利安，你喜歡這個做法，這代表你可以推倒泰勒幫你蓋的大樓……但你不能去碰泰勒自己的大樓……好嗎？

朱 利 安：好……但泰勒，你可以幫我把我的蓋得跟你的一樣高嗎？

泰　　勒：好啊，我們會把它蓋得很高……但我也可以跟你一起推倒它嗎？

朱利安（笑著說）：好！我們一起當高樓殺手！

媽　　媽：好，泰勒幫朱利安蓋高樓，再一起把它擊垮，你們都喜歡這個做法吧？我們想出一個兩全其美的解決方法！那麼，你們要怎麼確保泰勒的大樓安全、不會不小心被推倒呢？

泰　　勒：我會把大樓蓋在桌子上，這樣它就安全了。來吧，朱利安，我們來蓋你的超級高樓，等下來看看把它擊垮會是什麼樣子！

循序漸進地解決問題

不帶評價地描述問題	邀請小孩動腦想出解決問題（或重申規則）
「馬修說他想要玩摔角……威廉擔心可能會受傷。」	「你們可以一起討論出一些摔角規則，確保每個人都能感到安全嗎？」
「你們都想要坐紅色椅子。」	「兩個小孩同時都想要坐紅色椅子……有什麼辦法可以解決呢？」
「傑米，沙維爾說不想要你丟他沙子，沙子會跑進他的眼睛。」	「傑米，當沙維爾喊停時，你必須要聽他的話。」
「狄亞戈，索尼亞說你的腳一直踩到她的腿。」	「共享沙發就表示你們的身體得共處，你們兩個可以怎麼做比較好？」
「你們三個人都想要坐在窗戶旁邊，但總得有人坐在中間。」	「嗯……後座只有兩個靠窗的位子，而一共有三個小孩，我們會有兩趟車程，一次是去野餐、一次是回家，這樣你們是不是可以分配一下？」

別忘了在解決問題之前，你自己先冷靜下來，然後，以微笑或擁抱來與每個孩子建立溫暖的連結，好讓每個孩子都感到更安心、更願意尋找解決方法。

一旦孩子們提出了解決方法：

取得每個小孩對解決方法的同意	幫忙小孩執行、改善解決方法
「所以你們都同意可以摔角，但不能打到或碰到對方的臉？」	「馬修，威廉喊停了。看來我們還須再加一條規則，當有人喊停時，每個人都要停止動作，這樣如何？」
「所以早餐時間康納可以坐紅椅子，而午餐時間則輪到露西坐？你們講好的是這樣嗎？」	
「傑米，你可以不要再丟沙子了嗎？」（如果傑米現在表示同意，他比較可能停止這麼做。）	「傑米，你還是一直丟沙子，看來你有點停不下來，我們必須先離開沙池，去旁邊休息一下。」
「所以你們把墊子放在中間，當作界線，你們都同意自己不會越界嗎？」	
「所以結論是，去野餐的路上杰斯先坐中間，回程的路上換奧布莉坐中間，然後因為金斯頓都沒有輪到中間的位置，所以回家後杰斯和奧布莉可以先去玩，金斯頓則要跟爸爸媽媽一起打掃，是這樣嗎？」	「金斯頓，你答應要負責幫忙打掃，如果你不喜歡這樣，你可以跟奧布莉討論，看你們要不要交換，那你就要在回程路上坐中間，但前提是她想跟你交換才行。我需要你們的幫忙，一旦講好了就不能再反悔了。」

解決問題與責怪

當衝突發生，我試著不責怪任何人，我從不會去問「是誰的錯？」而是尋找讓每個人都開心的解決方法。這很有幫助，因為不會激起被責怪那一方的憤怒，同時這意謂沒有人須為此負責，也沒有人會「惹上麻煩」。我的孩子們幾乎每天都玩在一起，大致上來說，他們都能和平共處。

——荷麗娜

有一部很棒的《紐約客》卡通，關於一個在叢林中迷路的家庭，爸爸說：「我承認我們迷路了，但現在最重要的是……弄清楚這究竟是誰的錯！」當事情出錯了，大多數人會自動找人怪罪，這彷彿會讓我們感覺好一點，儘管事情依然未得到改善，搞清楚事發原因是什麼，讓我們感覺自己彷彿真的做了點什麼。在很多家庭中，責怪如同家常便飯，甚至當下自己也渾然不覺。

「誰把這裡弄亂的？」

「這是你自己的問題，誰叫你要去招惹他！」

「是誰先開始的？」

我們往往誤以為，責怪就是在做一件有建設性的事，確保有人為此負責、教導孩子們責任感。但在責怪來、責怪去的家庭中長大的孩子，會變得比較防衛、時時提防，並不會比較負責任，反而更傾向怪罪或攻擊他人。請想想，如果家庭氛圍比較重視如何解決事情（而不是只想找人怪罪），孩子們往往會擁有比較好的手足關係。有一份研究發現，「如果家庭連討論問題都能和諧友好，孩子們之間的手足關係將較少衝突。」

該怎麼做呢？確保家裡不要養成責怪的風氣。真的，別去責怪任何人。當你不自覺地開始責怪，換個心境、改以「我們可以做些什麼來改善這件事」的態度來處理事情，你會驚訝地發現，一旦孩子們不須擔心自己被怪罪，便會更願意為自己所做的事負起責任。

教導孩子們基本的妥協技巧

我們在成長過程中，大都沒有人教導我們妥協的技巧，但這些技巧卻能讓我們較輕易解決日常生活中必然的衝突，所以孩子們應該要學習。如果你教孩子們這些技巧，當他們遇到意見分歧時，你會聽見他們開始在自己身上試著運用。

交換

「如果你分我一個紅色的，我也會分你一個藍色的。」

提供更誘人的交換條件

「我真的很想要大象耶，如果我用斑馬、鱷魚和大猩猩來跟你交換大象，好嗎？」

輪流、並提供更誘人的交換條件

「如果我們先玩我的遊戲、再玩你的遊戲，那因為你的遊戲排在後面，所以我們玩久一點，這樣好嗎？」

平分東西

「你可以平分一半……盡量分成剛好一半喔，因為我等下要先挑我的那半。」

團隊合作

「如果你幫我一起整理積木，我也會幫你整理木塊。」

取得同意或制定「規則」

「在打打鬧鬧時，有什麼規則可以讓我們都覺得安全？只要有人喊停，每個人都要暫停動作，這樣好嗎？你們同意嗎？」

寫下共識

「好，我們同意今天晚上我得先洗澡，但接下來兩天都是你要先去洗，我們找爸爸幫我們寫下來。」

告狀意謂孩子們需要幫忙才能解決問題

我把心力放在幫忙孩子為自己說話，而非告狀。讓孩子能直接傳達「我不喜歡你打我」或「請不要沒先問我一聲就拿我的東西」，讓手足知道，而不要跑來向我訴苦告狀。我希望孩子們長大後有能力堅定地表達自我，他們現在分別是兩歲和四歲，對於這點他們仍需要很多幫忙，但這個過程非常有效！

——瑪莉

父母很討厭孩子們跑來告狀，一方面是因為我們大多不想聽到壞消息。告狀意謂出現了問題、等著我們去解決，這當然會讓我們感到厭煩。但真正困擾我們的其實是孩子想要陷害手足的心思，我們當然不希望哥哥吃巧克力，但這個告狀的小子似乎做了更糟的事——他企圖陷哥哥於不義，還因此暗自竊喜。

愛的指導能非常有效地減少告狀，因為再也沒有人會「惹上麻煩」，你可能會介入，但目的是要找到解決方法，而非指責任何人。加上如果你同時停止懲罰，他們便不會想要告狀了。

當然，孩子們對手足真的無計可施時，依然會跑來找你。你會希望孩子們知道，他可以告訴你他的困擾。當他不知道該怎麼做時，跑來找你尋求指引是「好事」，別拒絕他，你應該提供一些協助，但不是跳進去主持公道。首先，你不知道事情的全貌；再者，你解決事情了，卻沒能讓孩子們學會自己解決；最後，如果你強勢以某個方式處理，孩子們心裡不會認同你。

所以，當孩子們跑來向你「告狀」：

1. 深呼吸，提醒自己這是孩子希望事情變好的最後手段。
2. 重新描述一次整個狀況，確保自己正確理解。你知道孩子提供的消息不一定完全可靠，但你認可他的觀點。「讓我看看我是不是搞懂了，哥哥說如果你不照他的意思玩這個遊戲，你就不可以參加他的生日派對？」
3. 如果事情真的對來告狀的那個孩子不利，同理他、協助他動腦想想解決方法。「聽到哥哥這樣說，你一定很難過……聽起來你們兩個對彼此都很不高興，所以哥哥才說出這樣的狠話……我在想的是，現在你可以做點什麼，來讓你和哥哥都感覺好一點？你可以跟哥哥說點什麼呢？」
4. 問問他是否想要對此做點什麼，或者只是需要談談。「你好像已經想到要跟哥哥說什麼了……如果你需要我陪你一起去找哥哥，你再告訴我。」

5. 如果小孩跑來告訴你的是手足的事，而與他自己無關，同理他，如果情況合宜向他道謝，並採取行動。

「克里斯多福在爬窗戶！」

「法提瑪正在畫牆壁！」

「你在哄寶寶睡覺時，裘瑟一直在打電動！」

克里斯多福正做危險動作，法提瑪正在破壞物品，裘瑟正在違反家庭規則。事實上，你很需要這些情報，但看小孩這樣扯手足後腿，難免感到煩擾，你要怎麼回應？

想想看，也許小孩真的關心手足與物品的安危，或家庭規矩被破壞了，他是抱著憂慮的心情來找你，在這狀況中，家庭規則重要嗎？你必須確保每個人的安危嗎？

同理小孩的擔憂，告訴他你會去處理這件事。「讓我看看是不是搞懂了，裘瑟在打電玩，違反規則了……感覺你很擔心……沒事，寶貝，我會處理的。」

如果事情當下正在發生，可採取行動。「我的天呀，法提瑪在畫牆壁嗎？謝謝你！我們趕快去挽救牆壁！」

接著，私下把破壞規矩的小孩找來談談，就像任何一個小孩違反規則時，你都是這麼做的。

第5章

當問題無法解決：教導孩子衝突的和解

手足是我們練習的對象，我們從手足身上學到公平、合作、善待與關懷，而這往往是一段艱難的過程。

——潘蜜拉·道格戴爾（Pamela Dugdale）

前一章，我們談的是如何教導孩子們溝通需求與合作解決問題。不過，難免有時候，那些方法都派不上用場，家裡無可避免地爆發衝突，這時候該怎麼辦？

套一件「相親相愛」上衣，這做法可行嗎？

孩子們又吵起來，快把你逼到極限了，你會怎麼做？

做法一：請他們回到各自房間。

做法二：找一件大人、且特別大的衣服，用黑色麥克筆在衣服上寫「相親相愛」，把它套在兩個孩子身上，讓他們同時穿著那件上衣，讓身體碰在一起。現在，他們**總得**「相親相愛」了吧！

做法三：和孩子們坐在一起，協助他們分別向對方說明自己為什麼不高興，讓他們彼此聽見，協助他們聽見對方的觀點、發展同理心，協助他們想出兩全其美的解決方法。

乍聽之下如果你覺得第三個做法很費事，第二個做法聽起來滿有創意的，不少人和你想得一樣。網路上有許多父母發布「相親相愛」上衣的照片，照片裡的孩子們有的面露難堪、有的板著臉生氣、有的在哭，而底下的留言往往是其他父母表示笑翻了、自己等不及也想來試試。

我可以理解為什麼父母會千方百計只為了讓孩子們停止爭吵，許多家庭天天上演手足戰爭，這無疑會逼得父母快抓狂。然而，相親相愛上衣這個做法，非但無法教孩子們不爭吵，它還會讓孩子們學到：

1. 它沒讓父母示範，以尊重的方式，協助孩子們處理意見分歧。
2. 它教較年幼的小孩得「聽話」，換句話說，以後他最好都要遵從哥哥姊姊的意思，才不會惹爸媽生氣。
3. 它教哥哥姊姊去「霸凌」弟弟妹妹；換句話說，他們可以仗勢自己力量比較大，而強迫弟弟妹妹按照自己的意思做事。
4. 它告訴孩子們，他們沒有權利決定自己的身體如何被觸碰。
5. 它羞辱了孩子們，權力較大的人可以動用力量去羞辱、壓制權力較小的人。
6. 它讓孩子們覺得，如果明白表達自己的情緒或不同意，會惹父母生氣，他們應該要偷偷摸摸、暗地裡攻擊手足。
7. 它讓孩子更不高興、憤怒，如此一來他們自然會怪罪對方，這完全與「教導孩子同理彼此的觀點」背道而馳，且幾乎會導致孩子之間的手足關係更糟。

8.它清楚地展現出，父母絲毫不在乎他們之間相處得如何，單純只希望他們別鬧事就好。

當然，協助孩子們排解紛爭必須花點時間。如果能相信「反正孩子們沒得選擇、他們總得相親相愛」那就好了，不過，這就像說「只要他們夠累就會自己上床睡覺……我要先去睡了。」這有失身為父母的責任。

相對地，一旦你開始規律地運用衝突解決方法，你的孩子們將學會如何表達自己的感受、同理地傾聽、尋找兩全其美的解決方法。他們會在爆發衝突之前便試著處理意見不合，將會大幅減少爭吵，而你也就不須一直插手處理了。同時，孩子們也將學到，在每段關係中都會遇到意見不合，但總有相互尊重、並好好處理的機會，不再為了「相親相愛」而暗自忍氣吞聲。

為什麼必須透過「衝突」來學習經營人際關係？

衝突是每段人際關係中的一部分，自皮亞傑（Piaget）開始，道德發展領域的專家早已指出，孩子們透過面對自我與他人間需求上的衝突來學習道德感。自古以來，人們便會為了規則、公平而起衝突，這是發展道德倫理、內在是非準則的基礎。因此，手足之間適度的紛爭，不僅是正常的過程，更具有重要的功用。

事實上，如果為了要與手足「和平」共處，孩子們必須隱忍自己的需求，這對任一方都不是好事。孩子們必須學習為自己說話、表達自己的需求，以及想辦法達到自己的目標。同時，孩子們當然也須學會傾聽、同理他人，學會管理自己的憤怒，而非威嚇他人，孩子們必須學習如何在達成目標的同時仍與他人保持連結。

因此，衝突是必要的，對孩子們而言真正有價值的不是衝突本身，而是成功解決了衝突、盡力顧全雙方的經驗。這就是父母的目標不是幫孩子們解決分歧、讓一切保持和諧，而是運用日常生活中每個自然發生的衝突，藉此機會協助**他們**創造出解決方法。我們的示範固然可以讓孩子們看見這些能力如何運用，但孩子們同樣必須透過親身實踐與執行的經驗來學習，在一次次與手足解決衝突的過程，他們將會對自己有信心，即便情緒激昂高漲，他們仍能既顧全彼此、又解決問題，如此，便不須訴諸肢體攻擊。

因此，當下次孩子們再度發生爭執，提醒自己，這是一個絕佳的機會教育，最佳的學習就是孩子們可以從實際的經驗中得到啟發。

如何幫孩子們學習靠自己解決問題

正向教養之父西奧多・德瑞克斯（Theodore Dreikurs）早在五十年前便已寫道，孩子們之間發生衝突，其實是為了爭取父母的關注，同時他也提到，父母最糟的做法就是涉入此事。後續有許多研究證實，父母停止插手介入，孩子們之間的衝突將會減少。

然而，這幾年，相關的研究為此增添了更詳細的資訊。沒錯，如果父母不插手，手足衝突確實會減少，但現在更清楚地看見，那是因為小孩比較不覺得自己有足夠的力量，他根本不認為自己能影響手足、讓手足關切自己的需求。如果父母沒有介入，紛爭之所以落幕，往往是因為較弱勢者臣服於強勢者。事實上，當大人就在身邊、而未插手，小孩之間的攻擊性會較高，兩者之間具有關聯，即便當大人假裝絲毫沒有注意到孩子間的爭執，也是如此。顯然地，如同一位學者的觀察，「孩子們……認為父母不動聲色即是默許他們的行為，這將導致更頻繁或更劇烈的衝突。」

如果父母的介入是決定誰對誰錯、告訴小孩如何解決，那勢必會**增加**衝突，因為那強化了孩子之間的競爭，當其中一個孩子憑仗著父母的介入而「贏」了，孩子雙方無疑都見證有父母撐腰的一方才能贏過對方，這麼一來，「輸」的那一方自然會心懷怨懟，以後會更想找機會再度挑起戰爭。

然而，有其他更有幫助的介入方式。當父母重申家庭規則，協助孩子們向手足表達自己的感受，並讓孩子們感覺到你相信他們有能力既解決問題、又同時照顧到彼此的需求，他們將會發展出較好的解決問題能力。較弱勢的孩子們將比較願意為自己發聲、站穩立場，他們也比較會去尋求公平的解決方法，而且會更少衝突。萬一他們仍吵起來，父母的介入也讓狀況有所不同：較少肢體衝突，他們之間將會更重視關於感受與社會規範的訊息，而非一心只顧著攻擊對方。

因此，儘管我不認為大人應該自動跳進去解決孩子們之間的紛爭——就像我們已經討論過的，這樣小孩怎麼有機會學習呢？——我也不認同要父母在一旁，以及「讓孩子們自己處理」這種一般建議。一方面，孩子們往往有能力解決事情，並找到顧全雙方的方法；另一方面，他們也同樣可能會發展出不良的互動模式，其中一個孩子總是屈居弱勢，逐漸在心中根植怨懟。我們為什麼要在學習人際關係的關鍵時刻上放任孩子們獨自摸索呢？

我猜想，那些建議要父母讓孩子們自行處理紛爭，是因為大人介入的經驗往往是讓事情變得更糟。我們並不是不知道該怎麼做，而是我們很難管理自己的情緒。當我們見到孩子們心裡難受，彷彿也感同身受，希望立刻把事情解決掉。因此我們當機立斷、宣判誰對誰錯，並強硬執行某個可以解決事情的方法。呼！解決這件事了！謝天謝地！

不過，我們實際上並沒有解決問題。只要你選邊站，就勢必讓另一方怒火中燒，而將導致未來更頻繁、更劇烈的衝突。為什麼？因為根本就沒有絕對的公平公正，即便某個孩子每次都是受害者，但他一定是刺激了手足，或是以某種方式引起衝突。每次衝突都只是更大故事脈絡中的一環，你可能並未看見故事的全貌。

然而，其中還有一個更重要的原因。也就是一旦選邊站，你便把另一個孩子推得更遠，畢竟，他一定認為自己是對的。例如，就算她（四歲）只因為妹妹（十一個月）看著她的玩具，就對著妹妹大叫。你一旦站在妹妹那邊，這只會讓她覺得你比較愛妹妹，並強化她一開始對妹妹不滿的那種感覺。換句話說，一旦你選邊站（儘管你是正確的），其中一方便會認為自己贏了，另一方則認為自己輸了，這將醞釀下一次衝突的發生。

相對地，父母如果能傾聽雙方——不是為了讓他們辯駁誰對誰錯，而是讓孩子們都能感覺自己被聽見了——並協助孩子們想出對彼此都好的解決方法，鼓勵他們自己解決問題，如果可以的話，甚至多做一點，幫忙他們消化掉不公平的心情，手足競爭便會隨著時間消失。

因此，**父母的介入並不構成問題，是選邊站才導致無窮的後患**。要做到這點，祕訣是調整自己的情緒，讓自己可以保持冷靜、同理每個孩子，並沉住氣、不去區分誰對誰錯，這將為孩子們奠定基礎，有助於他們學習如何不傷害或怨懟彼此，且把事情處理好。

這就像如廁訓練，一開始在小孩使用便盆時，我們介入得較多，隨著時間推移，就逐漸讓小孩自己來。在小孩剛開始學習處理衝突時，我們亦步亦趨地跟著他，漸漸地，便不再插手了。最終，你將可以待在另個房間，得意地聽著他們合力解決分歧。

如果你覺得都已經那麼久了，孩子們**早該**學會如何共處了。你不是唯一有這種感覺的人，畢竟你日復一日、不厭其煩地教導他們。試著設想他們耳朵裡究竟聽見了什麼？會是以下這些嗎？

「別搶寶寶的東西！還回去！」

「你要分享啊，你已經用夠久了。」

「你比較大，你應該比較懂事呀！」

「你們不能對彼此好一點嗎？」

「如果我這樣推你，你會有什麼感覺？」

「別再吵了，否則你們都回房間去！」

父母會這樣訓話實在情有可原，但這並不能幫助孩子們學習尊重對方的需求，也照顧自己需求。如果我們希望他們和平共處，就必須仔細教導他們具體該怎麼做，也就是教他們說哪些話、如何讓自己冷靜下來、聽見對方在說什麼，這也表示我們必須耐著性子，不代替他們解決問題，我們必須面對自己希望一切安然無恙的焦慮與渴望。如同《設限與管教》（*No Bad Kids*）作者珍奈特・蘭絲柏芮（Janet Lansbury）所言：「大人真的很難不去冀求孩子們之間的分歧有個完美的結局，或避免他們情緒爆發。但如果我們插手，其實只是告訴孩子們：他們需要依賴我們才能解決事情，他們沒有能力靠自己處理衝突。」

孩子們鬥嘴的十個原因，該如何解決

鬥嘴是指孩子們講一些煩人或帶有敵意的話，這還不算吵架，但最後也可能真的吵起來，或者孩子們也可能一整天鬥嘴個不停，幾乎快把你逼瘋了。孩子們「鬥嘴」的原因不勝枚舉，大致可歸類以下幾個類別：

1. 當下出現一些互相衝突的需求。

2.手足之間早有一些尚未解決的衝突，或累積已久的怨懟。
3.孩子們之間先天氣質的差異導致他們互看不順眼。
4.由於嫉妒，可能是某個事件激起不滿，或是手足關係既有的基調。
5.孩子們閒得發慌（需要來點刺激）。
6.孩子們希望得到你的關注。
7.孩子們在爭奪權力、尊重或地位。
8.孩子們很煩躁或生氣，此時手足是最好的發洩對象。
9.孩子在外面受到惡劣對待，回家後，發洩在手足身上，試著消化這個事件。
10.其中一個孩子更渴望有手足間的連結。

適度鬥嘴是正常的，因為孩子們仍在學習如何適切地表達自己的需求，但鬥嘴意謂有些事情不盡理想，你可以把它想成是車子儀表板上的小燈，提醒你該要換機油了。當剛開始閃燈時，你還不須馬上回應，但如果一直忽略它，燈就會一直閃，車子可能隨時會出問題。該如何介入呢？你可以從本書上學到的派上用場，包括指導孩子們表達需求、解決問題和設立限制。

- 保持冷靜，與每個孩子都有連結，並同理。
- 不帶批評地描述問題。
- 為孩子們翻譯，指導孩子們不帶攻擊地表達感受。
- 重申家庭規則。
- 指導孩子們解決問題。

以下案例，示範如何運用這些建議。

當下出現一些互相衝突的需求

父母只須稍微推波助瀾，孩子們往往可以靠自己解決。

艾　瑪：過去一點啦！沙發又不是你一個人的！

麥　森：我先來的。

媽　媽：我聽到你們兩個都想坐沙發，這真是個難題，畢竟我們只有一個沙發，你們可以怎麼做呢？

麥森：我先來的，現在還是我坐沙發的時間。

艾瑪：我不想在地上看恐怖片，坐沙發上感覺比較安全，我們可以一起坐嗎？

麥森：除非妳不要碰到我，而且妳也不要在可怕的片段尖叫。

艾瑪：好，那我們把枕頭放在中間，好嗎？這樣我就不會不小心碰到你了。

麥森：好，但不能尖叫喔！

手足之間早有一些尚未解決的衝突，或累積已久的怨懟孩子們往往需要父母的協調與幫忙。

凱莉：不公平！你每次都睡上鋪，我現在也長大了，我不會掉下床了。

帕克：妳不能睡上鋪，因為妳是女生。

爸爸：帕克，我覺得這跟男生女生沒有關係。你一直睡上鋪是因為你年紀比較大，我聽到凱莉真的很希望可以睡上鋪，我們可以怎麼處理這件事？我們來把所有想到的點子寫下來，看看我們能想到些什麼吧。

孩子之間先天氣質的差異，使得他們互看不順眼

孩子們需要你的協助，才能學會彼此相處，意思是你必須幫他們學習表達自己的需求，並幫他們想辦法讓彼此的需求都被照顧到。

李奧納多：閉嘴！妳害我無法思考！

索妃亞：我只是在唱歌。

李奧納多：妳一直唱、一直唱！

媽　媽：我聽見好大的聲音，索妃亞，我聽到妳很開心地唱歌。李奧納多，我聽到你說她唱太大聲了。我們來想辦法解決，我們可以怎麼做呢？

李奧納多：我只是想要安靜一點，不要那麼吵！

索妃亞：我有唱歌的權利呀！

媽　媽：索妃亞，妳當然有權利唱歌，我喜歡聽妳唱歌，但我也聽到李奧納多說他現在需要安靜。我們可以怎麼做，讓你們兩個都得到自己所需要的呢？

索妃亞：李奧納多可以回他的房間啊。

李奧納多：我得在這裡蓋積木啊！妳也可以回妳房間啊！

索妃亞：我想在這裡，這裡才有音樂！

媽　媽：嗯……所以其中一個方法是你們可以回各自的房間，但你們都想在客廳，因為客廳有音樂和積木。那還有其他辦法嗎？

兩個小孩都默不作聲、望著媽媽。

媽　媽：嗯……也許，索妃亞可以把音樂帶到家裡的另個角落……或者李奧納多可以把積木帶到別的地方……又或者李奧納多可以戴我的耳機？耳機會擋掉聲音。

李奧納多：我想要耳機！正符合我的需要！

媽　媽：當你需要安靜的時候，都可以戴耳機。

嫉妒之情，可能導因於某事件所引發的不滿，也可能是手足關係既有的基調

辨認出競爭的源頭，在下列的案例中，媽媽看見嫉妒是出自於她本身的作為。

安東尼：每次都要順著妳的意……爸爸媽媽什麼事情都讓著妳！

姬亞拉：你只是在嫉妒！

媽　媽：安東尼，聽起來你在生姬亞拉的氣……告訴我你在不高興什麼。

安東尼：妳每次都說我比較大，所以我就應該要像個大孩子，然後就要讓著她。

姬亞拉：我才沒有！

媽　媽：姬亞拉，我聽見妳說，沒有每次都順著妳的意，妳等一下可以再跟我多說一點，現在我們先聽安東尼說話。他剛說他其實是在生我的氣，而不是對妳生氣。安東尼，我聽見你說你覺得我沒有很公平，每次你和姬亞拉意見不合，你覺得我會希望你讓著她，只因為你比較大。如果我這麼做，那真的很不公平。你們兩個人都有權利要求你們所想要的，並試著讓事情可以對每個人都好。如果我曾經那樣，我很抱歉。安東尼，下次你有這種感覺時，請你告訴我，好嗎？這樣我們才可以想辦法解決。

無聊

點出問題所在，重申家庭規則，並重新導向。

諾　亞：爸爸，艾比蓋兒一直跑來煩我。

艾比蓋兒：我才沒有！我只是想跟你說某件事！

爸　爸：嗯……諾亞，在我聽來，艾比蓋兒是想要跟你玩。

諾　亞：但我不想跟她玩呀！

爸　爸：好的，如果你現在不想跟她玩，你就不該這麼說話。你必須尊重她喔，剛剛那些話有點傷人，你可以用別的方式告訴她，你現在有自己想做的事。

諾　亞：艾比蓋兒，我現在忙著摺紙飛機，妳可以晚一點再來找我嗎？

艾比蓋兒：但我現在不知道要做什麼，我可以做什麼？

爸　爸：艾比蓋兒，我聽到妳說不知道自己要做什麼，而諾亞說他現在還沒準備好，他要晚一點才想跟妳玩。妳要不要到外面來，幫我一起洗車子？妳每次拿水管都很開心呀。

希望得到你的關注

當孩子們每天都能擁有與你單獨相處的時間，他們便不會那麼常想透過鬥嘴來得到你的注意。然而當你把注意力從他們身上轉到電話或科技產品時，他們仍會有點焦慮，畢竟孩子們想確保萬一有危機發生，你會和他們待在一起（這聽起來有點誇張，但在基因因素上，孩子們確實需要你的注意力放在他們身上，這才會增加他們存活的機率）。在你接起電話或回覆電子郵件之前，試著讓孩子們去做點吸引他們的事。如果還是開始鬥嘴了，向他們再度保證你會待在這裡，並讓他們分別去做點各自的事。

愛莉安娜：啦啦啦，我拿到你的毯毯了！

弗　林：那是我的！還我！

媽媽（向電話中的人說）：我等一下回撥給你……愛莉安娜、弗林，發生什麼事？

弗　林：我的毯毯！

愛莉安娜：你真幼稚，我本來就要還給你了……拿去。

媽　媽：我在講電話時需要安靜一點。愛莉安娜，妳知道這時候的規矩是不要吵鬧呀。

愛莉安娜：我很孤單。

媽媽（雙手環抱她）：愛莉安娜，親愛的，我就在這裡呀，在書桌這裡，等一下我要回撥電話，妳想坐我旁邊畫畫嗎？妳需要安靜幾分鐘喔。

愛莉安娜：要！我會畫一張很美的畫給妳。

媽　媽：好，去拿妳的蠟筆和一些紙過來。

媽媽（抱一抱弗林）：你拿回毯毯了……現在想要玩什麼呢？

弗　　林：娃娃推車！

媽媽（跟弗林一起走到娃娃那兒）：太好了！你可以帶娃娃到走廊那裡散步嗎？

孩子們在爭奪權力、尊重或地位

教孩子們價值觀，滿足他們被尊重的需求，為孩子們找到健康的競爭，並示範、教導孩子，如何適當地運用權力。

亞歷山大：我贏了！我先進去！

馬堤亞斯：不公平！每次都是你先！

亞歷山大：因為我比較快呀。

馬堤亞斯：你才沒有！你很壞，你把我推開。

亞歷山大：你就是沒我快、也沒我強壯，這我也沒辦法，我是男子漢！

馬堤亞斯：我也是男子漢！

爸　　爸：聽起來你們都想當男子漢，我也想！但「男子漢」是指什麼呀？

亞歷山大：就是說你贏了，你就很強壯，而且很快！沒有人能夠推得動你。

爸　　爸：嗯……所以男子漢的意思是可以推別人嗎？

亞歷山大：嗯……不是。

爸　　爸：你覺得男子漢會不會關心別人的感受呢？做事情會輪流排隊嗎？

馬堤亞斯：會！而且不會推別人，他不會在別人輸的時候，故意幸災樂禍。

爸爸（教導價值觀）：我想有時候這會令人滿困惑的，男子漢到底是什麼意思呢？我知道的是，你們兩個都會關心、在意別人，我知道你們都不會只為了自己而欺壓別人，而這正是我想要當的那種人！

亞歷山大和馬堤亞斯（同時說）：我也是！

爸爸（不選邊站，即便亞歷山大經常推人）：在我聽來，你們兩個都想要先進門，但最後總是會推擠，而且有人總是感覺很差，有沒有什麼方法可以解決這件事？

馬堤亞斯：我們可以輪流。

亞歷山大：可是我**喜歡**當第一個！

爸　　爸：我聽見了，我想大家都喜歡當第一個，但你會想當那種只為了自己、不顧別人感覺是否很差的人嗎？不顧別人會被你推出去？

亞歷山大：這個嘛……

爸爸（尋找可以讓亞歷山大健康競爭的方法）：我在想，會不會有其他的事情可以讓你競爭？讓你可以當最厲害、也最快的。跑操場呢？你會想要試試最快的速度、在跑道上保持領先嗎？

亞歷山大：我想！

馬堤亞斯：但進家門不是賽跑呀。

爸　　爸：你說得沒錯，進家門不是賽跑，所以你們兩個可以怎麼協調，讓彼此都覺得公平呢？

亞歷山大：好吧，我們輪流，但是爸爸，我們可以看看怎麼開始賽跑嗎？

爸　　爸：當然，只要你跟馬堤亞斯一起討論出明天怎麼進家門就可以。

孩子正在煩躁或生氣

介入時，將協助的重點放在讓孩子深受其擾的困難感受上。

路 易 斯：妳畫的圖醜死了！

瑪　　雅：你是討厭鬼，路易斯！

媽　　媽：我聽見你們在對罵，路易斯，聽起來你想讓妹妹傷心……而且聽起來妹妹真的很難過！你在對她生氣嗎？還是你心裡很難受？

路 易 斯：我恨全世界！

媽　　媽：哇！你**真的**很難受，過來我這裡，告訴我是什麼這麼糟糕？

孩子在外面受到惡劣對待，回家後，將同樣行為發洩在手足身上，試著消化種種感受

重申關於禮貌的家庭規則，在設立限制時，強調你了解他為什麼變得這麼有攻擊性，幫忙他以健康方式表達感受。

邁 爾 斯：賈克森是大便人。

賈 克 森：我不是！

邁 爾 斯：賈克森是大便人，賈克森是大便人！

賈 克 森：邁爾斯你閉嘴！你很壞！

邁 爾 斯：賈克森是大便人和愛哭鬼……你自己看，你等一下就會哭了！

爸　　爸：邁爾斯，我們家的規則是不能罵人和取笑人……小賈，你可以跟哥哥說你想要

怎麼樣嗎？

賈克森：我要他別再叫我大便人！

邁爾斯：爸爸，你也是大便人！

爸爸：邁爾斯，現在你也罵我了，怎麼了？

邁爾斯：懷亞特說我是大便人和愛哭鬼，但我才**不是**！

爸爸：邁爾斯，懷亞特這樣講你，一定讓你很難受，我知道你想要讓自己感覺好一點，但罵我們不會讓你感覺比較好的，你知道怎麼做才會有幫助嗎？把我當成懷亞特，告訴我你想要怎麼樣。

邁爾斯：懷亞特，不要再罵我了，而且我不是真的在哭，你這樣罵我會讓我很難受，你不要再故意這樣了，不然我不再跟你當朋友了。差不多就這樣。

爸爸：太好了，邁爾斯，我聽到你想對懷亞特說的話了。下次他又這樣罵你時，你能夠這樣向他說嗎？

邁爾斯：應該可以吧。

爸爸：好，我們晚點可以再多練習，你明天會比較熟悉向懷亞特說這些話。現在呢，你會想要跟我玩打鬧遊戲嗎？打鬧遊戲最能讓人心情變好了！

邁爾斯：要！

爸爸：好，我們來玩！但你有沒有什麼話想要對弟弟說？

邁爾斯：我很抱歉，小賈，你不是大便人。

賈克森：好的，我也可以一起玩打鬧遊戲嗎？

爸爸：當然！邁爾斯和賈克森一對，爸爸一人！二打一！

其中一個小孩更渴望有所連結

協助孩子清楚表達自己渴望親近的心情，也幫忙看見另一個孩子對手足的關心，即便他當下無法撥出時間來跟手足玩。

伊森（坐在艾蜜莉的背上蹦蹦跳跳）：我抓到妳了！妳是我的小馬，駕！駕！

艾蜜莉：伊森，停啦！你下去啦！我在寫作業！

當艾蜜莉試著把伊森甩開時，他的雙手仍環掛在艾蜜莉的脖子上。

媽媽：伊森，你聽見艾蜜莉說什麼了嗎？她要你放開她的身體，當有人喊「停」的時候，她的意思就是停。

伊森把手放掉，垂頭喪氣的。

媽　　媽：伊森，你是不是想要告訴姊姊，你好想跟她玩？

伊　　森：我一直沒有機會跟姊姊玩！

艾 蜜 莉：伊森，當你長大，你就知道寫作業是怎麼回事了！

媽　　媽：我聽到艾蜜莉說她現在其實也很想要玩，但她必須要寫作業……伊森覺得跟艾蜜莉玩的時間太少了……我們可以約定一個可以跟伊森玩的時間嗎？

艾 蜜 莉：嗯……我滿忙的，寫完作業後，我想跟隔壁的艾列希思玩。

媽　　媽：艾蜜莉，妳可以決定自己的時間要做什麼，如果你沒有想跟伊森玩，妳就不必這麼做。我想伊森在說的是，他真的很想念妳，他不確定妳是不是再也不跟他玩了？

艾 蜜 莉：伊森，你不用擔心，我還是很愛你的，我很快就會再跟你一起玩，只是我今天很忙。（她抱了伊森，伊森笑了，也回抱她。）

媽　　媽：伊森，你想要繼續玩騎馬遊戲嗎？如果你想玩，我有五分鐘的時間，可以當一匹沒有被綁住的野馬！然後，我們可以一起去外面掃落葉……我猜你一定會很愛在落葉堆上蹦蹦跳跳。

伊　森：耶！

在上述每個案例中，父母都有十足的理由可以對搗亂的小孩開罵，但那只會在小孩心中留下負面的感覺，並導致以後更多的鬥嘴。與其如此，父母在回應小孩的鬥嘴時，不如換個角度，試著去理解小孩擁有合理的需求，需要有人幫忙他好好表達。隨著時間推移，這類的指導會幫助小孩認識、精確表達自己的需求，並傾聽手足的需求，因此他們可以彼此想辦法解決，屆時父母便不須介入了。

如何以有趣方式轉化鬥嘴？

當孩子們吵得不可開交，讓我自己成為目標，這可以幫忙化解僵局。

——勞倫斯・寇漢，《遊戲力》作者

有時，你對孩子們的鬥嘴真的失去耐心，在那時刻，真的很難認真看待孩子們在意的事。你們都非得要「這一支」湯匙不可？真的嗎？你們誰都不能走到廚房，拿另一支湯匙？你們偏要讓「這一支」湯匙毀了我假日的愉快早晨？

你感覺到自己越來越緊繃，你知道自己很快就會大聲命令較年長的孩子走進廚房拿另一支湯匙；或者你可能拒絕站在任何孩子那邊，如果沒有人願意去廚房拿另一支湯匙，那誰都不能碰這支湯匙。但是，你也知道這並不能停止衝突，因為每個人都感覺很差，包括你！那麼你可以怎麼做呢？

想辦法讓每個人都能噗嗤一笑！笑能減緩情緒張力，笑真的會轉變身體內的化學物質，降低**壓力荷爾蒙**。當孩子們能一起哈哈大笑，他們便連結在一起，特別是當他們一起笑你！

如果想讓孩子們笑，我必找的專家就是《遊戲力》作者寇漢博士。這幾年來，我時常推薦以下幾個遊戲，其中許多遊戲的靈感是來自寇漢博士。最核心的概念就是轉移孩子們對彼此的敵意，讓他們轉而注意你，在這過程中，你逗笑他們，彼此爭吵的衝動於是煙消雲散。他們團結起來對抗你，將手足競爭轉化成團結合作。他們看著你對這支湯匙如此堅持，忍不住發現這一切真的太荒謬了，說不定他們能更進一步，驚覺他們剛才的爭吵也同樣荒謬，那就更好了。但不是你在嘲笑他們，你只是扮演一個荒謬或競爭的形象，藉此轉移他們的注意力，讓他們融化。例如：

1. **這是我的！**抓著一支湯匙跑開，喜孜孜地喊著「這是我的！」誇張、著迷地對湯匙哼歌，把這支湯匙和家裡其他湯匙比較，堅稱它才是最棒的。「就算你們兩個合力，也別想得到這支湯匙……我絕對不會跟任何人分享它！我要當這支湯匙的守護者！」

2. **那我呢?!**「每次都是你們兩個在爭這張椅子，永遠輪不到我！」作勢開始大哭，或者發起一場打鬧遊戲：「過去一點，現在輪到我了！」跳到兩個孩子身上，當孩子們努力要推開你時，為了捍衛你的權利，假裝展開一場摔角擂台賽，或者演另一種腳本，一副你完全沒注意到他們的樣子。

3. **挑個等級和你差不多的對手**。當其中一個孩子正在挑釁對方，你確實必須介入。「嘿，我打賭你推不動我！」接著故意落荒而逃，你甚至可以鼓舞力量較小的孩子，促成他們組成一隊，一起來對抗你。「你們兩個抓不到我的……即便你們合作，一樣不可能把我擊倒！」

4. **你們兩個趕快打起來，算我拜託你們了**。當孩子們還在鬥嘴這個較溫和的階段，在雙方火氣真的冒上來之前，你可以說：「你們兩個可以認真吵嗎？現在就吵起來吧！」當他們開始吵架了，你扮演播報者：「今晚各位收看的是一對互看不順眼的姊妹花，她們究竟能不能解決事情呢？請繼續收看，我們將繼續為您直播現場畫面。我們看到姊姊有多

當孩子戲弄手足……

與其忽略或是處罰　　**試試看設定界線**

如果我真的需要過去解決，你們等著看有什麼後果！
親愛的，看看弟弟的表情，他有喜歡玩這個遊戲嗎？

小孩子之所以會戲弄手足，是因為他感到嫉妒，或他需要你的關注，或藉此緩和自己無能的感覺。忽視孩子的戲弄，並不會解除他這麼做的動機，施予懲罰則會讓事情惡化。

以同理回應孩子

我知道妳覺得很好玩，但弟弟不這麼覺得，我們家的規則是不去戲弄別人。
妳是不是又想抱抱了呢？

左圖：當你設立限制時，記得辨識出孩子的觀點。
右圖：當介入、「強化」規則時，保持連結，照顧孩子更深層的需求。

當孩子戲弄手足……

保持連結

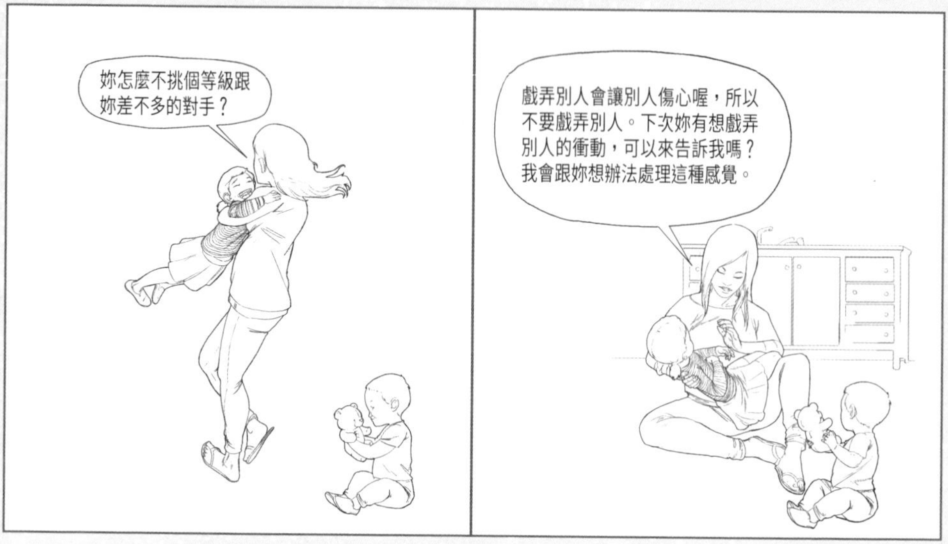
妳怎麼不挑個等級跟
妳差不多的對手？
戲弄別人會讓別人傷心喔，所以
不要戲弄別人。下次妳有想戲弄
別人的衝動，可以來告訴我嗎？
我會跟妳想辦法處理這種感覺。

左圖：打鬧遊戲會讓孩子大笑，這可減緩情緒張力，有助於讓孩子重新感覺到與你之間的連結。
右圖：現在，孩子可以感覺到與你有連結，強化家庭規則。

麼霸道。喔，妹妹也相當挑釁！這兩個姊妹想要同一條起司條，這個衝突要怎麼落幕呢？靠她們的聰明才智，有可能發現冰箱裡還有很多起司條嗎？敬請期待……」很快地，孩子們就會噗嗤一笑，合作解決原本他們鬥嘴的事。

當笑聲結束後，如果孩子們又馬上為同樣事情爭吵，該怎麼辦？或者你試著搞笑，但孩子們不買單，怎麼辦？這可能是其中一個或他們都心情很差，如此這就不只是鬥嘴，將演變成一場爭執，激烈的情緒正在醞釀。當遇到這種情況，你會察覺到的，因為你已經加足馬力地搞笑，但孩子們卻依然板著臉，他們太生氣了，你的搞笑可能讓他們覺得你沒有重視他們的感受，這會讓他們更生氣，或者他們會開始笑，但很快就轉而哭泣。不論是哪一種狀況，這時你應該停止搞笑動作，深呼吸。然後，改採維繫連結感、同理、替他們說出心情的方式，協助他們表達自己的需求和感受，接著，指導他們找到顧全彼此的做法，就像前幾個章節描述的。如果孩子們的感覺太過強烈，但你手上的事情讓你一時走不開，請繼續閱讀本章節！

鼓勵孩子們挺身對抗戲弄

在成長過程中，大多數父母對戲弄習以為常，因此不會把手足間的戲弄當一回事。當彼此是互相的、和睦的，戲弄會讓大家一同歡笑、更為親近。事實上，許多長大成年後的手足，特別是兄弟，大多是以戲弄來傳達對彼此的情感。

然而，即便在「一切都很好玩」的情境下，戲弄仍帶有不尊重的意思。當出現戲弄，就算孩子表示只是在開玩笑，其中通常暗藏傷害他人的意圖。當孩子拿他自己獨有的東西，或他人的缺陷當譏笑話題，這種戲弄就變成是一種較輕微形式的惡意與爭奪地位。

「我的派比你大片！」

「卡特，你不知道該怎麼做，對吧！」

如果你猶豫是否應該介入，看看被戲弄那孩子的表情，他是唯一能判定此刻的戲弄是否傷人，鼓勵那孩子為自己挺身而出：「卡特，你看起來很難過，哥哥這樣說會不會讓你很難過呢？你可以告訴哥哥，他這樣說話會讓你傷心。」

這是一種很好的練習，往後當孩子感到被惡劣對待，他可以從這些經驗中學習捍衛自己。通常這麼做就足以停止戲弄。如果未能，或許你必須提醒一下家庭規則：「安德魯，你聽見卡特說的話嗎？他告訴你，你這樣說話會讓他感覺很差，這些話很傷人。」

通常，只要指導一下被戲弄的孩子，提醒戲弄他人的孩子規則，大概就足以停止戲弄了。

但如果被戲弄的孩子崩潰了呢？

同理，提供扶持，鼓勵他：「噢！哥哥對你說了這些話，你的感覺真的很差，那很傷人……你需要我幫忙你去跟哥哥討論這件事嗎？不？……你還是很難過。你知道嗎？你不須讓哥哥來決定你要有什麼感覺……他愛怎麼說就怎麼說，但你是唯一可以決定自己心情的人……你不必把這個決定權交給他。」

如果孩子養成戲弄他人的習慣，你該要警覺一點，要不是他這陣子正遭受別人的戲弄、要不就是他正習慣以戲弄的形式傷害他人。你可以運用「笑」來化解錯誤，讓你成為被戲弄的對象：「嘿，我聽到你叫他大便人，我是這裡唯一的大便人，好嗎？你知道大便人都會做什麼嗎？大便人會給你大便抱抱！」追著他跑，故意作勢要抱他。他會邊笑邊大叫，這會減緩他受傷的感受。當你不斷用這種方法介入，你會發現當他心裡感覺很差時，他會來找你尋求歡樂，而不是去戲弄手足。

你想要知道祕訣嗎？只要把戲弄他人的孩子抓過來，一把抱住他，並告訴他：「這些話可能會傷人……你知道在我們家裡，我們要好好對待彼此……我想你一定是需要抱抱了！我們來看看這可以怎麼處理！」

如果兩個孩子都在互相戲弄呢？如果你視若無睹，孩子們會認為這代表戲弄是可被接受的。你可以藉打鬧遊戲來介入，或者，如果他們氣到根本笑不出來，你可以用我們先前提到解決告狀問題的那些方式，來協助他們解決互相戲弄。

惡毒的話語

孩子們需要一些表達負面感受的機會，包含對手足的負面感受。因此當孩子說他恨他的弟弟妹妹，你可以將此視為協助他們處理感受的契機，而不因為他說了惡毒的話而斥責（詳見第十一章）。然而隨著弟弟妹妹長大，開始聽懂哥哥姊姊說的話的意思，你就需要同時對他們雙方都回應這種負面感受。例如，如果你的孩子說：「為什麼他要出現呀！我真希望我沒有妹妹！」一樣，先同理他：「有時候你希望可以獨自擁有爸媽就好，同時有兩個人要一起分享爸媽，是很困難的事。」

接著加上：「有時候，家人難免會對彼此生氣，但家人仍是相愛的……你可以同時對某個人生氣、而同時也深愛著他……我們是一家人。有時，你們分別會和我獨處，那時光很美好，而有時，我們會全部在一起，那對我來說也同樣很美好。我對你們的愛多得不得了，你們不須擔心。」

如果有個小孩對手足口出惡言、充滿敵意呢？只要小孩不攻擊對方，允許他們表達憤怒。「我知道你對哥哥很生氣，你可以用一些比較不傷人的話，告訴哥哥你有多生氣嗎？」

清楚表達你希望他們彼此善待。「那樣的話語會讓人受傷，我聽見你有一些難過……就算你現在對哥哥生氣，但這些感覺不是哥哥造成的……而是你心裡很難過，我也不希望你感覺那麼糟，你可以告訴我為什麼你很難過嗎？我想聽你說。」

當孩子說他恨弟弟妹妹

我恨她，爸爸，我不知道為什麼，但我就是恨她。

——四歲的哥哥

我當然愛她，雖然她有時候很煩，但她是我妹妹。

——同一個哥哥，在十歲時說的話

聽孩子說恨另一個小孩，是很令人害怕的。由於我們在兒時大多對「恨」有一些恐怖的經驗，我們往往會被小孩的憤怒嚇到。「恨」是很強烈的字眼，如果你被這個字激怒了，那麼，你的孩子必定會常使用它。

其實孩子就是在表達他有多暴怒，請回應他的暴怒。如果你只是叫他不准在家裡說「恨」

這個字，那將可以預見以後他生氣都會說出這個字。父母的激烈反應對孩子而言實在難以抗拒。

「恨」不等於生氣，甚至也稱不上某種感覺，恨比較像是一個我們認為可以自我保護而選擇的「立場」。一個人選擇什麼樣的立場上，其他人無可置否，我們只能回應驅使他選擇這立場的感覺。切記，憤怒是為了防衛更難忍受的感覺，例如恐懼、受傷或悲傷，協助孩子們辨認憤怒背後的感受，讓他們知道可以怎麼消化這感受，而不是對外發動攻擊。同時，讓孩子知道他憤怒不代表他是壞蛋，這會幫忙他接納自己的憤怒，並能渡過這一關，而不是卡在情緒裡。

那麼，如何回應呢？

不要被孩子們所說的話牽著走，認可孩子們憤怒中的力量，但深入憤怒，同理他背後脆弱的感受（例如悲傷、孤單、嫉妒或恐懼）。

「你恨妹妹呀？我聽見了，有時我們真的會因為她的出現而非常生氣，我也知道你對我也好生氣，因為我在妹妹身上花很多時間。你比較希望只有我和你就好，現在有很多事情不一樣了，我常要忙著照顧妹妹，這讓你很難過。我想有時候你覺得自己被晾在一旁了？來我這裡，我們抱一抱，你可以告訴我你的難過和生氣。等你覺得可以的時候，我要親親你的小鼻子和小腳趾，我們來玩癢癢遊戲，就我們兩個，就像你還是小寶寶的時候那樣。」

如果你的孩子已經聽懂了，而哥哥姊姊當著他的面說恨他，事情會比較複雜一些，你一樣以同理的態度回應，但同時要點出他的心情，善用你的解釋來為他們之間搭起橋梁。

「你現在很生氣，所以才用了『恨』這個字，這是一個很強烈的字眼，我了解你有多難受才會講出這個字。你再怎麼生氣都可以的，只是這樣的話語很傷人，你能先不要用這個字，說說是什麼讓你難過嗎……有時候你和布蘭登會對彼此非常生氣，氣到你們誰也不想把事情處理好，這就是『恨』的意思，對嗎？你們一點都不想要讓事情變好，我知道你們有多生氣了。當我們很氣某個人，會忘記我們對他的愛，但我們心底還是愛著他的，只是愛暫時不見了，就像太陽被雲擋住那樣……我們何不先讓彼此都靜一靜，等一下我再協助你和布蘭登把話說出來，講講為什麼你們這麼生氣。不論如何，我們都是家人，我們會把事情處理好。」

如果你的孩子繼續對手足說「我恨你！」或當著手足的面告訴你「我恨她！」該怎麼辦？

保持同理心，並設立清楚的限制。

「我聽到你非常生氣，你隨時可以告訴我你有多生氣，但弟弟現在聽得懂你說的話，像那樣的話是很傷人的。聽到你這麼說真的會讓他很難過。你可以告訴我你有多生氣，你也可以讓我看看你用槌子敲打小工作台、或打娃娃、或畫一幅圖，我會陪著你的，但如果你想講傷人的話，你必須私下、在弟弟不會聽到的地方告訴我。」

很重要的是，你要告訴孩子，藉敲打的方式把生氣化為行動，並不會帶來療癒。事實上，研究顯示，肢體攻擊會增強憤怒的感覺。真正的療癒來自孩子有機會展現他更深的感受，以及能得到你同理的回應。你的理解為孩子創造足夠的空間，好讓憤怒背後的眼淚與懼怕可以浮現，一旦他感受到這些，便不須憤怒或仇恨當擋箭牌了。

如果孩子們對著手足大叫「我要殺了你！」該怎麼辦？他正在用他所知道最強烈的字眼來讓你理解他內在的感受——且因為現在，正當他處在戰或逃模式的這一刻，弟弟和你在他眼裡都像是敵人，然而你可想見，受他怒火轟炸的對象需要你的再保證：「是的，我聽見哥哥說要殺了你，他現在氣壞了。你不必擔心，我不會讓他傷害任何人的，就算他再生氣，你都會是安全的。現在哥哥心裡非常難受，我會盡我所能幫忙他。」

介入手足衝突的基本原則

當小孩還在鬥嘴時，而我們還沒介入（或者我們有試著介入），雙方的火氣不斷升溫，演變成語言或肢體的暴力，你應該怎麼做？

1. **站到孩子們中間，讓他們兩個分開來，防止進一步的暴力。**「喔！停止！」把手伸到臉頰的高度，或將手放在孩子們的肚子上，阻止他繼續往前進。

2. **讓雙方感覺比較安全，因此能讓他們停止攻擊。**深呼吸，以平靜的聲音說話，摸摸每個孩子，讓他們可以感受到與你的連結，並能感覺到安全。

3. **如果孩子有受傷，安撫他。**讓他舒服一點，使用繃帶與冰塊，同理他。如果孩子傷得太嚴重，你也真的很難給攻擊的那個孩子好臉色，把受傷的孩子帶進浴室或其他房間，以避免你對發動攻擊的孩子吼叫。如果你能就事論事地與攻擊的孩子互動（「喔，這一定很痛，快點，盧卡斯，去拿冰袋過來！」），你也會幫忙他從「打傷別人的壞孩子」變成「可以修補錯誤的、幫得上忙的孩子」，如果想預防往後類似的攻擊事件，這樣的轉變是非常重要的。

4. **端視孩子們有多難受，可能需要一些冷靜時間。**但不要把他們趕回自己的房間，繼續和你待在一起，會讓他們感覺比較安全。你的目標是要教他們自我冷靜的能力，好讓他們可以學會從難受中轉換心情，並能夠在生活不如意、不順心的時候調整自己。你可以說：「我知道你們兩個都非常生氣，我想聽聽是什麼讓你們這麼難受，我們先冷靜幾分鐘，這樣我們才能好好講話。盧卡斯，請你坐在沙發上。察爾斯，請你坐在這張椅子上。現在，我們一起做三個深呼吸……把氣吸進肚子裡……再隨著吐氣，把生氣吐出來，好，再一次。」

5. **把孩子們聚在一起，雙手環繞在他們身上**。這麼一來，當你在和一個孩子說話時，另一個孩子也能夠感覺與你有所連結。

6. **給每個孩子說話的機會，並把你所聽到的再回應給他們**。仔細傾聽、同理與解釋。「盧卡斯，你打他是因為他弄壞了你的消防車階梯？……你很難過！」「察爾斯，你並不是故意要破壞的？……你原本只是想拿起來看一看？」

7. **重申家庭規則**。「不能打人，打人會讓人受傷。」

8. **避免靠邊站，即使你認為其中一個孩子明顯是對的**。就算其中一方受傷了，也是如此。孩子知道自己傷到手足是錯的，你只是重申這個規則罷了。

9. **指導孩子雙方去向彼此說出自己的感受或渴望**。「你可以告訴哥哥『別打我！』」、「你可以告訴弟弟，如果他想要拿你的消防車，他必須先問過你。」

10. **如果其中一個孩子發動攻擊，重新引導他表達自己的感受，而不是他怎麼想對方**。「你很蠢耶，察爾斯！」「盧卡斯，告訴弟弟你想要什麼、你感覺如何，而不是現在你覺得他怎麼樣。」「我希望在你拿我的消防車之前先問過我！現在梯子壞了！我覺得很難過！」

11. **指導孩子重述一次對方的感受。**「你剛剛聽到哥哥說什麼？」

12. **點出修復、彌補的可能。**「你們兩個人都很難過，兄弟原本是相親相愛的，不是像這樣互相傷害，你們可以怎麼做來讓事情變好？」

當有個待解決的問題，指導孩子們運用他們解決問題的能力。

1. **認可這問題引發孩子們強烈的感受。**「盧卡斯的消防車壞了，這真的是很嚴重的事。」
2. **抱持信心，相信問題能得到解決。**「我知道你們兩個一定能把事情處理好。」
3. **協助孩子們集思廣益，想出一個雙方都點頭同意的共識。**請運用第四章所寫的問題解決歷程。
4. **點出問題解決。**「好，察爾斯答應會幫盧卡斯把梯子貼好，看看這樣能不能固定住，這一星期，察爾斯會把砂石車借給盧卡斯玩，這樣對嗎？」
5. **當你重述共識時，讓孩子們握手言和，恭喜他們。**「你們都有認真聽對方說話，很努力想出一個對彼此都公平的共識，你們心裡一定感覺很好，哇，我們合作無間！」

應該懲罰出現攻擊性的孩子嗎？

我的女兒（三歲）踢了一歲的寶寶，傳來一陣慘叫。我應該跟女兒坐在一起，直到她感覺好一點嗎？所以不需要紀律，只須給予更多關注嗎？她踢了寶寶耶？

——兩個小孩的媽媽

孩子們打人而懲罰會造成反效果，因為這會在孩子們心中留下更多驚嚇與怨懟，這些感覺日後會在手足身上有更頻繁的爆發（詳見第二章）。然而就算我們知道這點，許多父母在孩子打人時，還是會覺得必須懲罰他，我們會告訴自己，孩子總得學點教訓。但究竟是怎麼回事呢？我們自己也陷入「戰鬥或逃跑模式」了！有人踢了我的寶寶？我內心的母性本能正在拉高警報！我最不想做的事，就是在攻擊者身上浪費我一丁點關愛。

只是，這個攻擊者是我的三歲女兒，她同樣是我的心肝寶貝，她想必也是處在某種情緒失調的狀態下，否則不會這麼做。她似乎在絕望地向我傳達求救訊號，唯一可以幫助她脫離恐懼深淵的方法，就是父母要找回自己的沉著穩定。我知道，這簡直難如登天，因此可練習一句「咒語」，在情緒被激起時派上用場，就像：「沒有人遭遇生命危險，這不是緊急事件。」

訓練自己，當在照顧受傷的孩子時，先忽視攻擊的一方。

現在你已經冷靜下來，準備好要問關鍵問題了，要如何反應才最能杜絕這樣的事情再次發生？傳統的教養方法會以懲罰來矯正行為，希望小孩以後要發動攻擊前，會記取教訓、克制住自己；如果運用暫時隔離法，感覺我們至少對這個情境有所作為了。

問題是，在事發之後予以懲罰，並不會預防犯罪的衝動。暴怒的特點就是理智已經失去對情境的掌控，當下我們的腦中根本不存在以往學過的教訓。如果三歲的小孩看見有人踢妹妹，她一定會衝過去保護。但當我們處在戰鬥或逃跑模式，在我們眼中，就算是摯愛也可能看起來像敵人，我們會做一些在思緒清晰時絕對不會做的事（沒錯，就連大人也會如此）。

因此，暫時隔離法不能防範未來會出現攻擊行為。那如果「懲罰」重一點、讓小孩嘗點苦頭，這樣總會記住教訓了吧？那樣只會讓她更常找機會報復寶寶，畢竟她認為是寶寶害她的。如果她需要偷偷行動——等你走出房間後再偷踢寶寶一腳——她就會這麼做（這對手足關係非常不利）。

然而，這不表示我們只能被動地放任小孩欺負、洩憤。不是這樣，我們是要杜絕暴力，因此要深入暴力的根源：小孩的情緒。

首先，我們要讓她從恐懼的深淵中感到安全，讓她感覺有人幫忙她調整自己的行為：「妳真的非常生氣，我就在這裡，我會確保你們兩個都安全。」相對地，如果你吼了她，便會增強她的恐懼。現在，即便我們可能還看不見她內心的變化，但她因為知道我們是要幫忙她的，而慢慢冷靜下來了。

此刻你並不是在安撫她，安撫意謂你讓她冷靜下來。你是在讓她有安全感，讓她可以表達出致使她如此憤怒的受傷與恐懼。因此，你**不是**「光是坐在那裡，等她感覺好一點」，這並不只是在與小孩重新連結時所採用的積極介入法。事實上，當孩子內心飽受煎熬時，她實在很難與你重新連結。這麼做像是企圖裝滿一個漏水的杯子。

暫時隔離孩子、讓自己冷靜下來，也會產生一個問題，不僅是她的情緒沒有被幫忙到，她還會感覺自己是一個很糟的人。因此下次她又被刺激到時，她心裡就會想說：「妳看我怎麼對妳！臭寶寶！」

創造安全感，可以幫忙孩子度過憤怒。在你看著她的雙眼時，盡量保持友善，這會讓所有難受的情緒浮現，你可以說：「妹妹受傷了、也嚇到了。我相信妳踢妹妹之後，心裡一定也不好受……有些事情讓妳感覺好差。」

深刻的情緒療癒總是發生在關係之中，愛會化解恐懼。這次事件起源於她的憤怒，她恨妹妹、也恨你，你每次都站在妹妹那邊。不要認為是針對你，這不過是她對於內在痛苦的一種防禦，盡量保持同理，你可以這樣理解她：「寶貝，我很遺憾……妳一定非常受傷……妳生氣是可以的，我一直都很愛妳，不論妳有多生氣……我對妳的愛勝過一切，沒有人比得上。」如果你可以保持冷靜與同理，持續創造安全感，她就會開始哭泣，是你的理解療癒了她受傷的心。

她能夠在你的懷裡哭泣之後，她將會卸下「戰鬥或逃跑」模式，她會反省自己的行為，但你不用急，給她時間找回內心的平靜。一旦她能開始與你玩鬧，你就知道她已經準備好能討論了。

如果你能不責怪她，而是盡量保持友善，她將會更能為自己的行為負責，而為自己負責正是防止同樣事情再度發生的關鍵。這是內化的自我紀律，頗難能可貴。如果父母責怪和處罰小孩，反而會阻撓自我紀律的內化。

別再說「踢人很不好」了，試著說「妳真的很生氣，生氣沒關係，但不可以踢人，因為那會讓人受傷！下次妳很生氣時，妳可以做點別的什麼呢？」幫忙她想出其她可以做的事：下次妹妹又纏著她不放時，她可以找大人幫忙、走到別的地方去、她可以壓住妹妹的腳但不能踢妹妹，讓她實際演出這些場景，加強她的記憶，下次同樣的事再發生時，她比較可能在自己失控前這麼做。

她消化了自己的難受，內在受到鼓舞，下次她能以更有建設性的方式去表達自己的需求。最終，她知道踢妹妹會讓妹妹受傷，並修復了手足間的關係。只要我們克制住懲罰和羞辱孩子們的衝動，其實他們自然會想要彌補所犯下的錯，「妹妹嚇了一跳、也受傷了，我想妳是不是可以做點什麼，好讓妹妹可以比較安心，能再繼續與妳在一起。」這麼一來，你是在告訴她，她有能力修補關係的裂痕，同時也強化手足之間的連結。上述這兩個結果都有助於減少未來手足間的暴力（後續章節，將有更多關於如何幫助孩子們修補關係的討論）。

她踢了妹妹，我們卻給她關注，這樣會不會讓她以後再度踢妹妹呢？不會。暫時隔離和其他懲罰，才會讓小孩得到負向的關注，進而增強不良行為。孩子只學習到當他情緒失調，攻擊手足，便會引起我們的介入、並將他隔離。這種方式無法遏止孩子們攻擊的情緒，反而只會壓抑他們的情緒。因此懲罰只會暫時讓孩子冷靜下來，無法防範事件的重演——事實上，它會讓這些事情更常發生。研究顯示，懲罰不會消弭攻擊，反而會讓攻擊更頻繁。

我們所提供的，是幫忙孩子處理情緒，這也正是孩子當下急切的需求，因此她將不會再去踢妹妹。這比暫時隔離法還要花更多心力。我敢說吼小孩一定比這簡單多了，然而如果想讓孩子**想要**有好的行為、管理自己的情緒，協助他處理情緒非常有效，這能杜絕打架、營造良好的手足關係，更可減少小孩的驚聲尖叫。在第十一章，你也會讀到更多關於如何處理手足打架（第406頁）與具體的案例（第415頁）。

當學步期幼兒總是攻擊哥哥姊姊

我將近兩歲的小女兒很暴力地抓了三歲半的大女兒。

——塔莉

到目前為止，我們都在談哥哥姊姊的攻擊，然而當幼兒剛進入學步期，他有時也會變成攻擊者，該怎麼辦？

學步期幼兒的前額葉尚未完全發展，因此他們的情緒經常癱瘓他們對於「打人會讓人受傷」的認知，同時他們經常沒辦法用語言好好表達，因此很容易會感到挫折，要避免學步期幼兒的攻擊並不容易。

然而，哥哥姊姊理應能在家裡感到安全，因此你不能置身事外，「放他們自己想辦法解決」，你當然應該插手阻止幼兒的攻擊，你可以說：「噢好痛！這樣打人會讓人受傷喔！不可以打人！」如果攻擊方還是繼續發動攻擊呢？一樣的道理，如果你想改變孩子的行為，想想他們這麼做的感受和需求，理解幼兒攻擊的源頭將有助於你更有效地介入、並阻止這行為。例如：

1. **幼兒想要與哥哥姊姊互動、連結**。打人，不是個好方法。但他只是個學步期幼兒，想要引起哥哥姊姊的注意。

解決方法：教導幼兒如何創造較好的互動，你可以說：「不可以傷到姊姊！噢！你是不是想要姊姊注意你呢？要用講的！你說：『帕拉，我來了！跟我一起玩！』」如果幼兒弟妹正假裝自己是隻猴子，確保哥哥姊姊知道如何安全地把他丟到沙發上，讓他們兩人都可以開開心心地玩。

當然，不是弟弟妹妹想要玩，哥哥姊姊就有義務要陪他，有時他們並不想玩。因此你必須讓他們有個安全的空間，可以繼續做手上的事，而不須接受幼兒的要求。可指導哥哥姊姊如何轉移幼兒的注意力，例如他可以說：「好，我看到你了！你想要玩這個太空船嗎？它發出轟轟隆隆的聲音！」但不要留他獨自去應付幼兒，讓他在需要時可以跑來找你「幫忙」，並保持你與幼兒的連結感。

2. **幼兒想要拿哥哥姊姊的東西**。

解決方法：教導最基本的社交能力，告訴學步期的幼兒：「噢！不可以打哥哥！我知道你想要哥哥在玩的長頸鹿，你可以問哥哥願不願意等一下給你玩嗎？你說：『請等一下輪我玩？』」手足不會每次都願意立刻輪流，你也希望教幼兒嘗試拿其他東西來交換，你或許必須「幫忙」幼兒學習等待（這部分將在第六章詳細說明）。如果幼兒相信等待之後就會輪到他，你將會比較容易向他解釋、並要他等一下。因此這都要看他們，如果哥哥當時並不想玩那隻長頸鹿，盡量趕快輪到幼兒，將有助於他們發展信任感與耐心。

3. **幼兒反擊哥哥姊姊**。因為受到較大手足的戲弄或隱微的攻擊，例如故意拿著玩具不放手或扮鬼臉。

解決方法：雙手環繞在每個孩子身上，說：「這裡有兩個難受的孩子……你們是不是都不好受呀？……抱歉，我剛剛不在這裡，沒能幫上忙。」你正在示範負責任。「你們可以告訴我發生什麼了嗎？」接著，對大孩子說：「弟弟抓了你，噢……好痛喔……我看了真難過。」對幼兒說：「抓人會讓人受傷喔！噢！不可以抓人……你一定很生氣，你剛在生哥哥的氣嗎？用講的……你說：『我生氣！』你可以現在說說看嗎？嗯對，你很生氣！用說的告訴我們，或你可以跺跺腳，但不可以抓人！」對大孩子說：「我想知道為什麼他會對你這麼生氣？你可以想一想有可能是什麼事情讓他生氣嗎？……下一次，你下次可以做點什麼不一樣的事情嗎？」

4. **幼兒不開心，在對哥哥姊姊發脾氣。**父母的介入——食物、午睡、積極介入法、打鬧遊戲、計畫好的情緒潰堤——都有助於讓幼兒感覺好一點，他就不會對哥哥姊姊發脾氣了。

解決方法：幼兒的情緒很強烈，不過平常他們像個小天使，如果你學步期的幼兒經常看起來悶悶不樂與滿腔怒火，觀察是否有什麼大事情正影響他，也許有某些身體上的不適，你可以檢查一下。

5. **學步期幼兒對父母與哥哥姊姊的互動感到嫉妒。**

解決方法：每個小孩都需要分別與父母單獨相處的時間，而沒有手足在一旁，理想上每天都需要。如果你學步期的幼兒看起來對於你與哥哥姊姊的關係感到嫉妒，請多與他連結，包括每天的特別時間。在你去照顧哥哥姊姊（例如檢查他們的作業）前，先花五分鐘把注意力放在幼兒身上，補充他心裡愛的存量，並讓他玩某個玩具或做某件事。當他看見你與哥哥姊姊、並要求關注時，為他說出他的嫉妒：「你看見我在抱伊恩（哥哥），你也想要抱，對不對？每個人都需要抱抱，對吧？我現在跟伊恩坐在一起，但我隨時都可以抱抱你。戴維……來這裡，給你一個大抱抱……你會想要伊恩也抱抱你嗎？大抱抱！好了，戴維，我們來幫你找點樂子……你想不想要坐在地板上、跟我和伊恩一起，然後玩這個？」

6. **幼兒只是希望被聽見**。有時候幼兒發動肢體攻擊，是因為他們不知道如何讓人理解自己。教導幼兒可以表達、捍衛自己的話語，練習一些字詞，像是「停！」、「借過，謝謝！」，來場有趣的遊戲，讓他知道自己不須用打人的方式才能被聽見。

指導大孩子應對弟弟妹妹的攻擊

大多時候，孩子們從我們待人處事的方式學習，因此如果你以同理冷靜地回應沮喪的弟弟妹妹，哥哥姊姊會學你這麼做。當然，他不可能經常保持冷靜，特別是當他很擔心弟弟妹妹就快毀掉他蓋的城堡時。而且如果弟弟妹妹真的讓他受傷了，在沒多次練習之前，你也不能期待他在戰或逃模式中仍能掌控好自己。

不過幸好，如果你已經指導過他，他也感覺與你是親近的、因而較不會嫉妒，他的行為將比較有分寸；也就是說，他會克制自己、不對九個月大的幼兒動手，而是帶著玩具離開房間，弟弟妹妹得去承擔這個自然的後果並不是件壞事。（不，我不是建議父母應該在幼兒很有攻擊性的時候離開房間，因為這會引發幼兒被拋棄的焦慮。手足在幼兒生命中扮演不同的角色，在這個狀況中，你應該在哥哥姊姊離開房間後，去幫忙九個月大的幼兒。）

你應如何指導大孩子應對弟弟妹妹的攻擊呢？

1. **親身示範**。告訴學步期的幼兒：「噢！這樣會痛！我要把你的手移開了……你一定很生氣！你可以用講的告訴我你想要什麼嗎？喔，你講要拿紅色車車？好，拿去吧。我可以玩這台藍色車車。你看，你不須打人，你只要告訴我們你想要什麼就好。」
2. **教導**。「弟弟打你是因為他擔心得不到想要的東西。他年紀比較小，當他心裡難受的時候，他很難用語言表達。如果他知道你會試著幫忙他，他就可以減少打人。所以，如果你可以告訴他，你理解他，他就不會一難過就打人了。」
3. **同理、認可與解決問題**。「當弟弟打人的時候，這真的很難，我知道……我很謝謝你努力要對他有耐心……我也看見他很執著、非要紅色車車不可。你大概也玩膩了藍色車車了，對吧？謝謝你願意為了他改變自己。如果他太煩你，你可以讓我知道，也許我們需要買第二輛紅色車車，讓你們兩個都各有一台。」
4. **演出可能發生的場景**。以有趣的方式，幫忙大孩子記得在緊張的情境下可以怎麼做，記得練習可以說的話，如「不！不要弄痛我的身體！」，並遠離弟弟妹妹。
5. **設立限制**。「弟弟的腦袋還在成長，當他生氣時，他沒辦法每次都克制自己、不去打人，但是他正在學習中，我們一直都在教他不可以打人，不論如何都不可以打人。下次你可以走開、遠離他，讓他不要打到你，你也可以叫：『媽媽，我們需要你！』我們來練習看看。」

6. **保護。**確保大孩子有空間可以做自己的事，不受弟弟妹妹的干擾。幫他準備一張桌子，這樣他們就可以留在同一個房間，大孩子可以畫畫、蓋積木或解謎題。或者把幼兒的玩具移到廚房，讓大孩子可以喘口氣。他當然可以與弟弟妹妹玩，只是他也要顧到自己的成長與發展任務，他不須把照顧弟弟妹妹當成首要任務。如果他自己發展的需求沒法被滿足，那你也不能期待他對弟弟妹妹多有耐心。

7. **確保大孩子知道他們永遠有靠山。**告訴他：「你有沒有注意到，當弟弟像這樣脾氣暴躁時，他接下來很可能會打你？我想，當他開始暴躁，他只是需要哭一哭，所以這時候你可以叫我，我會去幫忙他消化情緒。」如果大孩子知道怎麼處理，那當然很好，只是有時連我們大人都搞不定一個具有攻擊性的幼兒。

你有注意到嗎？如果大孩子強力捲入手足競爭中，上述這些方法都不會有效。大孩子需要與父母單獨相處的時間，才能感覺到自己被看見、被重視，他們在家裡特殊的位置需要得到父母的保證，弟弟妹妹也會敬重他們（通常年紀小的孩子都會如此）。他們需要確認，他們依舊是你的心肝寶貝，你對他的愛是誰也比不上的，不論誰坐在你的大腿上，這點依然毫不動搖。

如何停止重複的攻擊

這兩天，他開始對妹妹比較好了，現在我們可以感覺到彼此是一家人了。以前總是：「我先到那邊的，她是我的敵人」，當有人受傷時，我們一直帶著他一起幫忙（溫暖的抱抱、幫忙拿衛生紙與繃帶），他也開始會跟妹妹說話了、願意教她、也會跟她一起玩。

——茉莉

在自己家裡，每個小孩都理應感覺安全。如果其中一個小孩總是習慣對手足發動肢體攻擊，制止這個習慣會是你最主要的任務。

孩子們打人是因為他們感覺到不安全，有時候那是因為手足以某種方式威脅到他，即便手足可能只是溫和地看著他的玩具、或站得離他太近。有時候，他們看起來是無故打人，其實是因為他發動攻擊的源頭被層層包裹、深藏在心中，往往是源自於恐懼你不再像當初一樣愛他，混合著悲傷與絕望的心情。一旦你幫助孩子化解這些情緒，他就會停止打人了，而除非你們重新連結，否則他將很難相信你會幫忙他。因此要杜絕孩子打人，最重要的是閱讀本書的第一篇，並運用平和教養來創造安全感，幫忙孩子們處理情緒。

你也許會想，這些強烈的情緒到底源自哪裡？值得思考的是，是否因為你做了什麼，而在無意間增強這個暴力的循環。看著孩子們對彼此動手，做父母的想必不好受，但當父母被孩子們動手的行為激起怒火、而對動手的孩子生氣，打人的模式往往會因此被建立起來。舉例來說，如果你小時候曾被哥哥打，當你看見兒子打女兒時想必會特別具有挑戰，可以想見，你可能會有點過度反應，而你的過度反應可能會火上加油、激起更多的攻擊，因為你兒子被嚇到了，他會很擔心你將不再愛他。因此設立限制——「我不會讓你打人……怎麼了？」——是很基本的。大發脾氣、羞辱或懲罰都將引起更多的恐懼與防衛，讓你的孩子被情緒淹沒，而這將導致日後更多的攻擊。因此改變你的教養策略，即便孩子動手打了人，依舊改以同理的限制來處理，這有助於停止打人的行為。我不斷見證到，當父母處理好自己難受的情緒，有的孩子幾乎在一夜之間就停止打人了。

另一個杜絕孩子動手打人的關鍵，在於重新與孩子連結。在一個與我工作的家庭裡，哥哥每天都會打妹妹。每次他動手，媽媽就會賞他巴掌，這巴掌沒能改善他的行為，不僅如此，他還變得更對抗、更難帶。後來，媽媽開始遵循我所提倡的「維持平時關係」（one-on-one time）計畫，每天都花時間與兒子單獨相處。他又動手打妹妹時，媽媽不但不再打他，反而會增加與他的連結、協助他哭一哭，同時也明確禁止他打人。一個月內，他就不再對妹妹動手了。

然而，幾個星期後的某一天，媽媽眼見他兒子與妹妹站在一起，兒子的手握拳、高舉到妹妹頭上。在她眼看就要用力揮下去的前一刻，媽媽整個人傻了眼，她與兒子四目交接，在他們仍互相對望之時，兒子的拳頭慢慢鬆開來……開始輕撫妹妹的髮絲，他驕傲地告訴媽媽：「我只是在幫妹妹梳好頭髮。」

到底發生什麼？當這個小男孩與媽媽對到眼時，他是怕被懲罰嗎？我不這麼認為，他早就被懲罰慣了，那根本沒有改善他打人的問題。我認為是這個孩子終於擁有比打妹妹更渴望的事情，也就是與媽媽溫暖的關係，他不想失去這段新獲得的親密。

最終，如果發動攻擊是你孩子們之間的互動模式，不要只是懷抱希望、坐等一切會好轉。在你要與孩子們維持平時關係、分別與兩個孩子有所連結時，先將他們分開；也就是說，在你確保他們不再暴力相待前，不要讓他們單獨共處一室。與會發動攻擊的孩子達成共識，討論他可以如何保護自己、擁有與手足玩的權利：「如果你會打妹妹，我不能讓你跟她一起玩……我們來打勾勾，不論你有多麼生氣，都不能打她。」與孩子坐在一起，指導他想出幾個取代打人的替代方法，幫忙他練習這些方法。以下案例是四歲的凱爾與媽媽達成的共識：

凱爾的計畫

打人會讓人受傷，不論發生什麼，我今天都不會打琪拉。如果琪拉拿著我想要的玩具，我會找別的玩具跟她交換，或是等過一陣子後輪到我玩；如果琪拉阻礙到我了，我要向爸爸或媽媽求救；如果我很想打人，我會走開，我會用力抱住自己，說：「停！」「停」是我的祕密咒語，它可以提醒我。如果媽媽聽到我說「停」，她就會過來看看我。如果我忘記了、打了人，那我就必須要去客廳玩，琪拉要在廚房玩。

這段文字記錄凱爾對自己的承諾，他會走開、以抱住自己來轉移想打人的衝動，並以小咒語來找媽媽幫忙。由於孩子參與擬定這個計畫、並告訴你要寫些什麼，他已是這份計畫的成員，接著，玩一個遊戲來逗他笑，這會舒緩因打人事件所造成的情緒張力，對媽媽和孩子來說都是。扮演會讓他想打人的情境——以很誇張搞笑的方式，讓他噗嗤一笑。一個想打人的人，以抱著自己的雙臂轉化了他的衝動，沒有真的動手，並大聲唸出他的咒語。有一位媽媽，她的兒子曾經不斷動手打人，她寫信告訴我：「昨天，我帶他去一個人很多的兒童遊戲間玩，有個小孩推了他，他頓住，以雙手抱住自己，並大聲叫我。**這簡直太神奇了！**」

當然，如果你是以懲罰的方式與孩子達成這樣的共識，那就不管用了。孩子必須感覺到你是站在他那邊的、你相信他有能力管理自己。如果平時沒有維繫關係，這也不會發生作用。如果你的小孩每天從幼稚園回來都打人，別讓他的手足靠近他，直到你已經幫他笑出來或哭出來，透過打鬧遊戲、或是計畫好的情緒潰堤（詳見第二章）。否則，這世上不會有任何共識能夠讓他不打人，到頭來他會認定自己就是一個很糟糕、差勁的人。

教導孩子們怎麼做：介入手足衝突

媽媽正在煮晚餐，突然聽見很大的聲音。

查利：珍，妳該不會在玩我的城堡吧！妳果然在玩！全部被妳毀了啦！

珍：我才沒有弄壞你的蠢城堡。

查利：我的城堡才不蠢，妳才蠢！

珍：滾出我的房間！

查利：妳是誰啊！我不須聽妳的話！

珍：我是我房間的主人！滾出去！

查利：妳弄壞了我的城堡！我要弄壞妳房間！

（破碎聲！）

珍：查利！我恨你！媽媽！！

這位媽媽該怎麼做呢？

媽媽（思考著）：嗯……我應該插手嗎？我正忙著煮晚餐，而且有時候，等一下他們就沒事了。但這次聽起來似乎特別嚴重，或許這次剛好可以把握機會教他們怎麼做會更好……（她把火關掉，深呼吸，提醒自己要保持冷靜。）

媽媽（走進珍的房間時，一邊說）：我聽見好大的聲音，有人很生氣，發生什麼事了？

查利：珍弄壞我的城堡！

珍：查利把我蓋好的動物園砸壞了！

媽媽知道不該去追究是誰先開始的。

媽媽（同理兩個孩子）：你們兩個都很難過！

珍：查利，我恨你！

查利：我才恨妳！

媽媽（深呼吸、保持冷靜，同理並設立限制）：我知道你們兩個有多生氣了，我們家的規則是要對彼此友善與尊重。我聽見大叫和一些傷人的話，來，我們坐下來；查利，你坐我這邊，珍，妳坐我另一邊。好，現在，我們都做三個深呼吸，這樣才能冷靜下來、聽見彼此說的話……一……二……三。好，我想聽聽是什麼讓你們兩個都這麼難受，一次一個人說話，我記得上一次是查利先說話，那麼這次，珍可以先說。珍，發生什麼事了？

珍：查利把我的動物園弄壞了，那是我和亞頓花很大心力才蓋好的，我們原本說好明天還要再玩它的。

媽媽：查利弄壞了妳的動物園，妳真的很生氣，對嗎？我看到積木和動物散落一地……珍，還有發生什麼事嗎？

珍：我叫他離開我房間，但他不肯，這不是規定好的嗎？如果我要他離開，他就該離開呀？

媽媽：妳希望當妳開口，查利就要離開妳的房間，這確實是我們家的規定，沒錯……查利，可以告訴我，從你的角度，剛剛發生什麼事嗎？

查利：珍弄壞了我的城堡！她也有跑進我房間！她也違反規定！

媽媽：所以你是在氣珍跑進你房間、又弄壞你的城堡，你跑到她房間就是為了要告訴她這件事？

珍：但是他跑進來之後又不出去，而且還弄壞我的動物園！

媽媽：一次一個人說話喔，珍，現在是查利說話的時間，妳等一下會有說話的時間。查利？

查利：是的，我是弄壞動物園，因為她罵我的城堡蠢！

媽媽：讓我看看我是不是聽懂了。查利，你很氣珍跑進你房間、玩你的城堡，而且你覺得是她把城堡弄壞的，然後她說城堡很蠢，讓你很難過，接著她叫你離開她房間，是這樣嗎？

查利：對！

媽媽：你很生氣，所以你砸了她的動物園？

查利：對！

媽　媽：好，謝謝你說出來，我知道你有多難過生氣了，我也知道要保持冷靜真的很難，我們待會兒可以一起想辦法。珍，讓我看看我是不是聽懂了，妳剛剛在玩，查利很生氣地跑進來，然後妳叫他出去，是這樣嗎？

珍：對。

媽　媽：不過那時候他非常生氣，他弄壞妳的動物園？

珍：對，現在我比他更生氣！整個大象屋都毀掉了。

為什麼要經歷這個過程？

1. 讓每個孩子都覺得自己被聽見了。
2. 讓每個孩子都有機會回想剛才發生的事，並看見自己的意氣用事，如何造成現在的局面。好的判斷不只來自經驗，還要結合「重新思考」。
3. 讓每個孩子都能聽見對方所感覺到的版本，而能發展理解對方動機的同理與社交能力。
4. 讓每個孩子增進衝動控制，他們都氣壞了，但他們現在坐下、深呼吸，把憤怒化作語言，這可協助孩子的腦部處理情緒，並建造日後調節憤怒的神經迴路，而不只是大發雷霆。

媽媽（給予同理，並幫助每個孩子重新思考對方的感受，以及自己做了什麼而對這次的爭吵產生影響）：現在，有兩個氣壞的孩子在我身邊。查利，我聽到你說你氣珍跑進你房間、玩你的城堡、並弄壞它。珍，我聽到妳說妳氣查利弄壞妳的動物園。你們都因為東西被弄壞了而很生氣，對嗎？（孩子點頭。）當我們被侵犯時，我們的反應往往是生氣，對嗎？（教小孩情緒智能。）所以你們都很生氣、並責怪對方，對嗎？……現在，我希望你們都想像一下，對方在這場紛爭裡會是什麼感受。珍，妳覺得當查利進到妳房間時，他是什麼心情？

珍：他很生氣。

媽媽：是……那他跟妳說話之後有感覺好一點嗎？

珍：嗯……我想沒有。

查利：妳還讓我心情更差，妳知道嗎？

媽媽：查利，珍正在說話，我跟你要靜靜聽她說，這樣我們才能保持冷靜……珍，妳覺得查利在妳房間時，他心裡怎麼啦？

珍：我說他的城堡蠢……他就更生氣……然後我叫他出去……他又更生氣了……

媽媽：嗯……妳覺得有沒有什麼是妳可以做得不一樣的嗎？

珍：好吧，我知道啦。我可以先對城堡的事道歉……我不是故意弄壞的，可是它掉下來了，我想我應該先問過才能玩它……但他也會玩我的東西呀。

媽媽：我們現在討論的是剛才發生的事。有沒有什麼是妳可以做的、會讓一切很不一樣的？

珍：嗯……他弄壞我的動物園耶！

媽媽：對，是他弄壞的。只是現在，我在想的是有沒有什麼是妳可能做的，會產生不一樣的結局。

珍：我可以態度好一點、道歉，我不必說他的城堡蠢。

媽媽：所以妳認為，在他進妳房間時，如果妳第一時間有道歉，他也許就不會那麼生氣了？……查利，如果珍這麼做了，你的感覺會不一樣嗎？

查利：我還是會氣她把我的城堡弄壞了，但我大概不會去弄壞她的動物園。

媽媽：很好，謝謝你，查利。珍，妳聽到了嗎？他雖然氣妳玩他的城堡，但如果他知道妳覺得對不起、妳想要讓事情變好，他就不會那麼容易憤怒了，對嗎？

珍點頭。

媽媽：那麼，查利，你覺得剛才珍是什麼心情？還有你可以怎麼做來讓狀況好些？

你看到這位媽媽做了什麼。接著，她會問兩個孩子各自可以做些什麼，來讓對方好過一點。在談話的最後，也許可以讓查利和珍一起合力重建動物園。

當然，你不可能每天都這麼做，總是有很多瑣事等你去完成。好消息是，你不須每天都這麼做，但如果你持續幾個月這麼做，你的孩子就會開始學會你教他們的能力，而你會很驚訝地看見他們開始獨立解決紛爭，而你不須插手介入。養成這個習慣，你大概會觀察到家人都變得比較冷靜、可以聆聽，包括你自己！

爭吵後，協助修復關係，而不是強迫道歉

吵架之後，許多父母會堅持要小孩對彼此道歉。如果你問小孩對這麼做的想法是什麼，他們會說：

- 「在生氣的時候，我討厭道歉，這只會讓我對妹妹更生氣。」
- 「我不喜歡爸媽要求哥哥對我道歉，因為他看起來根本毫無歉意，這會讓我更生氣。」
- 「如果不是發自內心，道歉其實只是在說謊罷了。」

- 「當爸媽要哥哥道歉，我覺得我贏了！這感覺很好，但這不會讓我比較喜歡他。」
- 「過一陣子，我就會重新喜歡妹妹，那時候我會願意道歉，但絕不是在我很生氣的時候。」

這樣聽起來，強迫孩子們道歉豈不是造成反效果？也許我們須重新考量是否要這麼做？那麼，我們可以怎麼做呢？

1. **把心力放在協助孩子們彼此溝通，不執著於道歉這動作。**如果你幫忙孩子們表達他們的渴望與需求、傾聽對方說的話、並重述他們所說的，孩子們將能開始學習在更深的層次修復衝突，這時就幾乎沒有道歉的必要了，就像大人一樣。
2. **靜待憤怒平息。**如果他還在生氣，在他能聽進手足的觀點之前，他必須先感覺自己被聽見。
3. **一旦孩子不再生氣，鼓勵他們與手足一起修復事物。**「哥哥很愛你、也會照顧你，你對他大吼看起來讓他滿受傷的。我在想，也許你可以做點什麼，讓他感覺好一點。」
4. **如果孩子道歉了，仔細聽聽他的語氣。**如果他聽起來還有點忿忿不平，告訴他這樣的道歉其實並不誠懇，並問問他，是不是想藉此讓手足感覺好一點。「道歉真的是讓事情變好的好方法。寶貝，我不希望你口是心非，我不會要求你說不是出自你真心的話，我不認為那樣會讓人感覺比較好。」

5. **如果你的孩子開口提問，提供一些修復的建議：**

- 回到引發爭吵事件的源頭，幫忙重新蓋好城堡。
- 蓋一個可以讓手足盡情敲毀的塔樓。
- 修好或直接換掉已經被毀的那個東西，例如玩具。
- 畫一幅圖、或做一張卡片，列出三項自己愛手足的理由。
- 給一個大抱抱。
- 玩一個手足想玩的遊戲。
- 幫忙手足做家事。
- 達成共識、在上面簽名，承諾不再重蹈覆徹，並描述以後若遇到同樣狀況，該怎麼處理。

不過，仍要切記，不要強加事情的「後果」給孩子，或刻意讓他為自己的行為付出代價，而是要鼓勵他，讓他感覺到自己依然是個慷慨的人，即便做了傷人的事，他仍有能力讓一切轉好。所以**他**得選擇做一些讓一切好轉的事。你可以給他一些方向，但要接著說，

「我知道你會想出一件可以做的事……我好期待你會想到要怎麼做！」抱抱他，並離開房間。

6. **如果孩子說「我才不想要跟她和好！」**

接受他仍在氣頭上、以及他生氣的原因，在你可以的時候幫忙他消化情緒，接著告訴他，等他感覺好一點時，你希望他可以做點什麼修復這一切。「我猜你還是很生氣，所以現在的你根本不想跟她和好……而我知道，就算你跟妹妹再怎麼吵架，你們一樣愛彼此，如果你做點什麼，就會對一切有幫助……也許你還需要一些時間才有辦法這麼做，要等氣消總是沒那麼快……我現在可能沒能幫得上你的情緒，但晚一點我們可以聊聊……等你準備好的時候，我想你知道該怎麼做才對。」

7. **以身作則。**孩子們從我們身上學習如何修復關係，確保當你和孩子的關係出現裂痕時，你會道歉、並找到重新連結的方式。

爭吵過後，協助療癒孩子們的心

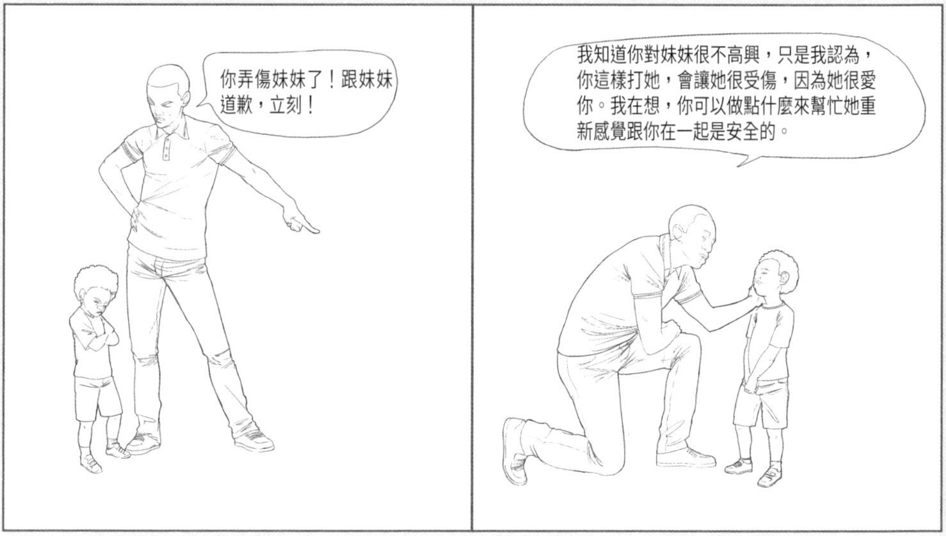

左圖：強迫孩子們道歉，尤其是當他們正在氣頭上時，其實是教他們說謊。因為孩子們根本沒有歉意，所以對關係也沒有修復作用，這只會讓另一個孩子覺得自己爭贏了。

右圖：等到孩子氣消了，幫忙他想想看，自己可以做點什麼來修復手足關係。

第6章 為什麼孩子們不願分享？為什麼要爭執東西歸誰所有？

我家的三胞胎教會我什麼是「個人所有權」，也就是每個都會希望擁有一些東西，意思是每個孩子都很希望確知哪些玩具是屬於自己所有。

——約翰・卡夫・奧斯伯恩（John Cave Osborne）

《三個寶寶把生活搞得天翻地覆》（*How Three Babies Turned Our World Upside Down*）

手足衝突最常見的導因之一，就是他們都想要同一個有限的資源——某個特定的玩具。比較大的小孩往往會假設自己「擁有」所有的玩具，畢竟他是第一個使用那些玩具的人——因此如果你希望玩具是他們一起共享的，你得要制定一些關於所有權的家庭規則。

在家裡，「私有物」的概念可能會讓你有點訝異。理所當然地，我們希望每個孩子都可以使用家裡的所有玩具，也許是依照每樣玩具的適合年紀來分配，或者是按照順序輪流玩。畫分「所有權」，會不會與「我們是一家人」的概念相抵觸呢？

事實上，從孩子的觀點出發，這兩者並不矛盾。大人們並不會去和伴侶爭吵烤麵包機是誰的、沙發是誰的，我們會輪流使用，或是一起使用家裡的物品。但孩子不同，玩具是他們珍貴的資產。對孩子來說，玩具不只是資產，甚至被他們感覺為自我的延伸。孩子們透過玩具來探索這個世界，並與玩具建立關係。孩子也許會挑中一個貝殼或一條木棍，並在它之上創造一整套幻想，那條木棍就是**他**，他**需要**透過木棍在這個世界上定義自己的存在，這就是為什麼我們很常聽到孩子們說：「這是我的！」倒底這句話是什麼意思？這不代表自私，而是他必須感覺到自己能掌握這個物品。這就是為什麼即便他已經有兩年不曾碰過某個自己幼兒時期的玩具，但當他看到弟弟或妹妹在玩那個玩具時，依然會不高興。他內心安然幸福的感受，仰賴他能掌握他曾深深依附的物品。

當你介入，並強迫他與手足分享這個玩具時，一切會變得更為複雜。當兩個孩子都想要同一個玩具，而你指定其中一個孩子可以擁有它，不論這只是暫時的、或你有再好的理由，兩個孩子眼裡看見的是你選了某個孩子、沒選另一個孩子。對他們來說，這象徵性地意謂你把對其中一個孩子的愛拿走、並轉交給另一個孩子。這麼一來，往後只要一有機會，他自然就會想辦法從手足手上搶回東西。畢竟，擁有多少你的關愛，是他得以生存的關鍵！

幸好，這不表示孩子永遠不會對玩具放手。隨著他長大，會形成新的依附關係，漸漸放棄舊東西。但是如果強迫他放棄，將可能會促成手足競爭。祕訣就在於，當在制定關於分享、所有權與掌控權的家庭規則時，要考量到是否與小孩的發展相應。要對此制訂一套規則看似有點太正式了，不過，你原本的家庭規則中早已包含「分享」了，只是沒有訂得那麼仔細罷了。在多數家庭中，規則是由父母來訂，是由父母決定孩子是不是擁有某個玩具太久了，而父母的決定往往取決於抗議的孩子有多大聲、多堅持。這並非長久之計，這會激化手足競爭、打擊孩子的自信、讓孩子學會「愛哭的小孩有糖吃」。要是知道有其他處理分享的方法，你想必會鬆一口氣，同時也可以帶給孩子們更有建設性的學習。

我們都同意，我們最終的目標是希望孩子們可以成為慷慨大方的人，有能力關注與回應他人的需求。當然，我們也希望孩子們有能力照顧自己的需求，包括他能勇於追求自己的成就與玩樂的權力，這是他們發展自我掌握與精熟的途徑。我們一定不希望孩子們認為自己應該為了其他人開口要求，就得中斷手上的事情、把自己的東西白白「交給」他人。我們希望的是，孩子會注意到其他人也想要玩、並能採輪流的方式讓其他人也玩得到，而當其他人擁有他所希望的東西，我們也希望他可以控制自己的衝動、不出手搶奪，並有能力透過溝通而想出一個雙方同意的協議。換句話說，我們希望孩子可以為自己的需求發聲，尊重他人的需求，並能夠延宕滿足、為他的渴望耐心等待。是這樣吧？

以上些都代表我們必須重新思考孩子們是「如何學會分享」的。

重新思考分享：一個激進的解決方法

在我的兒子兩歲時，他收到一輛幼兒電動車的生日禮物。他非常喜愛，每分每秒都想要坐在車內，一邊發動、一邊轉著方向盤。有時候他假裝自己在開砂石車，有時候他是火車駕駛，有時候他是開著校車。這輛車讓他充滿想像空間，改變他看待自己的方式。

在這輛車剛送到我們家的某一天，親戚一家人來拜訪，其中的小姪子與我兒子年紀相仿。想當然耳，小姪子想玩那輛車，然而，我兒子不論如何都不願意停車、也不願意妥協。我真該在親戚來訪前把車子收起來的，但這之前我從沒見過兒子這麼堅決、不讓其他小孩玩某樣東西，所以我沒想到該這麼做。同時，小姪子眼巴巴地看我兒子開車車，越來越心急難耐。

這時有個大人開口了：「如果你希望你兒子懂得分享，你得把他抱下車。」

我不害怕兒子會情緒潰堤，但我讀過茱蒂・鄧恩與其他專家的研究，我知道學步期幼兒還沒發展到足以「懂得分享」。我也很了解我兒子，我知道如果我把他抱下車，他會覺得深受背叛，他不可能理解為什麼自己必須放棄他最寶貴的東西、要讓給其他小孩，就算只是暫時借別人一下（兩歲的幼兒要怎麼理解「暫時」？）。直覺告訴我，強迫並不會讓孩子**想要**慷慨大方、與人分享，但我也不知道要如何讓他人理解我的想法，或者我要如何給小姪子一個公平的交代。事實上，我花了好幾年才把這個想法講清楚，直到我的孩子都長大了，我也開始與許多父母一起工作了。

我多希望希瑟・舒梅克（Heather Shumaker）的《小孩可以不分享》（*It's OK Not to Share*）在當時已出版，幫我釐清我當時心中隱隱萌生的想法（這本書在我兒子跨入二十歲時出版了）。如果你只打算挑一本關於如何幫孩子們與同儕相處的書，非這本莫屬——你會發現，舒梅克的建議也同樣適用於手足議題上。

舒梅克提出什麼方法呢？「要求孩子分享，會中斷孩子的遊戲、破壞親子信任、也教孩子錯誤的慷慨，應該採輪流的方法。」聽起來滿有道理的，對吧？但舒梅克更進一步說明，他堅持應該是擁有這個玩具的小孩才能決定自己一輪要玩多久，我稱它為**「自主協調輪流」**

（self-regulated turns），因為是由小孩決定他要玩多久，才把這個玩具交給別的小孩。因此以我兒子和電動車為例，我們可以鼓勵兩個小孩去討論，讓我兒子可以承諾在他玩完之後會把電動車讓給我姪子，而在他讓出電動車之前，他可以盡情使用。

你看見這個議題了。當然，我可憐的小姪子可能會追著電動車尖叫，對一個兩歲的小孩來說，等待輪到自己是很煎熬的。這就是為什麼身為父母，我們習慣設定時間、強迫小孩輪流，我猜想是因為我們認定這可以幫助孩子學會分享，更因為我們很難忍受在等待的那個小孩的不開心。

然而，想想看，如果我把兒子抱下車、讓我小姪子玩，這樣強迫兒子分享，他會學到什麼？他會因為看見我小姪子很開心，而懂得慷慨嗎？我想不會的。因為他心裡一定氣得牙癢癢的，我小姪子絕對會被他視為眼中釘，這樣的經驗根本不會讓他「懂得分享」。事實上，一個力量比他更大的人從他手上奪走珍貴的物品，這樣的經驗怎麼可能讓他理解「分享」這回事呢？強迫孩子們分享的問題就在於我們示範了搶奪。當孩子們感受到大人會從他手上奪走玩具，大人口中再怎麼說明「已經玩夠久了」，孩子不可能聽得進去，他的占有慾只會變得更強。如果我現在告訴你，你必須給我你的車子，因為你已經開得夠久了、該換我開了吧，你會做何感想？孩子們被強迫分享的經驗大概就像這樣。

相對地，如果運用自主協調輪流，孩子可以自由地決定自己要玩多久，他可以盡情享受玩具，最後坦然地把玩具讓給其他小孩。當他讓出玩具時，他有機會體會到溫暖而美好的經驗，因為他把對方所渴望的東西交到對方手上、並看見對方有多開心。兒童社會發展的卓越研究者南希・艾森伯格（Nancy Eisenberg）指出：透過給予的經驗，了解那種感覺有多好，孩子們才會變得越來越慷慨大方。然而，其中也有個玄機，這必須是孩子出自自願而做的選擇。如果我們強迫孩子們分享，他們會心存怨懟，而不是感覺到自己的慷慨。這麼一來，往後他們自然不會比較願意分享。

自主協調輪流：孩子們學到了什麼？

當A小孩想要B小孩的某樣玩具，等B玩夠時，我們再一起向B取那樣玩具。接下來，A要想想在等待的這段時間要做些什麼。當他們兩個都玩好了，「願意」把自己手上的玩具「給」對方時，必然都是開心的。

——愛玲

自主協調輪流，對擁有決定權的那個孩子是有效的，但那個必須等待輪流的手足呢？可想而見他將會大聲抗議，對父母來說是個困擾，對他則很煎熬。此外，一個必須等待，而另一個則可以慢慢享受他人夢寐以求的物品，這很難讓人覺得公平吧？

我們來想一想，那個只能眼巴巴乾等輪到自己的可憐蟲，我們有兩個選擇：

選項一，我們告訴第一個孩子，他玩夠久了，拿走玩具，遞給他的手足。這麼一來，手足學到：

- 只要我哭得夠大聲，就可以得到想要的東西，即使其他人正在使用它。
- 誰可以擁有、擁有什麼、何時擁有，這一切由父母掌控，沒有公平可言，全取決於他們一念之間的想法，以及我苦苦哀求有多誇張。
- 為了得到我想要的東西，我時時刻刻都得跟手足競爭，我看他真不順眼。
- 我想我是貪婪的人，但為了得到我應得的東西，我別無他法。
- 我最好「玩快一點」，因為我可能沒辦法擁有這個玩具太久。
- 我贏了！但隨時可能又會輸掉，當我的時間快結束時，最好用力抗議、爭取更多時間。而當輪到手足時，我最好早早就開始抗議。如果我讓爸媽心力交瘁，我就可以有更多時間玩這玩具。

你會發現，孩子的注意力幾乎沒有完全放在他所得到的玩具上，他根本無法安心地玩，一直意識到時間流逝、等一下得換人玩。因此，若方便行事、草草強迫孩子們輪流，將會破壞孩子沉浸於遊戲中的能力，同時也會造成對立競爭、破壞手足關係。雙方都無法感覺到滿足了、把東西交給對方，而經驗到慷慨的感覺。

選項二，我們告訴等待的孩子，他可以問問手足什麼時候輪到自己，並向他保證我們會幫忙他等待到手足玩夠玩具為止，若是這樣，這個等待的孩子將會學到：

- 我可以要求我想要的。有時候一下子就會輪到我，有時候我得要等待。
- 我可以哭，但哭不會讓我得到玩具。
- 我無法得到所有我想要的，但我可以擁有更重要的。當我難過時，爸媽總是能了解我、也願意幫忙我。

● 哭完之後，我感覺好一點。
● 我可以玩任何其他玩具，並很享受，等待讓我得到更好的經驗。
● 我不須哭哭啼啼地哀求爸媽讓玩具輪給我玩。在輪到自己之前，每個人都得耐心等待，或早或晚，最終都會輪到每個人的。
● 手足把玩具拿給我時，我真的很喜歡那種感覺。我喜歡我的手足。
● 我可以盡情享受這個玩具，除非我自己準備好，否則沒有任何人會要我把玩具給別人。當我玩夠了、把玩具拿給手足時，我心裡的感覺很好——我喜歡把東西輪給他，我是一個大方的孩子！

孩子會發展控制衝動以及延遲滿足的能力。我們不在孩子玩到一半時拿走玩具，讓孩子能夠投入地玩。我們幫忙兩個孩子發現自己的慷慨，且我們鼓勵溫暖的手足關係、降低競爭。要改變、並做到這樣，對父母或孩子們來說，都小有挑戰。但當孩子們學習到他們終究會得到玩具、且他們使用玩具的權利是受到保護的，他們將會更有耐性。事實上，每當你鼓勵孩子慢慢等待，他們的腦部會發展出延遲滿足的能耐，同樣快速地，你將發現孩子們開始向對方要求輪流，並在輪流完後，他們會把玩具交給對方。

只要父母採納這做法，就會發現小孩可以不要父母發號施令，便會與手足好好輪流。這種和諧的情景在你家將會是家常便飯。如果是很珍貴的東西，你依然會為他們各買一個，在其他孩子要來家裡作客前，把珍貴的玩具先收起來。但比起武斷地強迫他們分享，你會發現已經教會孩子們耐心等待輪到自己，並驚喜地看著他們能夠經常主動輪流、不須你的介入，何不試試呢？

指導孩子們學習等待

姊姊（五歲）正在開玩具車，弟弟（兩歲）想要跟她輪流玩，他逕自走向前，打了姊姊、並搶走車車。這個舉動通常會引發一場大戰，以及我的一陣叫罵。於是我走過去、蹲下身，對弟弟說：「貝莉正在開車車，你很生氣，你想要輪流，對吧？等待真的不太容易。」他撲進我懷裡，哭著說：「對！」並冷靜下來，問姊姊等一下可不可以輪到他玩，接著他就走開了，開開心心地玩到姊姊玩完車車。這真是太神奇了！

——珍妮佛

即便小孩習慣了這則「正在玩的人可以決定自己要玩多久」的家庭規則，看著他人擁有自己所渴望的玩具時，心裡不免仍有一絲急不可耐。你可以透過說出他的感受來幫忙他，對於自己渴望卻不可得的東西，幫他提出要求、指導他與他人協商出一個共識，並在他必須等待時，鼓勵他找到其他可以做的事情。每次你這麼做，都有助於孩子發展提出要求的心理基礎、控制衝動與延遲滿足的能力。如同下列案例，一對五歲的雙胞胎，只要他們確知等待過後將會輪到自己，他們便能把注意力轉移到其他的事情上。

薩 凡 納：媽媽，艾拉玩高蹺玩太久了！

媽 媽：薩凡納，我知道你真的很想趕快輪到你，你可以告訴艾拉，等她玩完時，你希望可以換你玩嗎？

薩 凡 納：她不會聽我的話。

媽 媽：也許她今天真的想玩久一點，你希望我可以幫你告訴她嗎？

薩 凡 納：希望！

媽媽和薩凡納走到艾拉在玩高蹺的地方。

媽媽（對艾拉微笑，手環繞在薩凡納肩上）：這看起來真的很好玩！

艾　拉：好好玩！

媽　媽：薩凡納有些話想告訴你。

薩凡納小小聲地說了幾個字。

媽　媽：我想艾拉根本聽不到你說的話，她正跳上跳下的，薩凡納，你可以大聲一點嗎？

薩凡納：我也想要輪流玩高蹺！

艾　拉：薩凡納，但是我今天想要玩很久。

媽　媽：嗯……看來艾拉還沒玩夠、還不會輪到你。薩凡納，你會想問問艾拉，當她玩完的時候換你玩嗎？

薩凡納：艾拉，妳玩完的時候可以換我嗎？

艾　拉：當然呀！

薩凡納看起來沒有比較開心。

媽　媽：薩凡納，你可以問問艾拉，她大概還要玩多久。

薩凡納：艾拉，妳還想玩多久才輪到我？

艾　拉：我需要玩非常久，因為我很想玩這個高蹺……我想我會玩整整十個小時。

媽　媽：艾拉，聽起來妳真的想玩好久！我們家的規則是不能輪過夜，妳還記得吧？所以妳今天可以玩到吃晚餐前為止，明天就要換薩凡納玩了，可以嗎？

艾　　拉：好吧，反正我好像也有一點跳累了。

薩 凡 納：這樣的話，我就得要等到明天才能玩高蹺了！好久喔！

媽　　媽：等待真的很難，對吧？你想不想做一個標語，寫上明天會輪到你玩高蹺？

他們一起拿出馬克筆，媽媽寫道「明天一早，薩凡納第一件要做的事就是玩高蹺！」

媽　　媽：薩凡納，我知道你還不識字，我寫的是「明天一早，薩凡納第一件要做的事就是玩高蹺！」這樣好嗎？……等待很難，你想我幫你一起想想這段時間你要做什麼嗎？

薩凡納（忙著玩馬克筆）：不用，媽媽，我想要裝飾我的標語，然後把它貼在冰箱上，我要讓我們都記得這件事。

如果是學步期幼兒呢？他們很容易被情緒淹沒，這個方法一定會讓他們崩潰的呀！是的，經常如此，但這並不一定是壞事。事實上，如果學步期幼兒因得不到想玩的玩具而情緒潰堤，這往往表示他們真的很需要一個情緒出口。

我們怎麼知道？因為一旦他哭完，往往就不那麼在乎原本讓他情緒潰堤的玩具了。這表示打從一開始其實就不是因為玩具，而是他亟需透過這件事來調節心裡快要滿出來的情緒。他以為只要得到玩具，一切就都沒關係了。（而我們也都是這麼想的。如果我們可以買那雙鞋、或那輛車、或得到那份工作……，一切就都沒關係了。）但想也知道，一旦他得到那個玩具，他的手足又會去拿別的玩具，而他又會變成需要**那個**新的玩具。

當孩子在等待輪到自己而情緒潰堤時，對父母來說提供扶持可能非常困難。我們大都會忍不住做點什麼來讓孩子感覺好一點。我們發現自己會想拜託正在玩的孩子放棄手上的玩具，但我勸你先試試本書這個方法。僵化的固執往往源自更大的負面情緒，而非針對任何玩具，那些眼淚需要釋放的出口，而這是一個絕佳的機會。你必須眼見為憑，在孩子大哭一場、向你「展現」他壓抑已久的情緒之後，他可能根本不在乎原本在等待的那個玩具。

以這樣的觀點，關於物品所有權與分享，家裡可以達成什麼共識呢？

一個關於家裡所有權與分享共識的例子

1. 我們家裡大多數東西是每個人共有的。當有不只一人想用某樣東西，我們就得輪流。
2. 在我們家，正在使用某樣東西的人可以決定自己要用多久、才換別人使用。但在遊樂園，我們要縮短輪流時間，好讓每個人都有機會輪到。

3. 每天早上，都要重新輪流，輪流一次不能超過一天的時間。

4. 在家裡，每個人都會有一些特別珍貴的東西，例如禮物、最近新買的東西、或有特殊意義的物品，其他人必須問過才能使用。它們通常被收在特定的地方（特定的架子上、或放在孩子的房間裡，而非家裡的公共區域），因此大家都知道這些東西的獨特性，並記得在觸碰之前必須詢問過。

5. 當有人要來家裡玩時，我們先把一些很難於分享的東西收起來。當客人來時，我們輪流的時間會縮短，好讓每個人都可以玩得愉快。

協助孩子們學習輪流

不強迫孩子分享

教導孩子們自主協調輪流

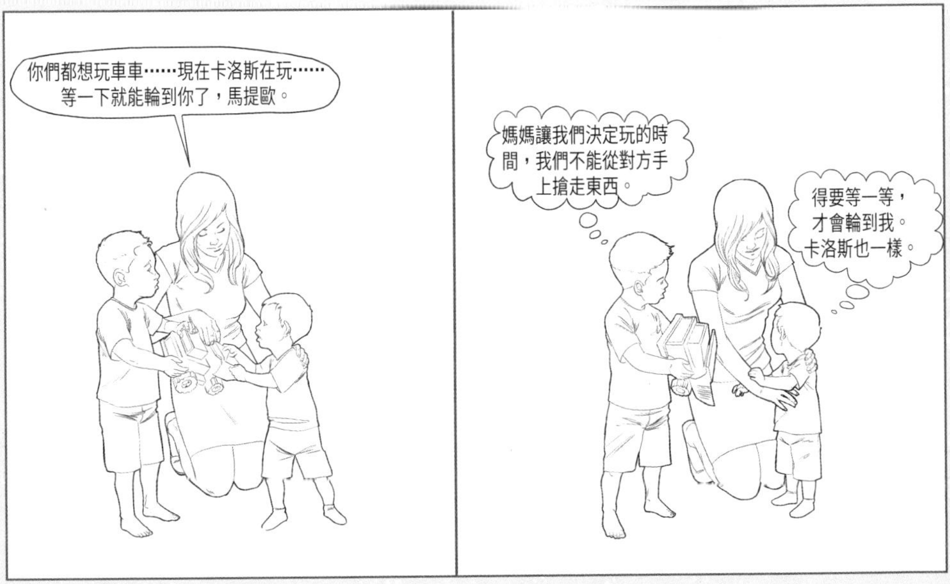

小孩子們比較能理解「輪流」的概念，甚於理解「分享」的概念。

協助孩子們發展內在的慷慨

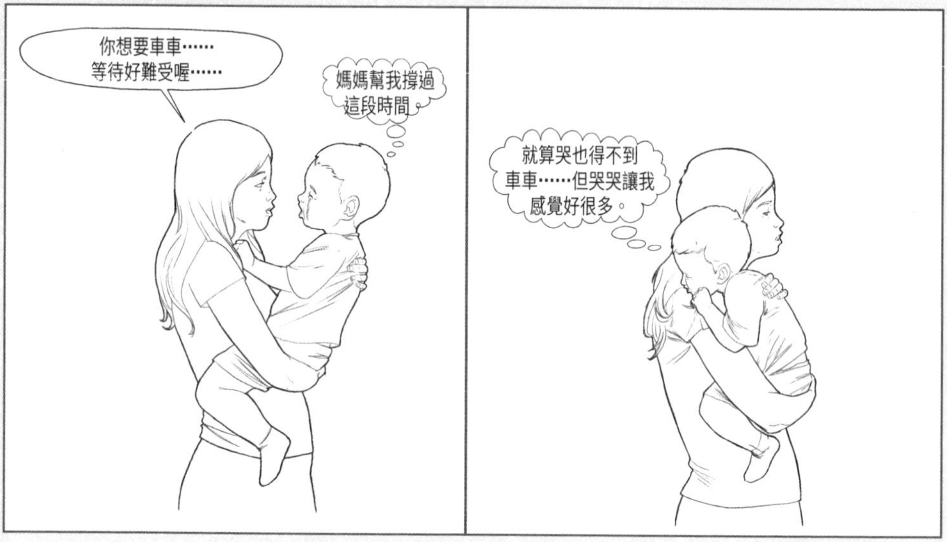

左圖：幫孩子說出他的心情，有助於他管理自己的情緒，進而更能等待輪流的時間。
右圖：當孩子心情很差時，玩具往往不是真正的重點。

相信當孩子們準備好了，他們就會輪流

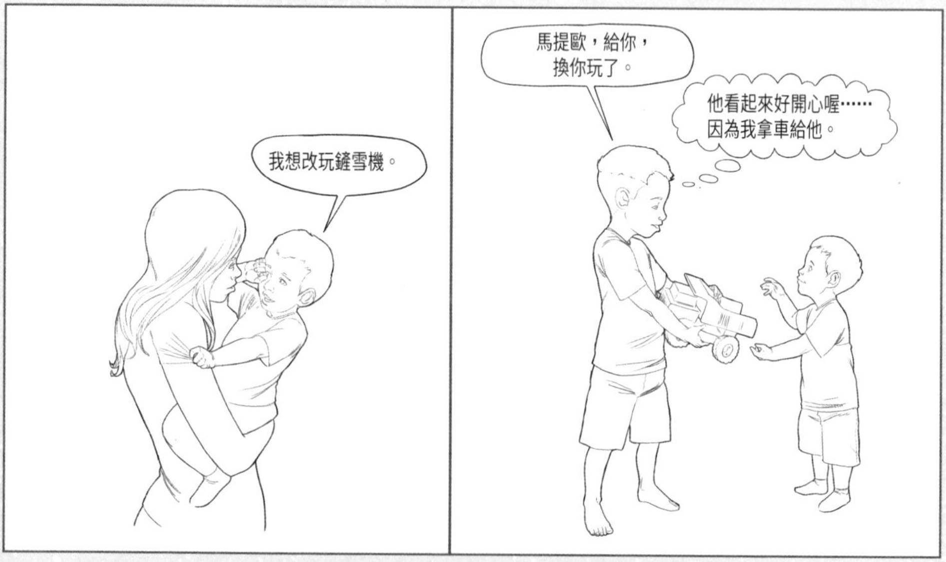

左圖：當孩子向我們展現他強烈的情緒後，他會更放鬆、更有彈性。
右圖：當我們允許孩子們由衷地「選擇」分享，他們會發展出內在的慷慨。

第7章
減緩手足競爭

「不公平！」

這真的會把父母逼瘋，你已經用盡心力要維持公平了，但孩子們依然堅持把**每件事情**都挑出來大做文章！為什麼？

● **這種對公平的知覺是天生的**。研究顯示，即便寶寶都有平等的概念，這看來是人類心智的基本設定，根植在生存機制之下，幫助我們在群體中生存。

- **孩子們很想知道你比較愛他、甚於愛手足，這樣才能確保他們的生存。**這是刻在基因中的，他們本能想要知道，萬一遇到老虎時，你會決定救誰。如果你比較愛手足，他就完蛋了。
- **孩子們與大人沒什麼不同**。他們評斷一切的基礎就是：人類希望受到公平的對待。

問題不在於孩子們渴望平等，而是他們假設你有所羅門王的智慧，能夠兩全其美。但父母根本不可能讓孩子們感覺到全然的平等，這不只是因為我們都會犯錯，更因為當孩子們之所以要求平等，是受到恐懼的驅使，而恐懼往往是非理性的。回到剛才所述：孩子們想要證明手足並未受到特寵，這樣才能確保自己的生存。

那麼，你要如何保持理智，讓孩子們感到更安全、較不競爭的方式、來處理公平的概念呢？

1. **同理**。你的孩子對這議題有著強烈的情緒，畢竟，在潛意識的層次，這攸關他的生存。嘗試與孩子爭論他的感覺不會有所幫助，由你幫他說出他內在的感受，反而能讓他感覺被理解，進而讓他停止奮戰。這是當孩子覺得事情不公平時，你所能帶給他最大的幫忙。

盡量避免與小孩爭論：「你明明之前就先玩過了呀？不要小題大作！」

同理：「你覺得好像每次都不是從你先開始，對嗎？」

盡量避免多做解釋：「他年紀比較大，所以他可以比較晚睡。」

同理：「你希望可以晚點再上床睡覺……為了準備睡覺而停止玩遊戲很難受……我相信，當你長大到跟哥哥一樣八歲時，你就會很享受晚一點睡覺了。」

注意，你並不是一直在寵孩子，說不定你很確定昨天晚上是輪到他先的，你是在讓他知道你理解他的感受，你不會多給他、也不會少給他。如果你回想一下自己被理解的經驗，你便能體會這是多棒的禮物。

2. **把焦點放在每個孩子分別想要些什麼，而不要在他們的比較與競爭中亂了陣腳**。當孩子們抱怨你偏心，你有預感這會是一連串的指控。在某種層次上，他說的是你對他的關愛與保護不夠，因為你把它都用在手足身上了。可以想見的是，你可能會被模糊焦點，開始和孩子們爭辯誰擁有什麼，但這是一場沒有勝算的辯論。你可以這麼做：

避免與孩子爭論：「我沒有給他比較多呀，你看，你這裡不是一樣多嗎？」

從孩子的表達中，點出他的需求，而不牽扯到他的手足，並向他保證：你所擁有的絕對充裕、足夠每個人都能擁有：「聽起來你已經準備好吃更多麵了，讓我看看你想要多少？我來幫你夾到碗裡。」

如果已經沒有麵了，或你不打算給他們第二份甜點呢？換句話說，你的孩子認為他得到不公平的對待，但你不可能（也不願意）任他予取予求來讓他感覺心裡比較平衡，這時該怎麼辦？「透過展現你對他的愛，在象徵性的層次處理他所感覺到的不公平。」那才是他真正擔憂的，即便他自己沒有意識到，所以，你也許可以說一些諸如以下的話：「喔，不！他的比較大片嗎？我真不敢相信！我剛剛坐在這裡，就是要確保兩片是一模一樣的大小，但你現在卻告訴我，我切割的技術出了差錯？你知道這是什麼意思嗎！就算你的那片只有小一點點，我也必須要補償給你——補償就是一百個抱抱與親親！」你把他抓來、用愛充滿他的心，你不是在取笑他、或小看他的需求，你其實照顧了他真實的需要——在你心裡，他和手足一樣重要。你讓他知道在你心裡的愛很充裕，對他來說一定足夠，不論他的手足得到什麼。當他心裡悄悄萌生你可能比較偏愛其他手足時，歡笑有助於幫他度過這種恐懼。

3. **依照需求給予物品的所有權，確保你的關愛源源不絕**。如果其中一位孩子腳長大、鞋子穿不下了，另一位的鞋子則還可以穿，向他們解釋，今天愛希雅先換新鞋，下次當艾蜜拉的腳也長大、鞋子也穿不下時，就會輪到她換新鞋。保持機靈，當愛希雅驕傲地穿著新鞋走過來時，幫艾蜜拉消化她的嫉妒之情：「看著姊姊買新鞋，而妳卻沒有，這種感覺的確不好受……別擔心，當妳必須換新鞋時，妳也會得到新鞋的。妳要知道，不論姊姊得到什麼，都不會影響到妳所能得到的。」然後，大大擁抱她一下。她真正需要的是你保證你會愛她，一如你愛姊姊那樣。

4. **不要害怕你對孩子們有「差別」待遇**。有趣的是，在一些訪問孩子們的研究中，當被問及父母如何對待他們與手足時，研究發現，只要結果是公平的，孩子們其實並不在意父母對他與對其他手足有所不同。他們也許會因為哥哥可以比較晚睡而對你發脾氣，但他們其實理解年紀比較大的本來就擁有比較多的特權、同時也承擔比較大的責任。事實上，或許在每個孩子生日之前，你可以分別找他們談談，他們認為自己已經準備好迎接什麼新的責任了呢？

5. **教導孩子們基本的「法律」常識**，讓他們能自己主持公平，而你也不須擔任法官這個顧此失彼的角色。

- **一個孩子負責平分，另一個可以先選擇**。當比較年幼的孩子會指東西時，就不再幫他們平分東西，甚至也不必幫他們挖冰淇淋了，因為這往往會演變成「誰的比較多」的戰局（這意謂你比較寵愛誰）。相對地，在你的監督下，一個孩子來做平分或挖冰淇淋這動作，另一個來選擇誰得到哪一份。
- **寫下來！**即便孩子們尚不識字，他們也會信服白紙黑字的威信，讓他們達成共識，寫下共識，並讓他們在上面親筆簽名（或「畫押」）。「蓋碧艾拉與以賽亞同意：每次上樓時，電梯的按鈕由蓋碧艾拉按，下樓時則由以賽亞按，不論在哪裡的電梯都照這個規則。」

（更多法律常識，詳見「教導孩子們基本的妥協技巧」第154頁）

6. **裝滿每個孩子心中的愛**。孩子們之所以會競爭，是因為他們需要在危險與匱乏的資源中確保自己能生存下去。因此，父母的工作就是盡力去愛每個孩子，讓他們不必懷疑我們愛手足比較多，只要他能相信父母對他的愛源源不絕，他就不必擔心。實際上，這意謂：

- 你找他過來抱抱、微笑，黃昏時一起欣賞窗外的螢火蟲，讓他知道，你很開心你是他的媽媽。
- 當他需要你時，你就出現。如果你手上拿滿東西，簡單道個歉，告訴他你等下就可以空出手來抱抱他，要記得你的承諾。
- 以一些小紙條、愛的行為或活動來帶給他驚喜，這需要花點心力，只是為人父母經常覺得心力不夠用。一個解決方法是在你的待辦事項中貼上這些主意，這麼一來，每個星期你都可以為每個孩子做一點微小而特別的事。
- 你預留一些「**特別時間**」與平時關係維持。利用星期六下午，你一次只帶一個小孩去隨處冒險。如果某個星期六他們都吵著要去，某個小孩可以先去，另一個就得等到下週才能去，你可以給點「優待」，讓必須等待的那個小孩可以擁有較長的冒險時光。

更多關於與小孩保持連結的點子，詳見《與孩子的情緒對焦》第二篇。

絕不比較

如果我當不成最好的那個，我就要當最爛的！

——艾戴兒・費柏（Adele Faber）

大多數的我們都會有拿孩子們做比較的衝動。這是很自然的，當動了肝火，我們會以為拿姊姊當成最棒的典範能激起他的動力。當孩子做了一件令我們眼睛一亮的事，我們腦中第一個浮現的、以及第一時間衝口而出的，都是比較的話語。「就算姊姊也沒在一場遊戲裡就得到三顆星星！」問題是我們的比較會增強自己對孩子們的印象，進而形成我們對待他們的方式，更糟的是，每次我們一比較，都會鼓勵孩子們彼此競爭。

那些受到父母下評論、互相比較的孩子們，無疑會更傾向競爭和吵架，聽著父母老是提及的比較言論，他們當然知道應該把誰當對手：「你現在不能好好坐著、寫作業嗎？學學哥哥好嗎？」與孩子說話時，你不須這樣比較，只要說：「規則是一放學就要寫作業，然後才是遊戲時間。」

這麼說你可能會有點訝異，但正面的訊息同樣也會造成競爭，當你說「你是我的乖寶貝……你從來不會像弟弟一樣讓我心煩」時，孩子可能感覺很好，但孩子不只會感覺到「要乖」的巨大壓力，他也必須讓弟弟保持在「壞孩子」的角色，不然他該如何在你心中維持自己特別的位置呢？

這就是小孩會習慣告狀、嘲笑與彼此仇視的原因。一位卓越的手足關係研究者茱蒂・鄧恩指出，每份關注母親與每個孩子互動的研究都發現「父母對手足之間所展現的行為差異，清楚地揭示了手足衝突的頻繁度……以及手足關係的品質。」

你如何破除比較孩子們的習慣呢？《和平共處的手足》作者艾戴兒・費柏與伊萊恩・馬茲里許說：「關鍵就在『描述』，描述你所看見的、描述你喜歡什麼、描述你不喜歡什麼，或描述什麼事必須被完成。重要的是把焦點放在孩子的行為議題上，哥哥做了什麼都與他本人無關。」

盡量避免：「伊凡，你沒有收好應該收的積木，看看哥哥已經收多少了！」

描述你所看到的，以及什麼事必須被完成：「伊凡，我沒看到你收任何一塊積木……現在，它們都要被放進箱子裡。」

盡量避免：「我希望妹妹能學著跟你一樣，你鋼琴已經彈得比她好太多了！」

描述你所看到的，以及你喜歡什麼：「瑪迪森，這半小時裡我都在聽你練琴，你努力練習很難的那段，我好感動，現在聽起來順多了！」

如果你仔細注意，會發現比較的心態來自於自己的內心。比起話到嘴邊才踩煞車，從自己的心裡就把這個念頭刪除掉容易多了。訓練重構或檢視自己的想法，彷彿你現在就只想著這個小孩。例如，如果你發現自己正想著「哈波就是不如艾莉莎那麼好學」，請克制自己，把這個想法重構為「我擔心哈波沒那麼喜歡上學」。你會注意到，當你更專注於每個孩子的主體性，而不是在手足間做比較，便能更清楚地看見孩子的掙扎，以及他需要你扶持的地方，而不只是看到他哪裡不如手足。

如果孩子之間互相比較呢？

每個孩子都能感覺到自己在父母眼裡是特別的。孩子們老是被拿來比較，他們的生活充斥著被評定：學業成績、棒球隊中的打擊順序、賽跑或比賽。家裡是唯一不必自我評價、與他人比較競爭的地方。

——威廉・希爾斯博士（William Sears）

「比較」是人的天性，隨著我們年齡增長、得到智慧，如果夠幸運，便學會抵抗。為什麼要變成那樣？畢竟，在每個領域中，總是會有人比較好、有的人比較不好。

然而，孩子們仍然在建立自我認同，這個歷程中部分仰賴他們拿他人與自己比較：對，我是那樣，就像她……不，我不是那樣，我不像他。所以，他們必然會拿他人與自己比較。當孩子說出比較性的評論，你要練習以孩子本身作為獨立個體的價值來回應，不要把他人拿來做對比，例如：「我現在感興趣的是你這個人，你有什麼感覺、你做了什麼，你是我心中獨一無二的萊拉。」

尤其當孩子們認為手足擁有某樣他熱切渴望、卻沒擁有的事物時，上述這種心態極為重要。「班傑明從來就不會像我一樣在學校闖禍……那是因為他沒有過動症，沒有人像喜歡班傑明那樣喜歡我，連你也一樣！」

大多數父母的回應都會點出：班傑明沒有過動症，所以一切對他來說都比較容易。但這只會讓嫉妒火上加油（「**為什麼**每件事情對班傑明都比較輕易，但我卻要苦苦掙扎！」），相對地，同理與讓他放心不論如何，只要他當自己便已足夠，不須與手足有任何關聯。這是他真正想要知道的。「我無法愛任何人像我愛你那麼多，艾登……我知道你在學校有多努力要控制自己，每當你這麼做，你都是在訓練自己的腦部、你都在做得越來越好，你知道嗎？就算要讓飛奔的腦袋與身體慢下來再怎麼困難，對我來說、對這世界來說，你都是獨一無二的，因為你是世界上唯一的艾登……我很高興你出現在我的生命裡！能當你的媽媽我好幸運。」

避免貼標籤

為了要讓每個孩子有所成就，許多父母會認為，應該要鼓勵他們的天分與聰明，而以另一種角度來鼓勵他的手足。這樣的方式，會讓你小音樂家女兒與小運動家兒子得到一樣多的稱讚，然而其實，一個孩子是「藝術家」、而另一個孩子是「運動家」，對他們兩個來說都是畫地自限，你其實損害了他們的自尊，也創造了更多的手足競爭。

我的意思是什麼？想想你自己的人生，在你長大的原生家庭裡，誰是聰明的孩子？漂亮的孩子？其他孩子們只能無奈地承受這種比較，也許一直很努力要證明自己的價值，但那些在掌聲中的孩子也很煎熬。首先，他必須要保護自己所處的地位、不能被比下去，這將會造就一些難堪的手足敵意，手足的每項成就對他而言都是一種威脅；再者，他的壓力無比沉重，如果他在某些時刻並不是最聰明的？他依然夠好嗎？也許不要上體育課會比較好，只要固守自己比較拿手的領域就好；這就是為什麼在孩子們頭上冠上某個光環，反而會損害他的自尊。

另一個大問題是，任何人都不是單向度的，也許表面上看起來你是聰明的、而姊姊是漂亮的，但其實你們兩人都既聰明、也漂亮。為什麼一個孩子傑出耀眼，會對另一個孩子造成不利？假如你的兒子足球踢得比較好，但你女兒也同樣喜歡踢足球呀！或者你女兒很有彈鋼琴的天分，但你兒子也很著迷於彈鋼琴，或者他可能嚮往試試學小提琴，但他害怕自己無法達到姊姊的水準。為什麼要這樣剝奪任何一個孩子在探索自己天分與興趣過程中的享受呢？

悲慘的是，我們往往帶著自己兒時的角色長大。在《和平共處的手足》書中，父母團體中的成員描述，他們的父母如何不加思索地，為他們與手足間套上不同的角色，例如：那個「負責」的孩子、或那個「野」孩子。每次我閱讀他們的說法，看著這些大人到現在依然帶著成長過程中所經歷的痛苦，我總是會熱淚盈眶。要激發孩子們的動機、或讓他們感覺到自己的獨特性，從來就不須以貼標籤的方式達成。貼標籤曾造就持續一生的痛苦、讓孩子們套著永恆的模型。

1. **不要讓孩子過度欣賞自己天生的能力**。你可以說：「你喜歡踢足球，你不須效仿哥哥，你是不一樣的人，你可以做自己，做你所熱愛的事。如果你勤練習，就會一直進步。」

2. **注意自己是否因性別或年紀而為孩子設定某種角色**。「這是我的大孩子，這是我的小寶貝。」實際上應該是，這是葛瑞絲、這是漢娜。太重視孩子在家的排行，會增強出生序的刻板特性，將葛瑞絲套上負責任、有成就的角色，而漢娜則發展出社交的認同、或藝術家、或大家的開心果。

或者，也許你會以性別來介紹他們：「莉雅是我的小姑娘，艾倫是我的小帥哥。」究竟是男是女有什麼意義？性別角色在我們的文化中有沉重的包袱，你不會希望孩子誤以為自己非得符合性別角色才能得到你的愛，尤其當艾倫愛上芭蕾，而莉雅對籃球與數學極有興趣。

3. **避免貼標籤**。喬納森不是你的「科學小王子」，他就是喬納森，除了科學之外，他還有各種興趣、優勢與弱點，當某樣熱情燃起時，便讓他好好追求，而不要替他決定他要走哪一條路。

4. **欣賞孩子的獨特性，不把他們和手足做比較**。他如其所是，而不是某人的弟弟，不說：「你球快要丟得跟哥哥一樣遠了！」只說：「哇！你看你把球丟得多遠呀！」

如何讚賞每個孩子，而不激起競爭

我注意到，如果我對每個小孩有更多無條件的愛，他們便能對彼此這麼做。同時當我跟他們待在一起時，我的心思能專注地與他們同在，而不告訴他們要做什麼、或應該有什麼感覺，他們與彼此相處時也能更放鬆、更互相扶持。

——布蘭達

所有的父母自然會對孩子們流露讚賞之情，每個孩子也值得受到讚賞。儘管這也許有點矛盾，但對於一個自我感覺不那麼好的孩子來說，手足的成就有時候是一種刺激。就算孩子們有安全感，看著父母對手足感到那麼驕傲，心裡難免也會好奇自己是否一樣那麼有價值。

然而，我不認為解決方法是避免讚賞自己的孩子們，更好的答案是：確保對每個小孩的讚賞都是足夠的！因為當孩子們能看見彼此的成就，將會強化他們的手足關係。研究顯示，當他人能賞識我們的成就、當做了某件對的事為我們鼓掌時，我們將能感受到與他的連結。有一份研究發現，只要孩子們相信父母是公平的，他們便不會介意父母對不同孩子們的方式有所不同。記得嗎？其實只要孩子們相信自己的努力會得到讚賞，他們也相當樂見手足因為努力而得到讚賞。

或許要在家庭文化中養成讚賞每個家人的習慣，需要更多敏銳細膩的指引，不過這有助於孩子們體會到，手足的成就不會對他形成剝奪，家人間能以彼此的努力與福氣為傲。

1. **晚餐時，例行性地向每個人的成就致敬。**確保每個人都得到足夠的致敬。
2. **期待孩子們參與彼此的表演與重大事件，**祝福對方「好運！」，結束後說：「做得好！」要讓他們參加每一場比賽或練習嗎？非必要的話就不必了，若是很無聊，會讓他們心生不滿。但較大的事件呢？當然要參加！
3. **慶祝生日時，讓每個人的參與都占有一席之地。**為了避免手足嫉妒，讓每個孩子一起參與慶生的規畫，他們便有了付出。小壽星可以決定他想要什麼蛋糕，但其他小孩會幫忙烘焙，並一起花時間布置、幫忙選擇和包裝禮物。小壽星則可以選個小禮物給手足，創造彼此之間的互惠關係、也養成在生日時有所付出的習慣。因為大家為了家庭活動而投入好幾天，每個人都參與其中。

4. 在聊天討論時，**不要流露某個孩子「獨享」特定興趣的態度**。如果亞列漢多在學校演出裡總是擔任主角，而湯瑪斯好不容易才剛入選一個小角色，確保湯瑪斯同樣得到賀喜、不須和亞列漢多比較。你不須說：「如果你繼續努力，就能跟哥哥一樣表現那麼好。」可說：「敬海盜湯瑪斯，乾杯！你在舞台上怒視觀眾，那一幕看起來真是惡狠狠！」

5. **讚賞時心思要細膩**。試著想像你的孩子一進家門便迫不及待、當著手足的面大叫：「媽媽，我今天比賽最後踢出致勝的一球！」想必你也會被他的興奮感染，並回應他的驕傲：「哇！快告訴我們那是怎麼發生的！……你之前努力練習終於有了回報！……你一定對自己很驕傲……擊掌！」

但不要用「最高級」來捧他，「你是最棒的足球員！」

聽起來「你踢足球是在追尋哥哥走過的路！」對兩個孩子都像鼓勵，但實際上這很弔詭，會激起比較，不難想見他心裡會想，「有一件事情，為什麼不能我做得好就好，不必與他人有關？為什麼哥哥總是早我一步變得比較厲害？」並會感到自己必須超越哥哥。原則上，我們應避免比較。孩子如其所是的樣子，便足以得到我們的讚賞。

即便你真的很驕傲、迫不及待想要分享這個好消息，也不要說：「我們來打電話給爸爸！」因為這麼做，在手足眼裡，你把這份成就捧上天了。關鍵在於，你同理孩子的興奮與驕傲，而不是在他的成就裡宣揚**自己的**驕傲；意思就是，你不要在孩子們面前打電話向奶奶誇耀此事，即便你同時向奶奶表揚三個小孩，他們仍不免會懷疑，比起卡蜜拉學會完美地側翻，奶奶應該對米蘭達拿到最高分的印象最深刻吧？

我們可以晚一點再私下告訴孩子自己有多驕傲嗎？當然可以，不要錯失這個機會。只要扯到手足，他不須聽到已經快要和哥哥一樣厲害了、**或者**他比哥哥更厲害。這件事只跟他自己有關，而你會希望孩子不要覺得，自己表現如何將影響你對他的愛。「你為了這場單字比賽好努力，真的讓我很感動……我一點都不訝異你會贏得冠軍，你是這麼努力，但我知道競爭很激烈，我為你感到驕傲！你一定也對自己很驕傲！」

誰能按電梯按鈕？

我真的不懂，誰按電梯按鈕到底有什麼好爭的？

——茱蒂

也許是因為好玩，也許是因為那決定了等下要去哪裡，也許是物以稀為貴——只有一個按鈕能按。

但我想，這個普遍的衝突點有著更深的根源。試著想像你與姊姊一起出席某次晚宴，主人問了她一個問題，她的回答如此優雅、機智而滿腔熱忱，在座每個人對她的一字一句都頻頻點頭。在接下來的晚宴中，姊姊成為全場注目焦點，沒有人注意你、或找你講話，所有的目光都在姊姊身上。這一晚結束時，也許你心裡會有一點嫉妒吧？

這就是孩子們按下電梯，他的手足會有的感覺。我知道，這兩個情境怎麼能相比呢？但這就是孩子們的感覺。

所以，下次走進公用電梯，孩子們為了搶在手足之前按按鈕，一邊尖叫、一邊推擠旁邊的老奶奶而往前衝，我們可以怎麼做呢？

1. **如果一個孩子已經按下按鈕，另一個很難過，同理他。**接著問孩子可以怎麼解決，你可以說：「庫柏想要按電梯按鈕，而卡登已經按了，有什麼好的解決方法嗎？」第一次這麼做時，你也許須提供建議，「如果庫柏按關門鈕，等一下我們下樓時，你們交換按，這樣好嗎？」

2. **如果你經常會搭某座電梯，而這是紛爭之地，善用這機會讓孩子們學習解決問題。**「每次我們去我的公司，你們兩個都想要按按鈕，每次都要吵這個。在家裡，每當意見不同，我們就一起想辦法解決。所以你們的任務就是在我們明天去我公司時，你們要找到一個可以解決這問題的共識。」

對比較年幼的小孩，你必須跟著一起討論，因為孩子們越長大便越有能力與彼此協調。你可以說：「請你們現在討論一下，我很期待在晚餐時，可以聽到你們達成怎麼解決的共識。」確保這個解決方法有被寫下來，並被張貼在布告欄上，好讓你可以在下次要去公司**之前**，再提醒這點，直到這個共識變成習慣。

你可以運用這個方法來解決所有一再發生的問題，如果孩子們為了在車上由誰選音樂而爭吵不休，指導他們找到解決方法，例如把輪流的順序寫在車上的記事本上。確保把解決方法張貼出來，這樣下一次這件事再度重演時，你手邊就有他們既已達成的共識。

幫忙孩子們消化競爭的感覺

舉凡紙牌遊戲、桌遊、鬼抓人、樂樂棒球，不論我們怎麼努力幫忙，最後都會因為某個孩子輸不起而以大哭崩潰收場，即便只是「可能會輸」的壓力，他們都承受不住。

——諾拉

大多數父母都很喜歡家庭遊戲夜，這是一個增進手足連結的大好機會！然後美夢就破滅了，大多數遊戲最終都只會有一個贏家，這意謂你勢必要處理至少一個、甚至不止一個崩潰的小孩。學習面對輸與失敗，對**任何**孩子來說都很不容易。

我想，當輸掉時一定會有些不舒服，而這值得你能同理他。同時只要不是同一個孩子每次都輸，輸的經驗讓孩子們能學習到：輸了又不會怎麼樣、日子還是會照常過下去。這其實對孩子們是有好處的，它讓孩子們建立起心理韌力。

然而，有些方法可以幫助孩子們渡過這些感受，並讓比賽對每個人來說都更有樂趣。

確保自己不會無意間激起競爭

我們已經討論過大多數父母容易無意間激化手足競爭的做法了。

1. 父母站在某個孩子那邊，一起對抗另一個孩子。「不要再踢你姊姊了！」
2. 父母拿孩子們做比較。「你就不能像哥哥一樣，讓我好好刷牙、不要動來動去好嗎？」
3. 父母在孩子們身上貼標籤。「他比較有腦袋……她是小惡魔。」
4. 父母放任與某個孩子之間的關係持續惡化，而不再親近。

另有一件事情看似無傷大雅，且對於管理孩子們的生活很有幫助，我們大多都曾做過。為了鞭策孩子們，誰不曾試過挑起孩子們之間的較勁？「誰先穿好睡衣，就能先聽媽咪講床邊故事。」但這個做法會讓孩子們習慣為了得到你的愛而與手足競爭，而且總會有個孩子比輸了，這會激發心裡的怨懟與更多的衝突。你真的希望家裡永無止境地播放著的主旋律是「我贏了！」……「不公平！」……「我先的！」……並不斷夾雜「戰敗者」的哀號嗎？

1. **讓輸變得比較能被接受。**例如，比賽中有一條規則：贏的要負責結束後的清潔，這對輸的來說至少是個安慰。（贏家沉浸在勝利的光芒中，他根本不會介意，如果你也一起幫忙，就沒問題了。）
2. **如果其中一個孩子們總是贏不了，你可以加入遊戲、和他一組。**
3. **找一些需要團隊合作的遊戲，而不只是彼此競爭。**研究顯示，比起玩競爭性遊戲，玩合作性遊戲的孩子們將會比較願意合作，較少攻擊性、也較不好鬥。有許多很棒的合作性桌遊，例如：大貓入侵（Max）、神祕鐘樓（the Secret Door）、數雞趣（Count your Chickens）與禁忌之島（Forbidden Island）等，提供了有趣的手足連結，同時也教導孩子們認知技巧與情緒技巧。相對的，抱歉！（Sorry!）這類桌遊的遊戲策略則是鼓勵孩子們算計彼此。

4. **阻止孩子們幸災樂禍。**「你贏了當然會很開心呀，這沒有問題，只是看在別人眼裡會不太舒服……我們家的規則是要對彼此好……贏了之後過度炫耀並不是很好的運動家精神。」同理他，即便贏得勝利後會很高興，家庭遊戲的精神在於好玩有趣，並讓彼此都樂在其中。

5. **孩子們需要有些贏得勝利的經驗。**因為他們在生活中，不論是與同儕或手足，經常嘗到敗北滋味。因此當你和他玩時，讓他贏幾次。這對於個性比較有競爭衝動的父母來說，可能有點難。之前有許多父親問過我，如果我們放水讓小孩贏，那孩子們要怎麼學會「公平競爭」？但想想看，身為父母，每次你贏他都是靠著身形、力量與經驗的優勢，何來公平可言？何況，他也認定自己會輸，想當然耳，他回頭便會去找手足，讓手足也體會到他剛才那種輸的滋味。

等他長大到一定歲數，他可能會懷疑你到底有沒有認真在玩，你可以說：「你覺得我不夠認真嗎？好，我要使出全力了！看我這招！」表現得稍微好一點。慢慢地，你將會逐漸全力以赴，終而，你的小孩將會光明正大地贏過你，而絲毫沒有傷及他的自尊。

6. **協助孩子們同意一起遵守規則。**玩遊戲時，孩子們往往會因為弟弟妹妹沒有遵循規則而生氣。如果告訴他們弟弟妹妹還在學習規則、並不是故意要「作弊」，會對這種狀況有幫助。你也可以告訴幼兒：「哥哥說他今天想要按照認真的規則進行遊戲，看起來你想要用大家都不知道的規則玩……這是怪怪規則嗎？你會想跟哥哥一起用認真的規則玩嗎？還是你會想跟我一起到廚房，幫我做三明治？」

7. **如果孩子習慣作弊，單獨和他玩，逗他發笑。**《幫助小孩茁壯成長》（*Helping Young Children Flourish*）作者阿萊莎・索爾特（Aletha Solter）說：「作弊意謂孩子們需要有人幫忙他消化無能挫折的感受。」當你單獨和孩子玩時，允許他偷吃步，假裝你沒有發現，但大聲地哀嘆自己表現不好、表達你很困惑為什麼一直輸，孩子一定會笑得合不攏嘴，而笑會療癒那導致他作弊的「我不夠厲害、不夠好」感覺。在贏了你幾場之後，他與手足玩時，比較不會作弊。

8. **當情境對弟弟妹妹而言太不平等。**建議他們想一想能否讓弟弟妹妹先起頭，或是給一些特別的加分機制，例如讓他有權利要求「重來一次」來挽救。依照孩子經驗與年紀的不同而做調整。

9. **不論輸或贏，都逗孩子們笑，藉此消弭情緒張力。**大多數孩子們會因為輸了而感到沮喪，它引發的是人類普遍對自己的失敗、「我不夠好」所產生的焦慮。歡笑則會減輕焦慮，如何讓孩子們笑呢？勞倫思・柯恩在《遊戲力：陪孩子一起玩出學習的熱情與自信》中建議，父母可以在每次骰子投不中好數字、對手太強、遊戲失分時，都發點牢騷（並確保自己輸掉遊戲）。我補充一點，發牢騷時盡量逗得孩子們哈哈大笑，讓他們不會因為贏過你而有罪惡感，笑你輸掉遊戲並不會讓他們變得壞心刻薄。這有助於他們消化掉內心的恐懼，當他們輸的時候更能保持風度與愉快心情。

出生序與競爭

有些競爭的感覺來自於孩子們對自己出生序的意識，即便父母努力避免讓老大享有特權、讓老么享有專寵，孩子們往往還是會因為自己不是老大或老么，而覺得一切對他很不公平。然而，現今大多數研究都相信，比起在家的出生序，孩子們天生的氣質對於人格個性有更大的影響。同時，對父母的好消息是，你教養孩子的作風將會改善出生序的影響，如同陶德‧卡密爾（Todd Cartmell）博士提醒我們的，「出生序的效應並非導因於孩子的天生氣質，而是孩子在家中與手足**相處的經驗**所形成的結果。」換句話說，身為父母，**我們**對待孩子們的方式，至少會在出生序的眾多效應中占有一席之地。

因此，透過我們能看見、並肯定每個孩子都是獨特的個體，同時確保每個孩子都得到他所需要的關注，可以降低出生序的負面影響。這容易做到嗎？不，因為凡是擁有不只一個孩子，父母的時間總是不夠用，但想想看，如果你的介入夠細膩，便能為每個孩子提供扶持：

1. 老大往往較有責任感、較容易擔憂，也較傾向透過效仿父母來取悅父母。父母可以同理他們的難過心情來扶持老大，而不要一直期待他們總是要「像個大孩子」。協助他們以歡笑減輕焦慮，鼓勵他們追尋自己的熱忱。並記得，每個孩子都需要一點「當個小寶寶」的時間。
2. 出生序位於中間的孩子們，往往較不受重視，因為家裡似乎沒有專屬他們的位置，他們往往較少得到父母的關注，因此可能會調皮搗蛋。要幫忙他們，父母盡量避免自己被他們的調皮搗蛋激怒，去了解這些行為的背後，出自於孩子們渴望與父母有所連結與獨處。

3. 老么往往會從哥哥姊姊所未接觸的領域中找到自己的定位，因此他們比較可能精熟於社交或藝術。父母若能讓孩子們肩負自己的責任，認真把他們的選擇與興趣當一回事，便是對他們的支持。老么在手足關係裡經常感覺自己擁有較少的權力，其他場合裡他們需要擔任比較年長、負更多責任的那一方，他們需要有這樣的社會經驗。

不論是對老大、老么或中間的孩子們，如果你想要知道更多如何提供扶持的方法，可以從育兒網站 AhaParenting.com 中找到許多相關文章。

如果你比較偏愛其中一個小孩？

童年裡最沮喪的經驗，莫過於感覺到別人比較受寵愛。

——阿爾弗雷德・阿德勒（Alfred Adler），現代心理學創始人之一

許多父母發現，某個孩子確實比較惹人疼愛。既然孩子這麼想要知道你愛他比愛他的手足更多，你也確實比較偏愛他，為什麼不能就此默認呢？

1. 孩子會對手足感到非常有罪惡感，而這不利於手足關係的建立。
2. 孩子也許會為了鞏固自己備受寵愛的位置，而覺得必須打壓手足。
3. 孩子會暗自懷疑，你也對手足講了同樣的話，這會破壞他對你愛他的信任。
4. 如果發生爭吵，他可能會脫口而出、把這件事告訴手足。即便他不講，你也可以想見他們將會自己發現，而這無疑會對他們接下來的人生造成糟糕的後果，手足們也將不會善待這個孩子。

很多時候，孩子想要的不見得對他們是好的，「想要知道你**最愛他**」就是一個例子，他真正需要知道的是，你不會再愛別人更多了。有兩件有手足的孩子需要聽到的事，記得嗎？（你不可能再愛其他人更多了；不論他的手足得到多少愛，你對他的愛永遠充足！）

如果你就是覺得自己與其中一個孩子不那麼親近呢？也許是因為這個孩子常反抗你、把你推得遠遠的、他很愛計較；也許是因為這個孩子與你不忠或殘酷的前夫相似；也許單純只是因為他很難帶。我想藉機熱切地懇求你，每個孩子都需要來自父母無條件的愛，無條件意謂沒有任何條件，不是「如果你不要找我麻煩……」或「如果你像哥哥一樣……」，而是毫無條件的。你的小孩無法決定自己的出生、形塑他的基因乘載，環境條件也並非他自己所求，他當然可以做更好的選擇。如果他是個小天使，我一定會很替你開心，但每個小孩都理應得到父母百分之一百一十的支持，即便哥哥在任何方面都不須父母操心。你對他無條件的愛會是他一生中最無價的至寶。我見過無數個感到「父母永遠最愛手足」的大人，終其一生都為此受傷，不要讓你的孩子變成這樣的人。

如果你注意到自己對其中一個孩子較少投入情感，你可以怎麼做？

1. **刻意把眼光看向正向因子**。告訴孩子你所看見的：「我喜歡看你踢足球！」
2. **如果在當下，你找不到什麼正向的觀點，從過往經驗中尋找**。「我記得你那個時候好勇敢……」
3. **花更多時間在你覺得較疏遠的孩子身上**。想一些你們可以一起做的、正向而有趣的事，每天都找一些共同歡笑的時光。
4. **當你發現自己正在做負面評價，即便沒有說出口，也要停下來、重新調整自己的視角**。找到正向的部分，從「他為什麼就是停不下來？」變成「他的活力這麼充沛，他的一生能成就好多事情呀！」

如果你發現自己和某個孩子相處真的比較困難，不要拖延，尋求專業協助。每個孩子都理應得到你無條件的愛，每個孩子都理應是你的最愛。

第8章

預防競爭、增進連結的方法

本章充滿著許多想法，有助於建立手足親密感的家庭文化，但它們並不會無端奏效。我把它們安排在這裡，因為這些想法就像蛋糕上的糖霜，糖霜可以畫龍點睛般地讓蛋糕一下子變得無比美味，但我們需要先有蛋糕，糖霜才派得上用場。

如果你已經閱讀完前面的章節、並付諸實行，那麼你已經準備好稍做微調，我們來參考以下一些創造堅固家庭文化的方法吧。

期待孩子們看重彼此

有效預防手足競爭的方法，就是儘早協助他們看見彼此的價值，好讓他們知道與手足的那份關係是很特別的、將會陪伴他們一生，他們可以依賴彼此、互相幫忙。

——羅利・克雷瑪，手足競爭研究者

你對孩子們的期待會打從根本地影響他們的關係，在薇琪・史塔克（Vikki Stark）所著的《姊妹與我》（*My Sister, My Self*）書中，她訪談了超過四百位女性、青少女與小女孩，了解她們與姊妹之間的關係，「我一再發現，那些關係親近的姊妹往往來自重視關係的家庭，」她說，「這是家庭文化，妳們是姊妹、妳們這一生中有彼此可以依靠，家人希望妳們擁有親近的關係。」

這並不代表非正向不可，孩子們不可能無時無刻都相親相愛，（即便是大人也做不到呀！）任何人朝夕相處，有時會對彼此生氣是很自然的事。然而身為一家人，如果我們可以在心裡有一份期待：我們會盡力處理好事情、我們非常看重與彼此之間的關係，手足之間這份特殊的連結是很珍貴、必須受到保護的，孩子們終能感受到我們的這份期待。要怎麼做呢？

1. **舉辦家庭節慶，讓手足都參與其中。**家庭的傳統與儀式有助於手足之間的連結，這是一種對家庭的認同，「我們是閱讀世家！」或「我們是探險家庭！」這讓孩子們感覺自己是團隊中的一員。

2. **明確教導價值觀，包含友善與支持。**帶有價值觀的家庭規則與座右銘（詳見第三篇），為孩子們之間的手足關係提供正向的框架，與他們談談家庭的意義：「我們是一家人，我們彼此照顧……我們互相支持……互相欣賞……我們會一起解決事情……我們會一起慶祝。」

3. **明確教導情緒智能。**告訴孩子們，沒有人是完美的，而當陷入困境時，我們都需要彼此的同理與原諒。一旦孩子們了解並感覺是重要的，自然會有所行動。而我們必須要為自己選擇的行為負責，他們將會對彼此更寬容諒解。

4. **鼓勵每個人的獨特與不同。**經常與孩子們談論，家裡的每個人都各有不同，這將會帶來不同的觀點，讓孩子們知道他們本來的樣貌便會受到尊敬與重視。每個人都是家庭中不可或缺的一份子，孩子們可以與你不同，也可以與手足不同，看見這些差異，談論它們、欣賞它們。「對呀，你很喜歡巧克力冰淇淋……我比較喜歡焦糖口味的，每個人都各有所好，這真棒，對吧？這就是這個世界之所以這麼有趣的原因！」這也有助於孩子們看見自己的獨特性，這麼一來，他們便不那麼需要與彼此競爭了。

5. **製作一本「手足之書」，協助他們以正向的眼光看待關係。**專門為他們打造的書有助於孩子們了解到，即便他們也許會發生衝突，依然能修復與解決，你可以在AhaParenting.com網站上找到「一輩子的兄弟」（Brothers Are Forever）這個範例，你可以下載Word檔、填上自己的內容。

6. **告訴孩子們，他們有多幸運能擁有彼此。**問問他們：「你覺得擁有哥哥／弟弟最棒的是什麼？」或「你從姊姊身上學到最酷的是什麼？」

有助於增進手足連結的家庭習慣

當孩子們受傷時，我會先退後一步，讓他們彼此安撫。要阻止自己不去照顧那個受傷、啜泣中的兩歲小孩，並不容易，但看著哥哥姊姊關愛地去擁抱他（或反過來，弟弟妹妹去擁抱哥哥姊姊），是無比感動的事。我的小孩會對彼此尋求擁抱與安撫，那是我最愛的畫面。

——梅琳達

1. **早晨互相抱抱。**每天小孩起床時，留個五分鐘的放鬆抱抱時間，我知道，這聽起來根本做不到。但如果其他事情都已經準備好了，便能空出五分鐘的放鬆時間。這個時間，你可以和小孩連結，這將會讓這個早晨變得很不一樣。在展開一天之前，你便已將小孩心裡裝得滿滿的，而晚上重聚時，再與小孩重新連結，這將讓小孩更想與你合作，而不是想要和你或手足起衝突。如果不只一個小孩爬上床、想依偎在你身旁呢？那就抱抱每個孩子！

2. **家庭善意日記。**買一本有綁帶的書、或用橡皮筋把一疊紙綑綁起來、或把一疊紙裝進活頁夾，貼上「我們的家庭善意日記」標籤，並讓孩子裝飾它。你也許疑惑「善意」指的是什麼？如同達賴喇嘛所說：「當有機會時便對人友善，處處都是機會。」接著，注意孩子們之間的友善行為，把它們寫在日記上、標上日期。

「凱特琳的城堡搖搖欲墜時，布洛迪幫忙她重新蓋好。」

「凱文與麥可分享自己從學校買的餅乾。」

「納塔雅幫忙玉里按電燈開關，玉里好開心。」

「今天在雜貨店，艾維提議我們可以買橘子給戴米恩。」

很快地，孩子們會敏銳觀察生活中彼此之間的小小善意，並請你幫忙記錄下來。在你注意到之前，他們便會有更多善待彼此的靈感。說不定你想要明確地鼓勵家人每天都對彼此好，指出善意能讓每個人的心裡暖暖的，給予的一方與接受的一方皆然。

3. **每天練習說出彼此幫忙的事蹟**。你可以說：「我注意到當萊恩不小心受傷時，你跑去安慰他……他一定很感謝你。」或「我看見你幫薇多利亞穿睡衣，你真是貼心！」

4. **大家合作完成家事**。每個孩子都想要有所貢獻，因此與其找點事來讓孩子們幫忙家務，不如讓孩子們覺得自己也在為家庭做點什麼。如果你試著教孩子們熟悉某件特定的家事，那我們必須先邀他們一起做。如果讓孩子們彼此合力去做，那便是促進他們團隊精神非常棒的方法。給他們需要合作的任務，讓他們慢慢摸索如何合力完成。

5. **讓孩子們彼此滋養、照料**。當某個孩子受傷了，讓家人都有機會學習停下遊戲、去關心受傷的人。停下來觀察，看看其他孩子是不是會靠過去照料受傷的孩子，拿OK繃或冰袋，或當你在包紮時讓孩子當你的小幫手，讓其他孩子一起參與這過程。威廉・希爾斯博士描述了一個可愛的練習：「如果某個小孩受了傷，不論是身體上或心理上的傷，其他孩子被鼓勵去安撫他、幫他減輕痛楚，我們稱之為『把手搭在他身上』。正處於壓力下的孩子（不論是面對即將來臨的考試，或情緒或身體上的受傷）將能感受到家人的關懷。家人把手搭在他身上，平靜地為他祈禱能安然渡過。」

6. **拍照時，記得拍些孩子們的合照，及各自的獨照**。孩子們會在自己的獨照中看見你對他的愛，而孩子們待在一起的畫面，則象徵他們之間可貴的手足連結。

7. **每天晚餐時光，讓每個人分享今天最棒與最糟的片段**。如果最棒的片段與手足有關，好好慶祝與享受；如果最糟的片段與手足有關，則同理說話的人（「聽起來，今天和茉莉因為遊戲規則吵了一架，你真的很受傷……」），因為心情已經冷靜下來了，另個孩子也許能講點友善的話。如果不然，則由你來說，但不要選邊站：「要玩同個遊戲，但兩個人意見相差太大，這真的很困難……有時因太喜歡與彼此玩了，所以會願意各退一步、改變自己的玩法，好讓彼此可以一起玩……也許明天可以試試看這麼做，你們就可以玩得比較順利了。」

何必要冒險揭開瘡疤、製造情緒張力呢？因為這可以創造修復裂痕的機會。有時候孩子們會自動這麼做，有時候則可以由你以正向觀點「描述這段故事」。如果最終在晚餐時依然太難受、或解決不了，你便有機會把它列為待解決的事項——「聽起來你們兩個對於如何一起在沙坑玩的這個問題，還是無解……對這件事有不一樣的想法，是沒有關係的……這是可以解決的，只是不是現在，我們明天早上再來討論這件事，這樣可以嗎？」

你已經講得很清楚，給他們另一個理解這情境的角度，因此他們在今晚上床睡覺前，不至於對彼此心懷怨懟。

8. **心存感激**。在晚餐或睡覺前，每個家人都練習對彼此表達感謝。如果每個人僅須講出感動他們之處，會最有效，因為這樣不會讓發言的人被大家注視著（這就是第306頁「家庭會議」中描述的一種「感謝」）。

9. **在睡前，讓孩子們彼此互道「晚安」與「我愛你」**。有些家庭會讓哥哥姊姊為弟弟妹妹唸睡前故事，這是一個增進連結感的好機會。

10. **營造有助於增進手足連結的家庭傳統**。幸福的家庭不只承襲珍貴的既有傳統，也會因應成長所勢必帶來的改變，而發展出有助於創造溫暖連結與安全感的新傳統。以手足關係的角度檢驗一下家庭的傳統，這些例行性的事項（一週一次的、一季一次的或一年一度的）是否能促進手足間的樂趣與親近？每一年，也許可以在學期結束前的最後一天，讓孩子們一起睡在客廳，或者在夏天結束之際，在院子裡紮營過夜。這些傳統對孩子們而言非常特別，並會創造許多彼此之間的回憶，讓他們接下來的一整年都回味無窮。

11. **考慮舉辦一個年度手足歡慶**。例如，就算你們沒有印度血統，也能夠以自己的方式慶祝「兄弟姊妹節」（Raksha Bandhan），這是印度歡慶手足之情的節日，孩子們會給予彼此一份小小的禮物，可能是一張記載對彼此感激的手寫卡片，且你們會特別為此吃一頓晚餐（可以安排在印度餐廳），向他們的團隊與友愛致意。或者簡單創造一個屬於你們的節日，例如每年在孩子們生日的中間舉辦「兄弟生日」慶祝會。

助長手足親密的家庭規則與座右銘

如果你的孩子已經超過六歲，你會發現他很重視規則。他們喜歡爭論規則、也喜歡照規則走，而他們最喜歡的是他們幫忙制定的規則！對於讓孩子們一起幫忙制定家庭規則，許多父母會有些顧慮。我可以向你確保，你依然會坐穩父母的位置，你也會擁有否決權。如果讓孩子們參與制定規則的過程，他們會更願意遵守。

話說回來，我也要提醒你，不要設立太多規則。孩子們記不了那麼多，他們會忘記規則有輕重緩急之分，引導他們。例如，如果哥哥姊姊粗魯地把弟弟扯下沙發，是因為不應該在沙發上跳躍，但他忘記要對彼此友善這條規則。

邀請孩子們坐下來，拿一大張紙，問問看家裡已經有些什麼規則，孩子們也許會說出：「爸爸說睡覺時，就表示我們得睡覺了」與「不要吵醒弟弟妹妹」，但卻沒提到「要善待彼此」。

寫上他們所說的，並問問是否要補充哪些規則，寫下他們所有的提議。接著，告訴孩子們，你看一遍整份清單後，想挑選出最重要的五條規則，或三條規則、加一句家庭座右銘。在另一張紙上整齊寫下，讓孩子們做美工，並把它掛起來。這份規則可能像這樣：

1. 我們善待彼此。
2. 我們不會傷害他人或物品。
3. 要先問過才能觸碰別人的身體，只要別人說不，我們就得停止。
4. 我們必須自己善後。
5. 我們要做爸爸媽媽要求做的事情。

什麼是家庭座右銘？是一條很重要的規則，以至於變成指引孩子們的準則與觀點。你會發現自己其實經常依此行事，因此成為家庭格言，以下是一些列在育兒網站 AhaParenting.com 臉書粉絲頁上的座右銘：

- 選擇愛！
- 在家裡，我們互相友愛友善。

- 要勇敢、友善與尊重。
- 彼此合作最有效！
- 做人比做事更重要。
- 我們永遠是一家人。
- 愛**永遠**富足。

如何創造更多孩子們間的正向互動

我永遠忘不了那一刻，我兒子（三歲）突然發出前所未有的超開心笑聲，他正在跟妹妹（一歲）玩，她俏皮古怪的模樣激起了他的笑點。我從來不知道他這個笑點，他的朋友們似乎從未把他逗笑成這樣。他深愛的妹妹，引發了他這新奇而美好的部分……在愛之中，不僅拓展了愛的能耐，我們的人格也豐富起來。

——瑪麗・賴斯・哈斯森（Mary Rice Hasson），道德與公共政策中心（Ethics and Public Policy Center）

如果孩子們彼此處不來，你自然會把心力放在幫忙他們和平解決紛爭，但重要的是要記得，他們是否有動力愉快地處理好事情，就看他們互動經驗中累積的「關係存摺」。柏・布朗森與艾許莉・麥莉曼在《教養大震撼》中寫道：「許多手足經常發生衝突，但在後院或地下室玩的歡樂時光更多，將會平衡他們的關係。這些積蓄將是未來手足關係的指標。相對地，彼此不在乎的手足較少發生衝突，但長期下來，他們的關係是很冷漠而疏離的。」

孩子們要如何累積手足之間的好感覺呢？基本上，透過彼此共享許多美好時光，約翰・高曼博士在他位於西雅圖的「愛的研究室」中發現，情侶需要五到七個正向互動，才能平衡一個負向互動，這個比率在許多不同的研究中重複被證實，不論是伴侶或同事皆然。就我所知，尚未有其他針對手足做的平衡調查，但我們依然可以參考這個比例。

這也許會讓你有點心灰意冷，畢竟，一天之中，孩子們大約吵架六次之多，我們要怎麼創造三十六次正向互動呢？切記，一個微笑也算一個正向互動，不必很重大的互動也能帶來有益的效果。何不單純把目標放在幫助孩子們盡可能擁有正向互動呢？

1. **留意並鼓勵孩子們進行一起玩的活動**。關於改善手足關係的研究顯示，當孩子們一起做喜歡的事情時，他們享有較好的關係。也許孩子們不一定很投入這樣的活動，尤其是他們之間有年紀或興趣上的差異。不過，如果你仔細留意，往往會找到一些他們都有興趣的事，例如，你的女兒想玩商店遊戲、兒子想玩太空遊戲，何不在月球上開間超商呢？或者也許他們都願意玩廚房遊戲、一起畫畫或蓋城堡。每天，至少鼓勵他們做一件一起進行的活動。

2. **如果他們正玩得開心，不要打斷。**你也許記得俗語說「別吵醒沉睡中的小寶寶」，我的經驗則是「別打斷沉浸在遊戲中的小孩」。因此當手足正一起玩得不亦樂乎，提供任何繼續遊戲所需的協助，若非必要，不要打斷他們。

3. **運用「愛的荷爾蒙」（亦即『催產素』）來讓孩子們彼此連結**。笑、出門去、跳舞、唱歌、打鬧遊戲、抱抱，盡量為每一天的生活，安排許多會產生「愛的荷爾蒙」的活動。（編按：催產素是「照顧與友好」的荷爾蒙，與女性之間的連結和照顧家庭相關。）

4. **讓孩子們彼此擁有「特別時間」**。《再說一次就聽懂》作者愛咪．麥克瑞蒂提到所謂手足的「身心靈」時間，是指設計讓孩子們互動的十分鐘。如果孩子們年紀相差較大，這方法也許只是起個頭，讓他們一起玩，或者其中一個會覺得比較無聊、不那麼盡興，因為這只是維繫連結的固定例行活動。如果他們很難想到可以一起做點什麼，準備好一些有趣的建議（使用科技產品不是好建議）。

5. **告訴每個孩子手足有多麼愛他**，以及手足為他做過什麼特別的事。「哥哥和你分享他的好東西，這是不是很棒？你們擁有彼此真是幸運！」通常當手足不在，而孩子與你開心的連結時，這樣告訴孩子最有效果。

6. **當他們過了很糟的一天，邀請他們做共同熱愛的事**。例如烘焙餅乾或跳舞，好讓孩子們轉換心情。

創造手足團隊精神的策略

我們透過刻意讓女兒們聯合對抗爸爸來鼓勵團隊合作，比賽賽跑、球類遊戲或競賽遊戲，只要女兒們彼此合作，爸爸會放水讓她們贏。她們當然不知情，但我們會回應她們「在賽跑時，如果妳們合作，便可以擊倒爸爸，記得嗎？」

——伊莉莎白

孩子們的競爭本能與能力的熟練、精通有關。人類熱愛競賽的快感，天生會追尋那些告訴我們如何努力精熟的線索（並從中得到一點多巴胺刺激）。因此不論你多麼努力促成正向互動，家裡仍會出現競爭。如果孩子們可以視彼此為隊友，而不是競爭對象，會如何呢？

1. **創造團隊感**。在言談中把孩子們拉攏在一起，即便他們還未展開團隊合作：「你們兩個一起玩玩具，你們看起來玩得好開心，你們這個團隊棒透了！」
2. **想辦法讓他們找到共同的任務，讓他們團結而非挑撥對立。**「我們八點準時出發，你們一起合作，你們兩個都在八點前準備好出門，可以嗎？學校離我們家好遠，你們合作，我們才會有時間再繞去空地看挖土機，可以嗎？太好了，合作無間！」
3. **透過打造孩子們彼此合作的家庭活動，鼓勵手足團隊精神**。例如，給他們一疊紙，讓他們一起畫畫；請他們一起寫封信給奶奶；設計狩獵遊戲，讓孩子們彼此合作；當玩打鬧遊戲時，分孩子們一組、大人們一組。
4. **讓孩子們一起負責完成一項計畫**。例如，也許他們可以一起洗車，一起賺洗車的費用，或者由他們負責為父親節裝飾家裡，或規畫一次有趣的家庭遠足。讓孩子們合作完成，你只在一旁輔助，確保他們的安全、讓事情盡量更有趣。

瓦解結盟：如何避免孩子們結盟、排擠其他孩子

如果你有兩個以上的小孩，一定看過這個現象：女孩們聯合起來排擠男孩，或者是老大討厭老二、卻很疼愛老么。結盟的組成可能經常改變，或也可能日漸鞏固，某個孩子總是被冷漠一旁。你可以怎麼做，鼓勵每個孩子都相互善待呢？

1. **給他們一些「手足團隊」任務**。讓所有孩子們一起合作：「如果你們三個人可以一起合作，準備好上床睡覺，我們就有時間可以唸三個床邊故事，你們可以各選一本。」

2. **讓孩子們一起對抗父母**。「枕頭大戰！小孩對大人，開打！」

3. **打散孩子們原本的結盟**。玩一場桌遊，你來選擇隊伍。如果每次爵德和亞歷山德拉都黏在一起、對抗李維，那麼便邀請爵德和你同隊，而亞歷山德拉則與李維同隊，這麼一來，如果亞歷山德拉想贏，便須找到可以和李維合作的方法。

4. **混合與配對**。確保孩子們有機會分別與各個手足單獨相處，而不總是和特定手足湊在一起。如果其中兩個孩子不太建立連結，你可以為他們創造機會，特別帶他們出去兜風，或在家找點他們可以一起做的事。他們有越多獨處的時間，便越可能有所連結。

5. **當有人不友善時，直接介入處理**。當他們閒言閒語、或排擠某個手足時，你可以說：「你們這樣不太友善喔，是不是呢？你們不是故意排擠別人吧？這不是我們家允許的行為。」

6. **隨時準備好介入處理**。不論你多麼極力避免，有時孩子們難免都會感覺自己被排除在外。如果你邀請他們與你獨處，那他們便能因禍得福，畢竟跟你獨處的時間更棒！

為什麼打鬧遊戲可以減緩手足競爭？

> 我的小孩一個兩歲、一個四歲，當他們沒辦法和平共處時，我就會搖身一變，變成「怪獸媽咪」，並追著他們跑，他們會大笑、一起跑開、想辦法合力抓到我，這種小孩對抗媽咪的遊戲，總是很有效！
>
> ——珍妮佛

當孩子們彼此打鬧時，大多數父母都會有點緊張，結局每次都會有人流淚收場？但遊戲就是孩子們天生的學習途徑，可以減緩日常生活中的壓力，並與他人有所連結。孩子們仰賴身體性的遊戲來處理關係中的情緒張力。身體的動作有助於消化情緒，歡笑更是重要，因為笑會促進「愛的荷爾蒙」的生成，並降低壓力荷爾蒙而減緩焦慮。如同其他年幼的哺乳類動物，當孩子們玩「打架遊戲」，他們正學習如何管理自己的攻擊力，這有助於減低他們在生氣時出手攻擊他人。因此當孩子們彼此摔角、打枕頭戰、進行打鬧遊戲，這些都是很好的練習。打鬧遊戲是如此重要，父母應該花點額外的心力，試試它可以怎麼在家中派上用場。

1. **協助孩子們為打架遊戲制定安全規則**。如果你擔心有人受傷，試著避免因自己的焦慮而出手阻止。相對地，幫忙孩子們制定規則，以確保每個人的安全。「摔角遊戲很好玩，只要你們遵守規則、確保安全。有哪些規則呢？當有人喊『停』時，所有人都必須停下動作，不能真的打到人，這些規則聽起來很不錯！在這些規則下，你們需要加上其他規則嗎？」

2. **在你發火之前，就設立好限制**。一旦你發現自己開始擔心孩子們會受傷，這就代表你需要趕快做點什麼來介入互動。不要吼他們，而是以正向的方式介入，確保安全無虞。許多父母努力要自己保持耐心，直到事情超乎掌控，接著馬上就會有人開始哭，而你會開始吼人，這都不是你想以身作則的情緒管理。堅定而溫和地講明你的規則與期待：「在這房間裡，我們不玩這種遊戲，我擔心你們會撞到立燈或電視。」

3. **評估危險**。真的危險嗎？也許孩子們只是玩得很大聲或很激動，但他們很開心，對人、或對家具並沒有造成危險。或者也許只要稍作變動，就可以解決問題了，例如把床往衣櫃靠近一點，這樣他們就可以安全地跳上床了。也許孩子們在比賽丟積木，但你可以拿玩偶代替積木。

4. **在糾正孩子們前，先保持連結**。大吼罵人只會火上加油，你可以走近孩子。當孩子玩瘋了，除非你能友善接近他，否則一定拿他沒轍。在你要求他改變做法**之前**，先與他建立正向連結。「你們兩個玩這個遊戲玩得很開心，對吧？」

5. **當你提供替代方案時，保持同理，或許讓孩子做選擇**。「我知道很難停下來，但這種遊戲只能在地下室墊著墊子玩，或到戶外玩，想去戶外嗎？好喔，我們走！」

6. **確認是否每個參與的孩子們都喜歡這個遊戲**。「你們每個人都還想玩這個遊戲嗎？」如果哥哥玩過頭了，或其他弟弟開始緊張起來了，你可以幫忙觀察其他人的心情，「喬登，你有沒有看到弟弟沒有在笑？我們先停一下，看看是不是每個人都很安全……亨利，當你想要停下來時，可以告訴喬登，你想練習說說看嗎？」

7. **孩子只是哭了而已，天不會垮下來的**。在玩的時候，如果孩子們用力撞到了，他們確實會放聲大哭。有時他們真的因受傷而哭，並且在你抱他一下後，便能重回遊戲；而有時候，他們為此哭得稀里嘩啦，根本就過度反應了。這其實是件好事，表示歡笑讓他放鬆下來，原本裝在包袱中的情緒與感受能夠浮現，他們藉機釋放未能用口語表達的難受與痛楚。在好好哭完一場後，孩子將變得更放鬆、快樂，因為那些「胸口的大石」終於放下了。因此當孩子受傷時，與其自責沒有善盡父母之責，不如放鬆一下，把握機會教導孩子處理強烈的感受，並慶幸他有機會哭一哭。事後，分別問問孩子們，他們是否覺得須加點新規則，以後更能確保每個人的安全。可以寫下這些規則、並張貼，即便他們還不識字也能這麼做，下次他們又越玩越瘋時，你可以提醒他們。

8. **幫忙孩子們放鬆**。有時候你必須讓他們改做比較平靜的活動。但孩子們情緒一上來，便很難踩煞車，因為他們已經瀕臨情緒爆炸。當你感覺到有情緒正在醞釀，去與孩子們接觸、連結，並設立限制，「好了，寶貝們，現在差不多要冷靜一下嘍，再這樣下去就玩過頭了。」如果必要，一把抱住孩子，如果他冷靜下來，那很好！如果他開始大哭，也很好！這些感受浮現時，孩子若能在你懷裡哭泣，好過他去傷害兄弟姊妹。

9. **確保孩子們有個可以放電的安全空間**。孩子們都需要滾來滾去、摔角扭打、爬上爬下、跳上跳下。現今的生活中，我們往往很難提供他們這樣的機會。如果你家沒有後院或鋪著軟墊的地下室，那麼把他們的房間布置得足夠安全，讓他們可以在裡面盡情打鬧，並

適合孩子們玩的打鬧遊戲

可以運用打鬧遊戲減緩衝突與發生嘲笑戲弄，在手足之間創造一種團隊精神，為年紀較小、或對自己較沒有信心的孩子們建立自尊，有助於孩子們之間特定的議題（如競爭）。你的目標在讓他們有最大的歡笑，因此你要夠嚇人，逗得他們又叫又笑。在每種遊戲中，你的任務都是故意笨手笨腳、放水讓孩子們贏，孩子們會笑哈哈、並熱愛這個遊戲，怎麼也玩不膩。

以下有幾個遊戲，你可以試試，如果想要更多好主意，我強力推薦貝琪・貝利的《我愛儀式》（*I Love You Rituals*）、勞倫斯・寇漢的《遊戲力》、派蒂・懷普芙勒的「手牽手，齊教養」育兒網站（HandinHandParenting.org），與阿萊莎・索爾特的《依附遊戲》（*Attachment Play*），這幾年來，我從他們身上得到靈感，並改良成我所創作的遊戲。

有助於小孩彼此連結的遊戲

1. 小孩對抗大人——枕頭戰、摔角擂台。
2. 在家裡追著他們跑，促進他們團隊合作。「我聞到小孩的味道了！我要把他們全抓起來！只有他們手牽著手才可能擺脫得了我……這是一個確保小孩安全的魔法！」
   （可參閱第 420 頁「有助於大孩子與寶寶建立連結的遊戲」。）

力量遊戲

1. 讓小孩用力推你。
2. 賽跑——當然要放水讓他贏。
3. 玩一些有不同角色的遊戲，例如：123 木頭人、老師說、模仿領袖等，讓孩子發號施令。

這些遊戲的功能：

- 減緩孩子們彼此之間的競爭性。
- 讓孩子們經驗到自己的強壯與力量，這是他日常生活經驗的心理基礎。
- 協助較頑固的孩子們，感覺到較少受人擺布。

一些可以克服嫉妒，補充孩子們心中愛的存量的遊戲

1. 愛之神：當孩子們抗議你比較關心手足而不是他時，你可以說：「我是愛之神，我有非常多的抱抱，遠遠超過你們所需要！」接著，一把抱住孩子，一個接著一個，然後一次抱住所有孩子們，一直抱、一直抱，故意傻乎乎的，逗笑孩子們。
2. 患了相思病的可憐小狗：一直黏著小孩、讚嘆他身上好香。當他坐在椅子上時，你坐在地上、抬頭盯著他看，舔他的手臂，逗他笑。當另一個小孩注意到、並講出這點，立刻把你強烈的注意力轉移到他身上。讓孩子比賽，看誰最能避開你瘋狂的愛。

（相關內容，詳見第 378 頁「當孩子嫉妒時，運用遊戲來幫忙他」。）

中斷鬥嘴與嘲笑的遊戲

詳見第 185 頁「如何以有趣方式轉化鬥嘴？」

讓他們擁有充足的時間可以在公園或遊樂場盡情追趕跑跳。如果不這麼做，他們就會把沙發當成彈簧床，家裡的立燈也會變成危險物品。

為什麼應該避免搔孩子癢呢？

歡笑對孩子們與父母來說都是好事，因為它有助於療癒情緒、創造連結。然而，搔癢雖然也能逗孩子們笑，卻會帶給孩子們一種無助無力的感覺。孩子也許看起來很開心，但他是「不得不」笑的，這完全由大人所掌控，孩子則沒有能力站穩自己的立場。經常最後孩子都會笑到上氣不接下氣，哀求父母停手，而父母不一定會就此停手。許多大人都擁有被搔癢的糟糕回憶，根本無法保護自己。

若是如此，那為什麼有些孩子們會主動發起搔癢遊戲呢？因為他們需要感覺到身體與我們親近。他們喜歡笑。有些善於表達的孩子們會說出，這麼做便可以和父母玩在一起。但根據我的觀察，這時如果父母改玩其他同樣能讓孩子們大笑的身體遊戲，他通常就不會對搔癢感興趣了。

因此，如果小孩要求你搔癢他，該怎麼做呢？揚言要搔癢他，把手伸朝他伸過去，並說「我要抓到你啦！」單只是說要搔癢，應該就可以讓孩子笑了。你不是真的激發會讓他不舒服的身體反應，只是在孩子覺得好玩又害怕的臨界點上游走，而他已經可以笑得東倒西歪了。

當孩子們同住一個房間

剛開始的好幾個晚上都很困難，但現在，他們都睡得很好了。如果被對方吵醒了，他們很快又能回到夢鄉。他們現在很親密，凡事老大都會幫忙老么。

——克兒可

許多小時候曾與兄弟姊妹同住一個房間的，長大後都很喜歡以前睡前彼此聊天或笑鬧的時光，但也有人記得自己很討厭沒有隱私、在房間裡怨懟彼此。孩子們同住一個房間確實會比較複雜，包括睡眠作息、物品保管、誰要負責整理清潔皆然。然而不論是家裡空間的限制、或是你刻意這樣安排，同住一個房間能帶給小孩美好的經驗，甚至可能會是珍貴的回憶。

1. **確保孩子們各自擁有足夠的個人空間**。他們的生活中已經必須共享父母與許多事物。如果你的孩子們同住一個房間，確保他們能擁有「隱私」，讓他們可以從日常世界「登出」、不必與人互動，有簾幕的床簾、兒童帳篷等都可以創造隱私。也許你可以在房間中央地上畫出一道線、掛上簾幕、或擺放家具，以區分不同小孩的領域。對於特別在意整齊的小孩來說，這尤其重要。

2. **制定規則，房間裡只能做安靜的事情**。這麼一來，想要退回平靜空間休息的孩子，才可以放心。比較吵鬧的孩子可以待在家裡的公共區域。

3. **給每個孩子專屬的櫃子，好讓他們可以收納珍貴的物品。**如果孩子之間年紀差距稍大，讓哥哥姊姊可鎖上自己的櫃子，好讓他珍貴的物品不會落入弟弟妹妹的手裡。家裡的玩具可以放在公共空間，讓房間裡少點雜物。鼓勵他們晚上在房間裡睡覺休息，而不玩耍。

4. **睡覺時間可播放白噪音或自然音**。這麼一來，細微的聲響便比較不會吵醒孩子。

5. **當孩子年紀還小，分開來哄他們入睡**。爸媽之一先帶較小的孩子上床，較大的哥哥姊姊可以晚一點睡。沒在哄小寶寶的爸爸或媽媽可以在此時跟大孩子享受特別時間，或讓他聽聽影音書。開著微光，在客廳裡唸故事給他聽。當你把他送上床、蓋好棉被時，給他一把專屬的手電筒，讓這一切對他來說更加特別。

6. **如果孩子們不願意睡午覺，或他們睡午覺的時間錯開了**。因此會吵到兄弟姊妹，可讓一個孩子改到沙發、兒童遊戲床或你房間睡。

7. **年幼的弟弟妹妹晚上睡覺未穩定之前，不要讓他們跟哥哥姊姊睡同一個房間**。如果哥哥姊姊仍在學步期，最好等到弟弟妹妹至少八個月大後再讓他們一起待在同一房間，因為學步期的孩子還不知道該怎麼單獨應對這麼小的幼兒。

8. **當孩子長大一點後，考慮讓他們同睡一張床**。我聽過許多同睡一張床的孩子們，他們平時更加親密、也更了解彼此，許多孩子們也會因身旁有個人的溫暖而睡得比較好。

9. **告訴孩子們一大早醒來時不能吵醒對方**。晚上熄燈後要設鬧鐘。大多數父母發現，比起獨睡，一起睡的孩子們會睡得更晚，也可能會吵醒彼此。確保他們知道睡醒時**可以做些**什麼，也許可以去找爸爸媽媽?或在床上安靜看書。

10. **會經歷一段過渡期，孩子們總會吵醒彼此，不要放棄**。準備好兒童遊戲床或睡袋，或者讓被吵醒的孩子可以改到別的地方繼續睡。依照大多數父母的經驗，暑假或其他假日是讓孩子們學習一起睡的好時機。很快地，你就會發現孩子們適應了，並享受與對方同住一個房間。

11. **保持注意，有時隨著孩子們長大，可能須有些改變**。當快進入青春期時，孩子們有時會需要更多隱私，在那時候可以讓孩子們擁有各自房間，有助於他們渡過這個轉變。這不代表他們對彼此的愛減少了。

當其中一個孩子邀請朋友到家裡過夜

在一些家庭中，孩子們幾乎所有時間都玩在一起。有些父母發現與其讓孩子獨自玩，不如彼此當玩伴一起玩。然而，家庭之外的關係同樣對孩子們有益處，孩子們需要朋友，也須花一些心力，經營施與受的互動。透過這個過程，他們建立社交的能力與習慣，也會回頭帶入手足關係之中。

當孩子邀請朋友到家裡過夜，如果他能決定是否有手足參與，將會創造友誼升溫的大好機會；也就是說，讓孩子有權決定手足要不要一起加入。

當然，被排除在手足與其玩伴之外，一定不好受。這時候父母要能協助找到讓手足一起參與的方法，也能引導孩子去問問自己是否能加入。

莉　莉：她們從來不讓我一起玩。

媽　媽：看著姊姊跟她的朋友玩得那麼開心，而妳卻被冷落在一旁，這會讓人傷心……

我來想想有沒有什麼有趣的事情是妳可以做的。

莉　莉：我只想要跟她們玩。

媽　媽：妳知道朋友來家裡時的規定。當有人的朋友來家裡玩，他們可以決定要單獨玩。不過，妳還是可以問問，有時候姊姊會說可以，有時候姊姊會說不行。但如果妳都沒有問，她就沒機會說可以啦，對吧？

莉　莉：我不敢問。

媽　媽：妳需要我幫忙嗎？……好，我們一起去問問她們。

媽媽與莉莉一起走到伊麗莎白和她朋友旁邊，莉莉充滿期待地望向媽媽。

媽　媽：伊麗莎白，莉莉有事情想問妳。

莉莉（小小聲地說）：我也想一起玩。

媽　媽：莉莉，她們聽不清楚，妳得直接跟伊麗莎白講。

莉莉（提高音量）：我也想一起玩……我可以跟妳和米雅玩嗎？

伊麗莎白：不可以，我們兩個女生單獨在森林裡，在採收野莓來吃，我們不需要有其他人加入這個遊戲。

莉莉（面露失望）：噢。

媽　媽：我聽到伊麗莎白和米雅不需要其他人加入這個遊戲，所以莉莉就不能「當人」了……伊麗莎白，妳覺得這些在森林裡的小女孩會找到一隻狐狸寶寶嗎？也許莉莉可以當狐狸寶寶？

伊麗莎白：米雅，妳覺得呢？遇到一隻狐狸寶寶好嗎？

米　雅：很好呀！但狐狸寶寶不會說話喔，莉莉……妳會扮演狐狸寶寶嗎？發出狐狸的叫聲？

莉莉（興高采烈）：我可以！

當然，往往事情不會像想像中那麼順利，孩子可能會徹底拒絕讓手足加入遊戲。這時候，父母唯一可以做的就是同理，並用想像的方式來實現他的渴望，若有需要，同時設立限制。「姊姊不願意讓妳跟她和她的朋友玩，妳一定很傷心……不過，寶貝，不論妳有多傷心，妳不能夠這樣站在她房間門外大叫……我知道妳一定很希望她說：『沒問題，妳當然可以跟我們一起玩……妳想要當公主還是海盜呢？』我也很遺憾現在姊姊想要單獨跟朋友玩……妳想不想跟我一起呢？」

往好處想，這是擁有特別時間的大好機會，也不必顧慮手足會嫉妒。

家庭會議：是一個珍貴的機會

在你聽來，家庭會議會不會有點正經或刻意呢？我第一次聽到時，就有這種感覺，但後來，家庭會議是我們家裡的一個福音。它為我們鞏固連結，提供一個機會，讓我們在大家都冷靜的狀態下談論孩子們之間的事情，讓孩子們學習解決問題，也幫助孩子們感覺自己是家庭的一份子，甚至也幫助孩子們對彼此珍惜。

找一個大家都可以的時間固定召開家庭會議，創造一個機會可以談論勝利成就、委屈抱怨、手足紛爭、行程與例行事項，或任何家庭成員所關切的事情。要讓比較抗拒的小孩加入家庭會議，請準備一些聚會的誘因，例如開完會後一起吃披薩，或者分派小孩一些重要的角色，讓他們負責記錄，或擔任維護規則的風紀股長。

一開始要嘗試召開家庭會議會比較困難，讓他們從中獲益後一切就會上軌道了。如果你在孩子學齡前便有召開家庭會議的習慣，你會在之後真正需要的時候，就駕輕就熟順利進行。可以如何開始呢？

1. **告訴孩子們，你想到一個有趣的主意**，可以更容易處理眼前的問題。準備一些可口點心，開一場簡短而有趣的會議。隨著時間推移，孩子們長大一點了，每個人也都享受家庭會議，便可以拉長會議的時間。

2. **約定好在每週固定時間召開**。這麼一來，即便跳過某週的會議，會比較容易在下週繼續召開，例如，固定在星期日的晚餐時間召開家庭會議。

3. **設計一個儀式，讓家庭會議有別於一般的相處**。也許可以在會議開始時彼此牽起手，父母其中一人或某個孩子講一段祝福的話，或點燃一支蠟燭。

4. **議程的第一件事，是讓大家說說自己喜歡的、感謝的事**。不須有特定的順序，每個人都說說自己的感謝，直到每個家庭成員都接受到其他人的感謝：

- 「我感謝爸爸跟我玩傳接球。」
- 「我感謝艾利在雜貨店裡幫我提東西。」
- 「我感謝愛麗絲很努力地學怎麼綁鞋帶。」
- 「我感謝媽媽幫我搭配學校表演要穿的服裝。」
- 「我感謝艾利幫我蓋城堡。」

孩子們喜歡給予與接收的感謝，單是為了有機會定期這麼做，就足以構成召開家庭會議的理由。在開始時先創造正向連結是很重要的，繼而再討論問題。

如果整場會議就只做了連結關係這件事，其實已經足夠了，因為這麼做是建立手足關係的有力途徑。如果孩子對手足就是「想不到有什麼好話可說」呢？這是一個警訊。你必須處理孩子之間的積怨與嫌隙，這時候你可以說：「嗯……我知道有時候你覺得妹妹好煩，如果你可以回想起來，這個星期裡有沒有一刻你不受她煩擾，那時候她在做什麼？」就算他回答：「她在睡覺，所以你才可以跟我玩。」你就找到一個可以重新開始的點了，你可以微笑並告訴他：「剛剛狄藍說，他真的很謝謝海德莉給他一段很長的時間，可以跟我獨處……海德莉，謝謝妳這麼慷慨！」海德莉會很開心地被人感謝，而狄藍也能看見海德莉對自己做了件很好的事。當然，這個「意外」也可以激勵你，在接下來的一週中，去創造孩子們之間的正向互動循環，這麼一來，當下週的家庭會議中，狄藍依然想不起自己對妹妹有什麼要感謝時，你就可以說：「嗯……有時候我們想不起這個星期發生什麼事情……上一次你們在泡澡時笑得東倒西歪，這算是一件值得感謝的事嗎？」

5. **下一次，問問有誰想要提案討論**。孩子們之間的衝突、分擔家事、爸爸經常加班到很晚、每晚上床時間他們都拖拖拉拉等等，任何與全家有關的事情，都是可以提的議題。這時候，**不要**提及某個特定孩子的行為問題。事實上，對父母來說很重要的事項，都可以在會議之外有所解決。在家庭會議中，主要是為了讓孩子們能夠幫忙解決一些在家裡出現的問題。不要讓會議總是圍繞著一些負面的問題，否則孩子們便會開始不喜歡這個會議。因此，列好一份愉快主題的清單，例如如何規畫即將來臨的家庭旅遊、媽媽生日時誰要負責煮飯。

6. **擬好一份會議討論的章程**。每個人都有機會發言，發言的時候可以不被打擾，每個人都要傾聽，而回饋必須要有建設性。你可以在會議上傳遞「發言棒」，更多關於發言棒的資訊，詳見 AhaParenting.com 網站。運用你的指導能力，去說明與反應每個人的需求，好讓每個人都不會覺得自己被誤解。大家一起動腦想想可行的解決方案，並幫助小孩寫下所達成的共識。「嗯……聽起來這些主意賈麥覺得是可行的，但對媽媽來說卻行不通，我們來想想對每個人都適用的方法。」

7. **列出「我們期望做到……」**，讓每個人都說說自己在下個星期中期待發生的事情。這時候，把焦點放在家庭生活中正向的事物。如果偶爾說說你很期待公司有某個案子終於完成了，或是你和好朋友吃了一頓開心的晚餐，這也沒關係。當孩子年紀漸漸大了之後，父母是他們效仿的對象，然而當孩子年紀還小，他們往往會把你在外面的生活視為對他們的威脅，因此在談**自己的期待**時，如果把焦點放在家庭生活，將可以促進家庭的連結。

8. 在會議結束時，**做點聲明**，是重回日常生活的好方法，可以提醒所有人接下來的安排、旅遊與行程，並讓家事可以順利運作。但不要讓這些超越了創造起來的良好感覺；晚一點再討論須付出努力的事項吧。

9. **以大大的擁抱、以及家庭座右銘來結束會議**。如果孩子未滿五歲，克制著想要在家庭會議中做到許多事的衝動，會議最好短短的、有回饋感；如果孩子已經上小學了，可以在他們努力解決問題之後，提供一點獎勵：特別的點心、玩一個特別的遊戲，這會很有幫助。有一天，當他們在家庭會議中提出你讓他們在朋友面前難堪了，或他們想擁有更多對自己的掌控，可別太驚訝！

第3篇

在寶寶出生前至滿週歲之間

第9章 在寶寶誕生前，協助大孩子們預備這件事

每一次做超音波檢查，我們都會帶著女兒（兩歲半）一起去，在發現寶寶是個小男孩那一刻，她也在場。我們談論她可以教弟弟的事，我們也跟她討論弟弟的名字，並早早決定名字，讓弟弟儘早變得更加真實。她很愛弟弟，她一直很溫柔。其中依然有著明顯的嫉妒之情，像是當我在餵奶時，她會跑過來說：「媽咪，我需要妳抱抱。」但我絕不會對她說：「現在不行」，我會想想怎麼照顧她的要求。

——維多莉雅

對哥哥姊姊來說，與弟弟妹妹的手足關係開始於你宣布懷孕、或領養另一個孩子的那一刻，應該怎麼告訴孩子們最好呢？要如何幫助他們與尚未出生的弟弟妹妹建立連結呢？應該讓幼兒斷奶了，還是同時哺乳兩個孩子呢？來得及在寶寶誕生之前幫幼兒渡過「我只要媽咪」的階段嗎？在寶寶出生之前，你如何為幼兒預備分離，尤其是他從來不曾與你分開過？這些都是很好的問題！本章將幫助你提供對你們家而言最好的答案，為孩子們的手足關係打造健康的起點！

與孩子談談即將出生的弟弟妹妹

對孕婦來說，四十週的孕期彷彿看不到終點，那我們就能想像對一個三歲的幼兒、或學齡前小孩來說，在聽到你懷孕的消息後就開始期待小寶寶的到來，這又會感覺多麼遙遙無期。等待是很令人挫折的、也相當有壓力，有這麼多懸而未決的疑惑，孩子很難放鬆下來、擁有好的感覺。正因如此，最常見的建議是父母對孩子隻字不提懷孕的事，直到非常接近生產了再說。

然而，你會告訴其他人，而當親友們在孩子還不知情時提到腹中的寶寶，一切就破功了，你不會希望發生這種事的。由於肚子將會在懷孕後期變得很明顯，就算你不說，周遭的大人們也會看得出來。所以在一切變得太明顯之前就可以告訴孩子了，即使漫長的等待讓孩子相當折騰。

記得，一旦你告訴兩歲的幼兒，他可能會逢人就大聲宣告媽媽懷孕的消息，當然，如果你強調這是個祕密，他也許能控制住自己的興奮，頂多以悄悄話的音量宣布這個消息，所以不要期待他守口如瓶。

許多父母選擇在渡過第一個孕期、胎象穩定後，才告訴孩子們自己懷孕的消息。不過也有些父母認為，萬一不幸流產了，他們會想要開放性地讓孩子知道發生什麼事了，讓孩子理解家裡正在經歷的悲傷，參與在為這個失落所進行的儀式。有些父母會擔心，如果媽媽突然害喜或累到沒力氣玩，孩子們會以為媽媽在生自己的氣，所以他們會想在懷孕初期便向孩子說明。我對此的想法是，孩子對於小寶寶的第一直覺反應是討厭，因為小寶寶會占據媽媽、使得媽媽不再能夠滿足自己的需求。我同意孩子們對媽媽非常敏感，一有改變便會立刻覺察，然而我的觀點是，最能保護手足關係的做法是：簡單告訴孩子自己身體不太舒服，並努力以不同的方式接觸孩子，即便不像平常那麼有活力，也一樣繼續保持與他的互動。我認為懷孕的不適不該影響告訴孩子媽媽懷孕的時機。

該說些什麼呢？

1. **在向孩子宣布這個消息前一個月左右，開始唸一些關於手足關係的書給他聽**。一邊唸，一邊問：他有注意到他的一些朋友有弟弟妹妹嗎？他會不會想要成為哥哥姊姊呢？為什麼想，或為什麼不想？

如果孩子對此拿捏不定主意，請仔細聽他說，回應他，並幫他補足脈絡：

- 「我聽懂你的意思了，小寶寶很愛哭，就像卡門的弟弟那樣。你知道嗎？你小時候也很常哭，但當你稍微長大一點後，你就變快樂多了，我們開始擁有許多歡樂與笑聲！卡門的弟弟長大後也會這樣。所有小寶寶都會哭，可是如果我們抱抱他、拍拍他，他就會舒服很多……等他長大一點，就不會那麼常哭了。」
- 「我聽懂你的意思了，小寶寶確實會爬來爬去、推倒積木大樓，就像布萊克的妹妹那樣……但等他們長大一點，懂得玩了，他就可以是家裡的好玩伴了！不用擔心，如果你擁有妹妹，我會幫忙你，讓她不要推倒你蓋好的積木。如果她推倒了，我們就一起再把它蓋起來，好嗎？說不定你還可以教她蓋積木大樓呢！」

這些討論的目的，是要讓孩子思考關於手足的事情，可以讓你在還沒有宣布懷孕之前就先減緩他的擔心。結束討論時，告訴孩子，你會很樂見有一天他擁有弟弟妹妹，因為他們將能夠當一輩子的朋友，如果孩子問你：「這會發生嗎？」回應他，有一天他真的可能會當哥哥姊姊。

2. **當你決定要宣布懷孕消息，請從孩子的觀點出發。**不要說：「我們要擁有一個小寶寶了。」試著說：「你要成為大姊姊了，小寶寶正在媽媽的肚子裡長大喔，小寶寶需要好長一段時間慢慢成長。當春天來臨，天氣變暖活、百花開始盛開，小寶寶就會誕生嘍。」

3. **回答孩子的問題，並讓一切盡量簡單**。當孩子提問，你再給他相關資訊即可。「是啊，小寶寶正在媽媽的肚子裡長大，那是一個神奇的地方，叫作子宮。你看看，我的肚子慢慢變大，就在這裡。在這本書裡，我們可以看到一些寶寶長大過程的圖片。」

4. **如果孩子的反應很不好，傾聽並反應他的心情**。「聽起來你很擔心會有弟弟或妹妹……小寶寶確實需要很多關愛與照顧，有時候身為哥哥你可能會擔心自己再也得不到爸媽足夠的愛了。但你還是我獨一無二的喬許亞，這個世界上再也沒有另一個喬許亞可以跟你一樣了。我愛你，就是因為你是我最特別的喬許亞。我不會愛任何人比愛你更多，不論如何，不論有沒有小寶寶，這點都永遠不會改變的。不論小寶寶需要多少照顧，媽咪擁有的愛永遠足夠給你們……只要你心裡有擔心，隨時都可以告訴我，我會了解的。」學步期的幼兒聽得懂這些嗎？可以講短一點，重複增強這些想法，多聽幾次後幼兒便會慢慢了解。

5. **不要讓每件事情都與小寶寶有關**。請記得，在小寶寶出生之前，孩子不會真正了解擁有手足究竟是怎麼回事，所以在一開始的興奮消退之後，他可能就不會那麼有興趣了，這是很正常的。當你經常向他提起小寶寶正在成長、他將要當哥哥時，不要講得好像這是生命中最重要的事一樣，對他來說，這並不是、也不應該是最重要的事。

懷孕期間，幫助孩子們建立連結的十二個方法

在我懷孕時，花了很多時間去談他的小妹妹，妹妹出現在他的床邊故事中，我總是講著妹妹有多愛他，因為他是哥哥。我試著讓他以他所想要的任何方式參與其中。他現在五歲，會幫妹妹繫安全帶、解安全帶、餵妹妹吃東西，甚至有一次妹妹在外遊蕩，也是他去找回來的，我們都說他是妹妹的英雄！看見他們對彼此的愛，真是一份我從未能想像的喜悅！

——莎拉

1. **說出你猜想腹中寶寶正在做什麼、有什麼感覺**。例如「他正在吸吮拇指嗎?他打嗝了嗎?他在練跆拳道嗎?他正在欣賞姊姊的歌聲?」研究顯示,當父母討論弟弟妹妹有什麼感受,哥哥姊姊將會發展出較好的同理能力,對弟弟妹妹的攻擊性也會降低。然而研究並沒有涵括在懷孕期間父母便開始這麼做會有什麼效果。我們可以確知的是,父母若這麼做,便能在孕期中開始與寶寶建立連結,那麼哥哥姊姊也會一起建立連結。現在就開始這麼做吧,幫助孩子把弟弟妹妹視為真實的人、體會寶寶也有需求與感受。

2. **讓寶寶也是大孩子的心肝寶貝**。當向大孩子提及即將出生的小寶寶時,你可以使用「我們的寶貝」、「你的妹妹」或甚至「你的寶貝」來稱呼。當然這並不是意指寶寶是屬於誰的,每個人都屬於他自己,不過你平常也會稱孩子「我的小寶貝」呀!這種叫法流露出這份關係是很特別的,何不讓哥哥姊姊也叫弟弟妹妹「小寶貝」呢?

3. **鼓勵孩子與寶寶建立連結**。例如,告訴他腹中的寶寶可以聽得見他唱的歌、說的話,因此當出生之後會認得他的聲音,讓孩子親吻你的肚子、拿玩具來給媽媽腹中的弟弟妹妹看,建議他創作一些作品來裝飾寶寶的房間,這麼一來,弟弟妹妹一出生就可以享受到美麗的裝飾了。

4. **幫忙孩子傳遞彼此身體與情緒上的溫暖感受**。當孩子努力與腹中的寶寶連結,暫停一下,讓你自己感受一下這份溫暖與美好，因為寶寶會感覺到你情緒上的感受，寶寶會開始將哥哥姊姊的聲音與這份美好的感受連結起來。換個立場，你也可以促成這種正向的連結，透過告訴孩子當他唱歌或親吻時，寶寶有多開心，這麼一來，他會開始對寶寶浮現溫暖的感受。

5. **產檢時，帶著孩子一起去，讓他聽聽弟弟妹妹的心跳聲**。告訴他當他還在你腹中，你第一次聽見**他的**心跳聲時有多麼興奮激動。

6. **一起醞釀為弟弟妹妹取名字的靈感**。越早以名字稱呼寶寶，寶寶在大孩子心裡會越真實，如果你讓他一起為弟弟妹妹取「名字」（至少讓他想其中一個字，而你也喜歡這個名字）會更好。

7. **幫大孩子買一個他可以照顧的玩偶**。讓他幫玩偶穿尿布、餵玩偶、把玩偶揹在身上等等，讓他以玩偶來試試所有你們一起在書中看見的——關於小寶寶需要什麼、他要如何幫忙照顧小寶寶，向他示範如何安撫寶寶，他可以小心地摸摸小寶寶的臉龐，可以深呼吸、吐氣時發出一些溫和的聲音。這不只教導孩子如何安撫弟弟妹妹，這也是他能夠自我安撫的好方法；弟弟妹妹出生後，如果大孩子因為寶寶的哭聲而不舒服，你也可以鼓勵他運用這個方法試著安撫。

8. **當著孩子的面，輕聲告訴腹中寶寶他擁有這麼好的哥哥姊姊真是幸福**。——提起每件孩子會做的事情、他可以示範給弟弟妹妹看，隨著弟弟妹妹一點一點長大，他們將可以共創多少歡樂。

9. **鼓勵他多與寶寶玩**。當寶寶踢腳時，讓他輕輕觸碰你的肚皮，看看寶寶會不會再回踢。

10. **告訴大孩子一些他還是個小寶寶時的故事**。說說他喜歡被怎麼抱著、他喜歡你揹著他到處走動、他也喜歡你拿各種東西給他看，這有助於讓他感到被重視，並也有助於他開始理解關於小寶寶的一切。

11. **讓他親自挑選有哪些他的玩具、衣服、家具是可以傳承給弟弟妹妹的**。讓他幫你整頓、布置寶寶的房間，讓一切就緒。

12. **你可以準備一切關於手足的「課程」**。教孩子如何抱寶寶、解釋寶寶生產的過程、讓孩子有機會可以說說「將要擁有弟弟妹妹」帶給他什麼感覺。如果你親自教孩子這些，確保孩子了解寶寶一開始會很常哭、要等好長一段時間後才能跟他玩。（孩子們往往會很震驚原來剛出生的小寶寶什麼都還做不了，就像我的兒子說過：「他根本沒辦法跟我玩耶，我原本就是期待可以跟他一起玩！」）

確保父母雙方都可以照顧孩子

在生寶寶之前，許多父母會想像將來可以分工、各負責照顧某個孩子就好。而我則認為，如果父母可以**一起照顧**每個孩子，對孩子、父母自己與婚姻都是最好。實際上，很難把家務對半平分，就算你真的平分了，只要媽媽身上懷著寶寶（除非你是領養的），就沒有什麼事情真正公平。如果你親餵母乳，那你就是最常接觸寶寶的人，這代表你的另一半須比較常去照顧其他孩子。

這對全家人來說都需要適應，孩子可能非常想念媽媽，所以對爸爸生氣。如果媽媽全心照顧寶寶，她不免會對孩子的需索感到愧疚或不耐煩，而另一位照顧者會感覺自己比不上媽媽，或在小孩堅持只要媽媽的時候感到被拒絕。孩子並不認為父母是可以彼此取代替換的，能理解這點很重要。如果孩子正因為寶寶的誕生而感覺失去媽媽，他會很難過、並憎恨寶寶，就算他得到爸爸再多的照顧，依然會有這種心情。父母雙方分別花時間與每個孩子互動是非常重要的。

如果孩子感覺分別與父母雙方都有所連結，會讓這段過渡期對每個人來說都比較簡單。因此當你知道懷孕時，儘早調整成父母共同照顧孩子的模式，當你開始夜以繼日地照顧新生兒時，你會希望孩子能開心地與你的伴侶待在一起（如果你是以奶瓶餵，便比較能把時間平分給每個孩子）。可以怎麼做呢？

1. **從現在開始，培養孩子與另一位照顧者的關係**。妳的目標是要讓孩子在爸爸身上享受並感覺到情緒上的安全，那意謂爸爸不只是有趣的玩伴，他也同樣是很好的安撫者。當小孩心情不好或在哭泣時，爸爸能理解他，並說：「每個人都需要哭一哭……我抱抱你……我們來以抱抱來幫心情充電吧。」
2. **讓爸爸掌管一切**。讓爸爸做飯，讓他慢慢熟悉孩子喜歡怎麼切三明治、怎麼煮蛋。媽媽抱抱他們、然後就可以出門去了，或者讓爸爸帶著孩子出門玩一趟。擔心爸爸沒辦法把事情照料得和妳一樣好嗎？他很可能真的做不到，但沒關係。如果妳過度掌控一切，會讓爸爸覺得自己沒準備好當著大人、接手照料小孩。事實上，小小的危機往往是親子連結的大好契機（「糟糕！忘記多帶一片尿布出門了！」）。
3. **改由爸爸帶孩子上床睡覺**。要適應新生兒的出現，對大孩子來說已經有得受了，包括他平常睡前的習慣也將有所改變。切記，上床睡覺對孩子來說是一天之中最可怕的時光，因為睡覺意謂他們將中斷與依附對象的連結。從現在開始，父母一起合力準備晚餐、為孩子洗澡、換睡衣、刷牙、講床邊故事，直到熄燈。媽媽會漸漸從其中幾項活動中抽身離開，直到孩子終於可以開心地與爸爸一起入睡。媽媽要記得依然去跟大孩子說晚安、用力抱抱孩子，讓哥哥姊姊在沉入夢鄉時可以懷有與父母雙方安全的連結感。

4. **如果孩子在半夜醒過來，讓爸爸去照顧他。**夜裡，媽媽要餵新生兒喝奶，不太能去回應孩子，同樣地，一開始可以同時由父母雙方去回應孩子，媽媽再漸漸退出、放手讓爸爸處理。如果父母其中一方必須常離家出差，而讓父母之一必須獨自照料新生兒、與依然常在夜裡醒來的幼兒，則可以考慮讓幼兒同睡在一張大床上、或把兩張床併在一起睡，或至少睡在同一房間裡。不然，要一個人在夜裡穿梭於不同房間去照顧孩子，實在分身乏術、甚至會很危險。

5. **如果孩子很抗拒父母其中一人呢？**逗他笑、回應他的恐懼，他就是害怕自己再也得不到媽媽的關愛，而把爸爸視為阻礙的人。玩「你無法接近媽媽」的遊戲，這遊戲的靈感來自勞倫斯・寇漢，就我所知，遊戲最能有效幫助孩子們處理情緒。讓孩子「比較偏好」的那位父母坐在沙發上，另一位父母坐在中間、隔開他們，故意說：「你無法接近媽媽！你是我的了！我要讓你跟媽媽分開！」當他努力爬向媽媽，試圖抓住他，但故意笨手笨腳、抓不住他。這時候，媽媽則幫他加油打氣。當他終於爬到媽媽那邊時，媽媽抱抱他、再放開他；爸爸則發出哀號，但繼續出言鼓吹、挑戰孩子，再玩一次，而爸爸一樣放水讓他成功。如果孩子確實比較偏好某一位父母，他一定會笑得東倒西歪，而這表示他對此的恐懼已經逐漸釋放，他也會要求一玩再玩。等到他玩夠了，就可發現他越來越願意和爸爸在一起，為什麼呢？因為歡笑把他們連結在一起了，更重要的是，因為他已經克服「不能和最需要的人在一起」的恐懼。這個遊戲需要爸爸在情緒上夠大方才玩得起來，不過我聽過許多家庭透過這個遊戲有效轉化了孩子的心情。

孩子即將成為哥哥姊姊了！十個提供情緒支持的祕訣

1. **體認到你懷孕的這件事帶給孩子不少壓力**。為什麼？因為和以前比起來，你體力減退、也比較沒耐心了，因為你不再能輕鬆把他抱起來，因為坐在你腿上時感覺越來越擠了，因為他其實不知道家裡多了個寶寶會是什麼光景。在大多數家庭中，還會有更多壓力，例如：要讓孩子斷奶了、把他換到兒童床上睡、甚至要搬家。要特別關注，這些改變對孩子來說都相當困難。請做好心理準備，孩子可能會有點行為失序、或出現退化現象。
2. **在新生兒出生前，完成一些大改變**。例如：換床或換房間、斷奶、如廁訓練或搬家，這些事情本來就須花時間慢慢適應，不要將這一切太快連結到與新生兒有關。

3. **強調孩子的獨特之處**。翻閱他寶寶時的照片，聊聊他以前是個怎樣的寶寶，以及他現在是個多棒的孩子，告訴他這個世界上就只有一個「他」，在你心裡，任誰也不可能取代他。

4. **不要過度聚焦在寶寶身上**。懷了下一胎，你自然會很興奮期待，同時也希望孩子的心情和你一樣。但對孩子來說，小寶寶還不夠真實，他現在的生活才是真實的。如果你讓每件事都圍繞著寶寶，勢必會讓他心有芥蒂。如果有朋友出於善意地問他對於要當哥哥姊姊有什麼想法，而孩子一時之間不知道要說什麼，你就趕快加入談話、改變話題：「我們很期待寶寶的出生，但我們其實不太知道那之後一切將會如何。現在，傑森正忙著蓋火車軌道，你懂火車軌道的裝置嗎？」

5. **讓孩子有機會表達心裡的各種感覺**。從媽媽懷孕到寶寶誕生的過程中，他會有各種感覺，從興奮到不耐煩與擔憂。請以同理回應他，例如「聽起來你……」

- 「等妹妹出生後，你迫不及待想教她滑雪橇。」
- 「每個人見到你，都會問你要當哥哥了有什麼感覺，一直回答這類問題真的讓人厭倦。」
- 「你希望我的背不要受傷，這樣我才能更常抱你，就像我們以前那樣。」

6. **確保孩子相信自己在家裡仍占有重要位置**。一直以來，他都是家裡的寶貝，但現在則感覺像有另一個寶貝要來取代他了。協助孩子感覺自己、以及他為家裡做的事情有被看見與重視：「卡蘿，妳今天在飾品店裡幫忙我，謝謝妳……我們真的合作無間！」或「莎拉，我好愛我們一起大笑……跟妳在一起真好玩！」

7. **如果你們不能像以前那樣互動，說明事情的來龍去脈，減緩孩子對寶寶的怨懟**。說明當你的身體裡住著小寶寶，你的身體會很難同時又長時間抱他，但你依然愛他、體力好時你依然會想多抱抱他。盡量把握可以抱他的機會。

8. **要多注意，孩子可能聽見一些讓他擔憂的訊息**。例如，一個我所認識的五歲小孩，他去鄰居家時碰巧看到電視劇中，有個胎兒在生產過程中去世，他嚇壞了，但又不敢告訴媽媽這件悲慘的事情，他變得悶悶不樂、很難照顧。媽媽回應他想必有所擔心、所以心情不好，便問他：「你不知道寶寶出生後，你能不能擁有足夠的時間跟我在一起？」他回答：「不是，我擔心寶寶可能會死掉！」媽媽向他解釋，在我們的國家醫療技術已經能確保寶寶與媽媽都可平安健康了。媽媽——點出每個他們所認識的、有小寶寶的家庭，說明這些寶寶是如何安全地誕生。這樣談完，孩子就放心了，變回可愛又願意合作的樣子。

9. **盡可能與孩子維持平和而情感豐沛的關係**。避開權力角力、減緩衝突，他需要對你的愛感到安心，才能平靜地迎接小寶寶的到來。自然地，他會測試你是否一樣愛他。

10. **當你在準備去生產住院的行李時，讓孩子一起收拾，特別把一張他的照片放進行李中**。同時，悄悄包裝好一份小禮物，當作小寶寶送給他的禮物，也可以放一張小寶寶寫給他的卡片，「謝謝你在我慢慢長大時，唱歌給我聽。我終於準備好要出生了，好期待能見到你，我等不及要向你學習、跟你當好朋友。我覺得很幸運有你當我哥哥，我喜歡你的強壯和溫柔，我現在還很小，但我會努力長大，這樣我就能趕快跟你一起玩了。我愛我們的家！」有些父母不贊成這麼做，因為禮物與卡片顯然不是來自小寶寶，但我不曾聽過任何孩子質疑這點，他們都很愛這份禮物。如果你的孩子真的提問了，你可以簡單向他解釋，小寶寶還不會說話，但如果他會，這些就是他想告訴孩子的話。

斷奶？還是一大一小哺乳

一大一小哺乳將有助於在哥哥姊姊與新生兒之間建立起充滿愛、最美的連結，他們熱愛與彼此互動，哥哥姊姊與新生兒也總是非常溫柔與甜蜜。要與幼兒重新連結、幫忙他適應擁有手足這個巨大的改變，餵奶是最好的方法。

——葛芮絲

當我懷小女兒時，乳房變得非常敏感，以至於親餵兒子時，我的身體感到非常排斥、不適，最後我終於決定讓兒子斷奶。比起每次餵奶時我都要咬緊牙關，斷奶對我兒子來說應該是比較好的。

——泰拉

如果你的身體依然能順利愉快地餵幼兒喝奶，也計畫要親餵新生兒，這時你必須做個決定：要讓幼兒斷奶，還是一大一小哺乳（tandem-nurse〔編按：又稱串聯哺乳，意指母親同時為兩個小孩哺乳，一邊乳房一個〕）？

這是個很個人的決定，取決於你的孩子有多大、孩子是否準備好可以斷奶了，這也與你本身的反應有關，而你會有什麼反應有點難事先預測。有些專家認為，懷孕婦女在餵奶時感到疼痛或不舒服是一種天性，是身體在告訴她一次只能餵養一個。確實，以前食物較不充裕，母親身體的哺乳機制會這樣運作有其道理，就像以前婦女產後要等比較久月經才會恢復，因而使兩胎之間的間隔比現代大。

是否要一大一小哺乳是個大決定，也是個值得研究的問題，可參考其他家庭的經驗。許多媽媽主張一大一小哺乳，認為可以促進孩子之間關係的親密。由於寶寶從乳汁裡吸收到催產素，而他的身體會繼續製造更多催產素，這讓寶寶與幼兒在共享哺乳經驗的同時，共同擁有一種溫暖的感覺。大多數媽媽都說，一旦寶寶出生，哺乳時的疼痛與不適便會消失，有幼兒吸乳，也會幫助調節奶量，使得餵小寶寶哺乳較為順利。

如果你決定要一大一小哺乳，最理想的狀況是，大孩子已戒掉夜奶、並已有固定的喝奶時間（例如睡前與起床時），而新生兒習慣隨時要求便能喝奶，這麼一來，在你剛開始與新生兒建立餵奶關係時，才不會因為大孩子突然要求喝奶，而讓你一時忙不過來。同時，在懷孕時，縮短餵奶時間以幫助自己撐過不適的生理反應。告訴老大，在他喝奶時你會唱一首簡短的歌、或數到某個數字，唱完或數完時，他就必須停止吸奶了。

如果你決定要讓大孩子斷奶，我向你保證，他能夠適應的。最能幫助他順利斷奶的方式，就是盡早開始，好讓你可以逐步進行，終而讓他能在新生兒出生前至少三個月完全斷奶。斷奶不在這本書討論的範圍，但在育兒網站 AhaParenting.com 上有許多關於如何溫和斷奶的建議。

幫忙大孩子預備好生產後的分離

當要離開家裡、到醫院準備待產時，許多媽媽會很擔心大孩子，不論是什麼時候開始陣痛、要生多久，皆無法預測，這使得父母更難去為大孩子做足準備。

當然，大孩子可以和爸爸待在一起，而不必委託朋友或親戚照顧。但我們也知道，生產過程中如果能有伴侶陪伴在側、給予支持，一切會順利很多，因此大多數狀況，家庭會決定爸爸進醫院陪產，而大孩子則留給其他大人幫忙照顧（也可以規畫在家裡生產，那就不須與大孩子分離了？關於這點，可以跳到下一段閱讀）。

我們應該如何為大孩子（包括學步期幼兒至學齡前兒童）預備好與媽媽的分離，或他們甚至要離開家裡、暫時住親友家？

1. **從現在開始，加強與大孩子之間的關係**。在與你分開的那段時間裡，孩子心裡可能會非常難熬，然而與你緊密的連結可以為他提供一些緩衝，協助他比較容易恢復心情。

2. **去生產時，找個能照顧大孩子的保母來幫忙，並開始與他合作，一起幫大孩子預備好心情**。盡量常常讓孩子與保母有互動，一開始讓他們兩人短暫接觸，之後拉長相處的時間。之後，試著安排孩子在保母家裡睡午覺，讓他可以安心地入睡。如果孩子可以適應，考慮讓他在保母家過夜，但不要強迫。如果孩子還沒準備好，就不必為此冒著讓他有心理創傷的風險。如果生產的時程會跨夜，那就必須讓孩子在保母家過夜，這是不可避免的，但就僅此一晚，除非孩子和保母在一起感到自在安然。

3. **平時不要為了讓孩子練習與你分離，而經常把他留給其他人照顧**。這會讓他心裡產生陰影。我們的目的不是要讓他習慣分離、或與任何人待在一起，這並不是依附關係建立的方式。我們的目的是要幫忙大孩子與之後會照顧他的人建立關係，因此之後你不在他身邊時，那個人能夠安撫他。當你不在時，能幫忙他適應一切、他所信任的人。

4. **你的目的是協助之後要照顧大孩子的人，懂得如何安撫他**。孩子哭了其實沒有關係，重要的是當他哭的時候有人能安撫他，他不會被留在一旁獨自哭到睡著。當孩子難過時，如果有一個他信任的人可以給他關愛與同理，他便能撐得過去。

5. **開始以談話的方式，幫大孩子做準備**。談談從你到醫院至弟弟妹妹出生這中間會經歷哪些事情，他將會跟誰待在一起（你的朋友？奶奶？），而你很快就會來接他回家。你可強調你一定會來找他的，想個「咒語」：「媽媽馬上就會來、把你帶回家，因為媽媽總**是**說到做到！」

6. **做一本相關的書給他**。協助他渡過這個非常時期（接下來的章節將會詳細討論）。

7. **幫大孩子發展一些被玩偶或你的衣服安撫的情感經驗**。能有你的氣味會更好，沒有任何物品可取代人，但孩子可以從相似的物品上尋求慰藉，他們會把某個物品連結到某個人、以及安全的感覺。在你去生產時，提供一些能夠安撫大孩子的物品，在大孩子難過的時候，幫忙照顧孩子的人便可以拿來安撫孩子。

8. **保持樂觀，對大孩子有信心**。大孩子經得起這個挑戰，即便他在照顧他的人懷中哭到睡著，你在生產前與生產後所給他的愛與關心，對他能如何面對這個挑戰是至關重要的。

如果你希望生產時大孩子也一起待在現場

當我們家小寶寶誕生時，其他小孩們就在現場，不用我們苦口婆心的勸導，他們自然地感覺到彼此是家庭的一份子，他們親眼見證了小寶寶來到這個世界、也進入了我們家的生活之中，現在，他們深愛著彼此。

——亞特金芭

許多第一胎平靜順產的父母，會很興奮他們可以帶較年長的孩子，一起去參與新生兒出生這個神奇的時刻。我自己的兒子在四歲時跟我們一起去過生產中心，在我生產時他在玩積木。妹妹出生時他就在現場，他站在我頭部這側、緊握著我的手。他很熱愛有機會歡迎妹妹的到來，即便他依然會有一般的手足競爭，在需要的時候他永遠會保護自己的妹妹。

由於生產過程中有諸多不可預測性，安排一位親友（一個與大孩子相當親近的人）來，在你生產時可以照顧大孩子。這個人的任務是，一旦生產的過程中出現任何變數，或者孩子覺得承受不住或無聊難耐時，他可以即時帶開小孩。這個人必須事先準備好若是發生這種狀況，他可能會錯過生產的過程。

如果你決定這麼做，確保你也已經為小孩做好心理準備，好讓他知道接下來大概會發生什麼。

1. **一起閱讀許多關於生產的書**。在育兒網站 AhaParenting.com 上有推薦一些相關書單。
2. **一起觀賞適合兒童觀賞的生產影片**。可以在亞馬遜網站上找到「誕生日」（Birth Day）的 DVD，或在 YouTube 網站上找到「溫柔生產」（Gentle Birth Choices）影片。而家裡附近的社區圖書館可能也有其他的影片，你可以找來與孩子一起觀賞。你可以觀察他的反應，判斷他是否準備好待在實際生產的現場。

3. **讓他幫忙你一起推動大型家具**。指出「生產」的過程就像這樣，必須比推家具更用力，過程中會發出很大的聲音、用盡全力、流汗，這些都有助於出力。

4. **說明會發生哪些事情**。讓孩子知道他可能會經驗到什麼，包括剪臍帶時會流血，但這不會傷到小寶寶。

5. **告訴孩子寶寶會長什麼樣子**。我們都知道，剛出生的寶寶看起來紅通通、瘦瘦小小又皺巴巴的。

6. **告訴他，他出生時的情景**。孩子很愛聽自己出生時的故事，這讓他們感覺自己很特別，這也讓他們準備好參加生產的過程。

為孩子創作一本過渡的小書

故事中所反映的經驗有助於增進孩子們對世界的認識，書本說明了他可以期待什麼，所以孩子比較不會那麼害怕、也比較有能力面對。一本書也帶給小孩一個「幸福快樂的結局」，這對於我們如何記憶與消化事件是極為重要的。這就是為什麼每當孩子正在面對一個重大的過渡時期，為他創作一本專屬於他、最後走向美好結局的小書是很有幫助的。

由於在生產時，較大的孩子與你分離的經驗將會決定他對新生兒的到來有什麼感覺，也許你可以為小孩創造一本主題關於懷孕與分離的書。接著，當你們重聚之後，也許你可以再創作另一本關於手足關係的書（詳見第280頁關於創作手足之書的內容）。即便大孩子還不認得字，他接收語言訊息的能力遠超過他所能表達的，他能夠理解的超越你的想像。一本專屬於他的小書，會幫助他對一切有更多理解。

你可以在育兒網站 AhaParenting.com 上找到許多例子，如《奈特多了個弟弟》（*Nate Gets a Baby Brother*）即是一例，你可以下載 Word 文件檔，再填上專屬於你孩子的內容。

為大孩子創作一個「活動箱」

每天，你都須餵新生兒喝奶數次，你須找些事情讓大孩子做。我建議你找一個你能用單手舉起的塑膠箱子，做成大孩子的新「活動箱」，然後設計二十一個不同的活動，例如感官袋或感官箱，你可以轉一轉它、每天放入三個新的活動。等到大孩子下次輪到同個活動，已經是一星期過後了，他仍會對這個活動有興趣。

不知道感官袋是什麼嗎？感官袋是一個堅固耐用的透明保鮮袋，裡面可以裝透明髮膠與小物件（如玩具魚或小動物），你可以加一些食用色素和亮片，並用膠帶把開口確實封起來，這樣大孩子把它翻來翻去、欣賞裡面的內容時，袋口不會迸開。「感官箱」就是簡單的塑膠容器，裝著一些適合孩子玩的小物件，例如黑色豆子，這個箱子可以容納一切髒亂，讓孩子能夠自由自在地玩。在網路上，你可以找到各種完美又簡易的感官箱或感官袋玩法，適合玩的年齡層從幼兒到學齡前都有。

你可以用塑膠氣泡墊、貼紙，甚至拿毛根穿過洗菜用的過濾盆上的小孔，來製作活動箱。當產後有人問你需要什麼禮物時，告訴他你需要一些可以讓小孩自己玩的小玩意，並把它放進活動箱中。

這樣會不會太多了呢？我不認為，想想看，你將花多少時間去餵寶寶、或安撫他入睡，這勢必會讓大孩子等得很不耐煩，這是一個很聰明的好方法，既可以照顧大孩子玩的需求，又可以維持你們之間的關係。在我看來，比起裝飾寶寶的房間（寶寶根本不在意房間長什麼樣子）、或其他為寶寶而做的事，幫大孩子準備一個活動箱更重要。

迎接第二個孩子，你須整理好自己的情緒

當艾許兒出生時，每一天，我都因為失去與艾佛瑞斯那份獨特的關係而相當難過，單是成為一個小孩的媽媽，便已須犧牲許多，何況現在第二個小孩出生了，勢必會經歷一段悲傷的歷程。

——雪兒・保羅（Sheryl Paul），意識轉化（Conscious Transitions）網站創辦人

大多數父母在期待第二胎誕生時，會同時經驗興奮與惴惴不安，如果你發現自己心裡對接下來的變化感到焦慮，不要忽視，請好好關注，仔細觀察在這些感覺底下有什麼特定的想法，例如：「還記得弟弟出生時，我有多難過，很擔心我正在複製這種情境，而毀了我女兒的快樂。」

回頭想想，這種擔憂真的會成真嗎？當然，你的女兒即將面臨一個重大的適應，然而，也許弟弟對她來說是一份美好的禮物，是她這一生從未得到的幸福。不要讓你自己生命中的失落影響了她的人生。

一旦你仔細端視那些影響感受的想法，回頭關注感受的本身。一旦我們感覺到某種感受，

不論是什麼想法導致這種感受，唯一可行的方式就是去面對。坐下來，覺察身體裡的感覺，隨著呼吸，感覺它們的變化與消散。

盡力去愛每個孩子

如果你已經有一個小孩，而期待生第二胎，你也許會懷疑是否能如同愛第一個小孩那樣去愛第二個小孩，大多數父母都會有此顧慮。許多父母都說，隨著第二個小孩出生，他們非常保護這個新生兒，卻有點擔心自己並沒有馬上感覺到同樣深刻的愛。這是很自然的，保護孩子們是我們的天性，對孩子們的愛則是我們所創造出來的，所有一點一滴的互動都會為這段全新的關係奠定基礎，並逐漸建立起連結感。隨著時間推移，你將會發現自己與第二個小孩的關係與第一個小孩同樣強大，然而兩段關係並不相同，因為每個孩子都是獨一無二的個體，同時，也因為你們所經歷的事情並不相同。每個孩子都需要與你有獨一無二的經驗，而你也自然會用不一樣的方式回應他們的需求。

這對手足競爭會有什麼影響呢？儘管要迎接第二個小孩來到你的生命中，大多數父母都會有些害怕，然而，你能夠、也將會愛你的第二個小孩，如同你愛第一個小孩那樣。此外，如同南西・薩姆琳（*Nancy Samalin*）在《每個孩子都是摯愛》（*Loving Each One Best*）中提到，你可以**用盡全力**去愛每個孩子，這意謂你全心照顧每個孩子的需求，他便不須渴求別人所擁有的東西。每個孩子都須感覺到被看見與重視，但因為每個孩子都是特別的，孩子們需要從不同的方式去感覺到你的愛。也許第一個小孩會因被你抱在膝上、聽你讀書給他聽，而感到被你深深愛著，而第二個小孩會因你幫他縫補破掉的超人服裝，而感覺到你的愛，而第三個小孩則需要你和他玩打鬧遊戲、一起歡笑。盡力去愛每個孩子，意謂你用不同的方式讓他們深深感覺到你的關愛，因此他們相信自己的需求總是會被你照顧。一旦孩子們理解不論手足得到什麼，父母永遠擁有充裕的愛可以給他們，手足於是成為一份幸福，而非威脅，同時，你也絕對不會愛任何人比愛他更多。

第10章
展開好的開始：生產與產後頭幾個月

你即將要把新生兒帶回家了！想當然耳，你會希望大孩子喜歡他的弟弟妹妹，好讓以後的家庭生活可以愉快又歡樂。

然而，就像你所知道的，事情的發展往往不見得是如此。事實上，當你帶寶寶回家，大孩子會有各種複雜的感覺是再自然不過的了。雖然他一方面很興奮終於看到小寶寶本人了，但眼睜睜地看著你與所有客人都逗著小寶寶玩，會讓他感到恐慌。他知道自己不該有那種感覺，所以他可能會壓抑那些感覺，也許有一天會爆發。

不用擔心，這只是過渡時期。你越能保持冷靜、一再給他保證，他便能體會到依舊被你深愛著、你對他的愛絲毫沒有減少。本章節中，有許多好點子，讓你在頭幾個月可以協助大孩子，請不要覺得你必須全部做到。最重要的是大孩子感受到父母對他的愛，其他的都是其次。

為大孩子引介新生兒

我們讓大孩子親一親、抱一抱、聞一聞小寶寶，從不會說：「不要碰寶寶，離寶寶遠一點，你不要靠近」……新生兒與哥哥姊姊之間擁有一份專屬於他們之間的關係，經常抱抱、相互依偎能讓他們對彼此產生連結感。

——凱兒

1. **精心安排如何介紹小寶寶**。如果大孩子沒有陪你一起去生產，產後盡快讓他來看你，在其他拜訪的親朋好友不在場時，強調你看到他有多開心，不要把焦點都放在小寶寶身上。對他來說，與你分離是一件大事，小寶寶其實只是附帶的事件罷了。當你第一次把小寶寶帶進家門，讓其他人抱著小寶寶，如果媽媽（或甚至是父母雙方）在進門的那一刻，可以空出雙手來擁抱大孩子，這是最理想的狀況。

2. **善用費洛蒙**。讓大孩子坐著抱小寶寶、幫忙他扶穩小寶寶的頭。勞倫斯・艾伯博士說，小寶寶的頭部會釋放費洛蒙（pheromones），當我們吸入費洛蒙，會有一種愛的感覺，並出現保護的念頭。哥哥姊姊越常抱抱他的弟弟妹妹，便會有越強的保護慾。

3. **以交換禮物來傳達善意**。在生產之前，請大孩子幫小寶寶挑選一份心意（特別的毯子或玩具）。當他與寶寶見面、相互有所連結了，讓他們交換禮物。給大孩子一份卡片與包裝好的禮物，上面寫著是寶寶送給他的。告訴他，寶寶很感謝他所付出的照顧與保護。也讓大孩子「幫忙」寶寶打開這份禮物，向寶寶說明挑選這份禮物的心意。告訴他寶寶很愛這份禮物、也很愛他。寶寶已經認得他的聲音了，馬上就能夠看著他做許多事情。這簡單的儀式有助於讓大孩子對寶寶擁有正向的感覺，因為這份心意對寶寶來說是很重要的，大孩子會因此感到自豪（這也可減少大孩子作弄寶寶的傾向）。

4. **暫緩他人到家裡拜訪，即便是家族親戚亦然**。第一天回家，最好的狀況是只有家庭成員相處，太多客人的拜訪往往會讓大孩子（與父母）難以承受。帶新生兒回家時，許多父母認為如果請爺爺帶大孩子去公園玩會比較好，但其實這時大孩子最需要與父母和小寶寶連結，而不受外人打擾。因此，確保有充分時間可以讓大孩子建立連結。

第一個星期：安頓一切，讓寶寶成為家庭的一份子

當我大聲地「告訴」小寶寶，我必須去為哥哥做點什麼，這似乎很有幫助，我認為這會讓我大兒子感覺自己是重要的，並不是所有事情都跟寶寶有關。

——安妮

大多數孩子們對於剛出生的弟弟妹妹的到來自然會非常興奮，但當他們看見寶寶的需求如何掌握了父母的注意力，心裡往往會開始不太舒服。日復一日，孩子不斷被要求為了寶寶的需求而忍耐與調整，他很容易會情緒崩潰。這是一個很自然的反應，如果他知道自己的需求依然會被照顧，便會平緩下來，父母依然很在乎他，而當上哥哥姊姊，有時候真的有點類似當個超人。透過仔細觀察大孩子有什麼心情，可以向他說說這些感覺。

1. **好好享受與大孩子相處的過程，不要讓每件事都與弟弟妹妹有關。**切記，他不確定他在你心裡是否依然重要，他唯一渴求的，就是能感受到你對他溫暖的愛。
2. **當照顧寶寶時，讓哥哥姊姊一起參與。**要讓孩子參與，你勢必要付出更多心力，但他需

要感覺到身為哥哥姊姊有著很重要的角色，而且他並沒有被冷落。「弟弟一直哭鬧不停……我不確定他需要什麼？他才剛喝過奶、也打過嗝了，你可不可以試著對他唱唱歌？」切記，你是邀請大孩子參與其中，而不是將某項任務交給他。大多數孩子都熱愛幫忙，並會因為能幫得上忙而感到自豪，熱切地擦擦桌子、或幫你丟尿布。如果孩子不願意，別擔心，下次再問問，每次都不要忘記邀請他。當孩子答應參與，向他表達感謝：「謝謝你幫忙擦桌子，我真的需要桌子乾乾淨淨的，你幫我一個大忙。」孩子會沾沾自喜，他將會學到身為一個哥哥姊姊，意謂他有能力以嶄新的方式貢獻家裡。

3. **對著寶寶談論他的哥哥姊姊**。你可以盡情與寶寶柔聲細語，當大孩子在一旁時，可以多說一點與孩子有關的話：「有布克莉這個姊姊，你真的很幸運……她讀過很多關於小寶寶的書、也會照顧玩偶，她知道小寶寶需要些什麼……你之後就會知道，她可以靠自己開燈關燈呢！」

4. **當你必須為了寶寶而離開大孩子**。大孩子勢必會把你的離開經驗成一種小小的拋棄，並開始討厭聽到寶寶睡醒的聲音。這時候，養成習慣說：「寶寶在房間裡……他睡醒了……想要跟你玩！我們一起去找他。」如果他願意一起去，充滿期待地想抱抱他、帶著他一起過去；如果他不願意一起去，你可以說：「那我把小寶寶抱過來找你。」在孩子心情愉悅而平靜的時候，讓他不要覺得自己總是排在寶寶之後，「我正在幫妹妹穿鞋子，所以現在還沒辦法抱你，等一下我就會去找你了。有時候每個人都需要等待一下哦。」

5. **讓大孩子成為主角**。在朋友來家裡之前，先打通電話給他們，建議他們不必準備新生兒的禮物，而可以考慮準備「哥哥姊姊」的禮物。請朋友們先向大孩子打招呼、和孩子好好地玩幾分鐘，再提到小寶寶，告訴他們，大孩子會去門口迎接他們、並向他們介紹小寶寶。如果朋友帶了送給寶寶的禮物，讓哥哥姊姊幫忙拆包裝、並把禮物拿到寶寶手裡。

6. **讓大孩子抱著寶寶，並幫他們拍張照**。以這張照片當作你生產後傳給親朋好友的喜訊，這麼一來，大家關注的焦點就比較分散了，你甚至可以說：「馬克斯在此鄭重向您宣布：他的妹妹泰絲登場嘍！」馬克斯將會與有榮焉。

7. **盡量讓孩子照表操課**。當然，一旦寶寶加入這個家庭，一切勢必會有所不同，但如果孩子以前習慣在每天早上睡醒時都有一段與你相偎相依的時間，想辦法讓他可以繼續。不要期待大孩子整天都想盯著寶寶看，他需要的世界更寬廣，帶他去遊樂場或公園跑一跑。當父母其中一人忙著照顧寶寶，讓他與另一位父母做點「特別」的事情。如果他已經在上學了，送一些點心、以及他與寶寶的照片到班上，請大家一起享用與慶祝。

8. **切記，你的大孩子仍然只是個小孩**。即便他已經五歲了！我是說真的，他在寶寶旁邊看起來較大，我們很容易就期待他可以比實際年齡更成熟一點。想想看這會帶給他的壓力，此時此刻的他其實不應該那麼成熟，你反而應該準備好他將會有一些退化的反應，他也需要偶爾當個寶寶、享受你的細心呵護。

9. **讓大孩子知道他的需求在你心裡依然重要**。我們確實必須立即回應寶寶的需求。如果你先去照顧大孩子，寶寶雖然在意識上並不會記得你放著他哭不管，但他的腦部會依照你慣常回應他的模式成長、成形。理想上，大孩子的需求一直以來都有被好好照顧，所以他現在應該有能力可以忍耐短暫的等待，透過讓他知道你是**想要**照顧他的，一旦你「空下來便會趕快去找他」，將有助於幫忙他等待，而不要把處理寶寶的事當作理由。

10. **確保大孩子與父母雙方都擁有足夠的相處時間**。父母在育兒的分工上，往往假設爸爸應該自動補位、負責照顧較年長的孩子，但孩子分別與父母雙方都各有一份關係（如同在前幾章所描述的），這兩份關係都是他所需要的。媽媽餵完寶寶後，讓爸爸去跟寶寶說說話，而媽媽可以有一些時間與大孩子相處。

11. **好好吃飯、相愛與遊戲**。真心享受與大孩子在一起的時刻，這無非是你依然愛他的最佳證明。一起歡笑會讓你們重新連結在一起，並幫助大孩子減緩擔憂。你也許會累到不想與大孩子玩打鬧遊戲，這時你可以試試安東尼・德班奈特（Anthony DeBenedet）提出的「地震遊戲」，這個遊戲可以躺著玩：讓大孩子坐在你身上，你滾來滾去、掙扎扭動，直到孩子終於從你身上掉下來，這將會轉化孩子心裡的擔憂。

12. **把愛擺第一，其餘的事沒那麼重要**。你當然會精疲力竭，請不要讓以上任何一個建議把你壓垮。孩子唯一需要的就是父母能夠愛他、享受與他在一起的時光，除非你給自己足夠的支持，否則你很難成為能夠愛與享受的父母。因此，不要把這些建議列在你的代辦清單上，實際上你可以丟了待辦清單，只要專心在「愛」上就好，愛你自己、愛小孩、愛你的伴侶。如果生活看起來雜亂無章，其實也沒什麼大不了，這意謂你把心力放在最重要的事上。買外食、請訪客帶食物來（而不要帶禮物）、或買些食物放進冰箱，直接從烘衣機裡拿件衣服來穿。在生產完最初一週只要專心愛小孩、好好補眠，其他事就別忙了吧！喔，不，產後第一個月都過這種生活吧，甚至更久。

餵奶時，找點事情給大孩子做

以前我會進到小寶寶的房間裡，關上門餵奶，這麼做真的很不好。我讓三歲的兒子在外面看電視，他非常討厭這樣，但我也只能這麼做，否則他會在我們附近胡鬧作亂。我覺得他從來沒有對此釋懷，即便現在已經一年過去了，他對妹妹依然非常冷漠。

——梅蘭妮

每當我坐下來餵女兒喝奶時，兒子（兩歲）就會變得非常難纏，我真的不知道能拿他怎麼辦，所以我開始試著推測女兒喝奶的時間，在她餓醒之前，找件會讓兒子非常專注的事情給他做。接著，我會一邊餵奶，一邊唸故事給我兒子聽，這麼做之後一切大不同。

——貝琪

人類的基因根源於石器時代，演化的進展非常緩慢，當父母的注意力不在孩子身上時（可能在弟弟妹妹、電腦或手機上），孩子會本能地警覺到這點、心裡會沒有安全感。如果你分心了，這時突然有老虎從樹叢裡跳出來，他該怎麼辦？這攸關他的生死存活，他急切要喚回你的關注。

你一天須餵小寶寶好幾次，每次都必然激起大孩子的焦慮，這是真的，一點也不誇張。明智的做法是事前先想辦法讓大孩子忙著做點事，你再去餵寶寶。

1. **在餵寶寶之前，**確保你與大孩子有一些連結的時間，最好先和他玩一點打鬧遊戲、逗他發笑，這可減緩他的恐懼，讓他感覺與你親近，也讓他比較不會想在你與寶寶周圍胡鬧作亂。
2. **歡迎大孩子靠近一點。**雖然坐在搖椅上是最舒服的，但如果你能想辦法抱著寶寶坐在沙發或床上，會是很值得的，這麼一來，大孩子也可以依偎在一旁。
3. **為大孩子準備一點簡單的零食或飲料。**對於剛斷奶的孩子來說這特別有需要，因為他斷奶了，卻要看著寶寶喝奶，難免會心生嫉妒。
4. **拿一些書給大孩子看。**從圖書館借一些故事書，讓家裡總是有許多看不完的故事書，讓小孩永遠看不膩。如果他知道每當寶寶要喝奶，他便可以看書，心裡比較不會對寶寶感到那麼嫉妒。
5. **讓他同時去玩照顧遊戲。**如果你正在餵奶，建議他也去餵玩偶喝奶。如果你是用瓶餵，也準備一個玩具奶瓶給他。
6. **拿出你在懷孕期間便已準備好的活動箱**（更多詳情請見第336頁「為小孩創作一個活動箱」）。
7. **如果他不想要玩活動箱，**也許他需要與你有更多連結，一邊餵奶，一邊邀請他過來唱歌給你們聽。

8. **在餵奶時，如果他一直搗蛋不休呢？**有時候，不論你準備多少活動，大孩子依然會在你餵寶寶時胡鬧，要解決這種狀況，你必須在寶寶想喝奶**之前**，便玩一些打鬧遊戲、創造許多歡笑，這會讓孩子放鬆下來，並準備坐下、聽你唸書給他聽。然而，有時寶寶會突然醒來、吵著要喝奶，而大孩子又不願配合，在這時候，有個簡單的解決方法是把兩個孩子都帶進浴室，在浴缸裡放水，讓小孩泡個澡，給他一些玩具或打些泡泡，你便可以坐在旁邊一邊餵奶、一邊看著他玩。浴室絕對不是最舒適的餵奶環境，但泡澡能讓小孩冷靜下來，寶寶也能不受干擾，而你也不會忍不住大吼大叫。如果哥哥姊姊年紀太小、還不適合自己泡在浴缸裡，另一個備案是把他抱上兒童椅、扣上繫帶，給他一些好吃的食物、或好玩的玩具，而你坐在一旁餵奶。

幫忙孩子消化心中對寶寶的複雜情緒

在頭幾個月，她常說自己根本不想要有妹妹，我從來不會試著「糾正」，差不多六個月過後，她開始說：「我真的很愛妹妹！」現在，一個五歲、一個兩歲，她們是彼此最好的玩伴。

——卡莉

你的孩子勢必會對寶寶的到來有各種複雜的感覺，如果你能接納這些自然的情緒，他也將能接納自己，這會帶給他們力量。隨著時間推移，他的恐懼會逐漸安頓，他的愛會滋長，手足的關係也會茁壯起來。

相對地，如果他認為自己的嫉妒是不被允許的，將會克制它，把它排除到意識之外，但越是用力壓抑這些困難的情緒，越會導致焦慮、變得僵化。不僅如此，情緒並不會乖乖被壓抑下來，它們會突然爆發，正因為它們不在意識的掌控下，往往會以攻擊性、反抗對立或哭哭啼啼的方式呈現。如果大孩子開始出現一些你不能理解的行為反應，例如半夜裡突然醒來、到處亂尿尿，這表示他的情緒需要你的協助了。

如果父母清楚傳達每種感受都是正常可以接納的，孩子便能好好適應小寶寶的到來，即使這不表示所有行為都是被允許的。

1. **當哥哥姊姊對寶寶展現負面的情緒**。辨認出他的心情、接納他，並讓他知道這些心情都是可以與你分享的。「你想知道我們能不能把妹妹塞回媽媽肚子裡？……我知道，這對我們大家來說都是很大的改變，有時候你很希望一切能跟以前一樣比較好……喔，但寶貝，我們不可能把妹妹塞回去，現在妹妹也是我們家的一份子了，就像你、我與媽咪都是家裡的一份子，所以她從現在開始會跟我們生活在一起了……這讓你好想哭，我知道……我知道這不是你最想聽到的回答，有時候要適應這麼大的改變真的很困難……但你可以告訴我你有什麼感覺，我會了解的。」

2. **如果大孩子很悲傷，不要太訝異**。一旦你已經表明寶寶從此就會待在這個家，許多大孩子會很傷心。這其實是件好事，一旦孩子允許自己悲傷，他將會停止抗拒、展開適應的歷程。要幫忙他渡過這段悲傷，只要辨識出他的悲傷。「你現在覺得很傷心，對嗎？傷心難過是沒關係的，不然我們現在一起在沙發上躺一會兒，像這樣靠在一起？」

3. **如果大孩子沒有展現什麼嫉妒或難過之情呢？**告訴他，你能夠讓他表達任何他所感覺到的。「有時候哥哥姊姊會擔心寶寶的出現，擔心寶寶會讓媽媽爸爸不再有時間跟他們待在一起。我希望你知道不論妹妹擁有多少我們的愛與照顧，我們對你的愛與照顧依然充裕、絲毫不會減少，我再也不可能像愛你這樣地愛任何人了，如果你覺得生氣、難過或覺得落單，我希望你能讓我知道，我永遠會在你身邊、讓你感覺好一點，好嗎？」不必擔心這麼做會引起他這些負面想法，經歷這麼大的改變，他本來就會有這些不好的感覺，就如同他也會有許多美好的感覺，萬一他以為這些負面感覺是一件可怕糟糕的事，他將會覺得自己是個糟糕的人。你一定不希望他心裡被這種感覺所侵蝕，進而導致失序行為、或怨恨弟弟妹妹。

4. **他會不會為了吸引注意而故意假裝嫉妒呢？**會不會讓他學到「會吵的孩子有糖吃」？說真的，如果孩子這麼需要你的關注，以至於他要努力假裝這一切，那他真的很需要你好好關心！每天安排一些與他單獨相處的時間，安撫他的情緒，他便不再需要為了得到注意而費盡心思了。

5. **當有陌生人稱讚寶寶，確保孩子不會覺得被排除在外**。「對，寶寶很幸運可以長得好像他的帥哥哥。」

6. **幫忙讓大孩子了解寶寶將會長大與改變**。當然，你可以預想幾年後他們將會玩在一起，但此刻孩子很難想像這個哭個不停的寶寶將來可以成為他的玩伴，所以他難免會覺得非常失望。告訴他當他還是個寶寶時的情景，他也是需要協助的，大家也都盯著他看、逗著他玩，然後他慢慢長大，變成現在的樣子！拿一些他剛出生、逐漸長大的照片給他看，以幫助他想像弟弟妹妹也將慢慢長大。

7. **同時帶著大孩子運用左右大腦的功能來理解這一切**。小孩也許還無法以語言表達他的感受，但視覺的方式有助於他的理解，你可以畫一顆大大的愛心、小孩全都在裡面，珍．奈爾森建議可以用蠟燭來描述你對他的愛不會因寶寶的出現而不見。「這是媽咪蠟燭，火焰代表媽咪對你的愛，這是爸比蠟燭。」（用媽咪蠟燭上的火焰來點燃爸比蠟燭。）「當我跟爸比結婚，我給他我所有的愛，然後我還是擁有這些愛。」（拿著比較大的媽咪蠟燭去點燃小蠟燭。）「這根蠟燭就是你，當你出生時，我把所有的愛給你，你看，爸比依然擁有我的愛，而我也依然擁有這些愛。」（把小蠟燭放在燭台上，再拿一根小蠟燭，以媽咪蠟燭點燃。）「這根小蠟燭是弟弟，當他出生，我也給他我所有的愛，然後你看，你還是擁有我全部的愛，爸比也擁有我全部的愛，而我依然還是擁有這些愛，因為你可以愛著你所深愛的人，同時仍保有自己全部的愛。現在，你看看這所有的火光，這些就是我們家裡每個人擁有的愛。」

大孩子總是過度熱情地擁抱寶寶，該怎麼處理？

我們每天都練習輕柔動作，我抓著兒子的手，教他如何輕輕地拍、溫柔地擊掌。當小女兒開始會爬了，他們一起玩爬行遊戲，用爬的互相追逐。現在，我兒子四歲、女兒十六個月，兒子比任何人都懂得如何逗妹妹笑，雖然動作輕柔依然是個挑戰，他們依然非常親近友好。

——莫琳

年幼的孩子仍在學習如何調整，所以他們必須學習如何擁抱寶寶。然而當哥哥姊姊越玩越粗魯，在高昂的玩興或熱情底下往往潛藏著其他情緒。這是可以想像的。畢竟他們既愛弟弟妹妹、同時又會嫉妒，這並不是惡意。深呼吸、告訴大孩子：「這樣有一點太粗魯了，看看弟弟的表情？他表現出很害怕，來吧，我們溫柔一點。」抓著他的手、示範如何溫柔地做同樣的動作。如果有必要，先把寶寶抱離開，再安撫大孩子。

攻擊的根源是恐懼，有一些看似毫無頭緒的粗魯行為，可以透過幫忙大孩子消化恐懼之後得到解決，打鬧遊戲對此很有助益。你可以在寶寶睡覺時，與大孩子維持平時關係、進行打鬧遊戲，也許你就會慢慢觀察到孩子變得比較溫柔了。

然而，在某些他沒有辦法溫柔的時候，想辦法將這種衝動轉向，告訴他你會幫忙他，「你看妹妹的表情……她看起來很害怕，你覺得她在告訴你什麼？對呀，這個遊戲對她來講有點太瘋狂了，你現在會想繼續玩瘋狂的遊戲嗎？那你要不要跟我玩騎馬遊戲？」

如果大孩子不願意轉移注意力，執意要繼續壓在寶寶身上，這時須直接以肢體動作讓他停下，並設立清楚的限制，「你現在真的很想跟妹妹這樣黏在一起，我知道，但這對寶寶來說實在太用力了，你不如過來這樣黏著我。」

不論他是接受了你的邀請、或是繼續不願配合，他的抗拒清楚表達心裡的負面感覺已經強烈地浮現出來，而且他已經準備要讓你看見。事實上，這些調皮挑釁的行為是在刺激你去幫忙他的情緒。如果你可以抱著疼惜他的心情、軟化你自己的態度，孩子也許會大哭，抱抱他，只需簡單地說：「我就在這裡抱抱你，你很安全的，每個人偶爾都需要哭一哭。」你將發現，等他哭完他就放鬆了，對寶寶更溫柔。

退化：當大孩子出現退化行為

寶寶剛來到我們家時，我兩歲的女兒彷彿晴天霹靂，看著她這麼痛苦令我好心碎。現在，寶寶五個月大了，她們深愛著彼此。

——伊絲勒

當大孩子出現退化現象，父母往往會相當驚慌，孩子明明早已學會自己穿衣服、用湯匙吃飯、在小馬桶上廁所了，現在卻突然一樣也做不到，或者說他不願意做了。這時候，父母應該堅持原本的立場嗎？畢竟寶寶需要照顧，較年長的孩子總得適應、變得比較獨立一點。

不必擔心，當有另一個寶寶加入，孩子們自然都會出現退化的現象。「退化」是指：當小孩發現生活變得有點困難，他會停止挑戰新的任務，甚至不再能維持原本已經學會的。由於要面對一個新手足的到來，這件事對小孩來說太重大了，大多數哥哥姊姊都會有點退化，例如：夜間會更頻繁地起床、不小心尿褲子、動不動就情緒潰堤、或老是哭求你的幫忙。如果你能多從孩子的角度觀看，將能減緩他的退化現象。他被一切淹沒擊垮了，他全力以赴試著應付，但一切加總起來有點太多了。他也在疑問：你是否仍愛他、你對他的愛是否同等於你對寶寶的愛？你越常與他談話，讓他知道這些疑惑的答案都是肯定的，他將能越快恢復符合他年齡應有的發展狀態。

1. **提醒自己，退化現象是正常且暫時性的**。對，我知道這真的有點令人困擾，但其實並無大礙。如果你因此心情不好，這只會讓孩子更加困難，可能會導致更嚴重的退化。你越能保持冷靜，大孩子便越快回到正軌。

2. **讓大孩子知道你接納他**。他也沒想要尿褲子，這時候搬出規矩紀律，或以羞辱刺激他，只會讓他更退化，你可以說：「寶貝沒事的，最近很多事情都不一樣了……不必擔心，再過一陣子你就能適應這一切，你想要尿尿時也會記得去找小便桶。」

3. **把他當成寶寶那樣對待**。當你一邊告訴他長大的好處（「你可以吃餅乾，是因為你已經三歲了，弟弟就還沒辦法吃餅乾，因為他還是個寶寶」），記得也一邊讓他依偎在你身旁，告訴他不論他長到幾歲，他永遠都是你的心肝寶貝。有些大孩子會要求「扮演」小寶寶，即便他沒有這麼說，他依然會喜歡你親親他的腳趾頭、玩一些你跟寶寶玩的遊戲。當他爬進嬰兒車或嬰兒床，故意表現出你很興奮看見這樣的他：「多不可思議呀，這裡有個會**說話**的大寶寶！……這個大寶寶好棒喔！」

4. **當他提出要求時，多幫忙他**。對去幫忙大孩子做一些他們已經會自己做的事，許多父母有些顧慮。當大孩子央求父母幫他穿衣服時，父母很自然會回應可以自己穿。但如果他得不到像寶寶那樣的對待，他也許會用其他更棘手的方式退化。此外，他其實是在向你確認，當他需要你的時候，你是否依然會幫忙他。每個小孩都想知道，不論手足得到什麼，他的需求依然會被照顧。不必擔心，他不會希望你幫他穿衣服一輩子的。

5. **如果大孩子要求你餵他喝奶呢？**大多數孩子往往無法理解哺乳是怎麼回事，即便他們曾經有過切身經驗也一樣，他們會想再嘗試、體驗那感覺。如果你不想答應這個要求，須

當孩子們退化……

左圖：切記，與寶寶對比下，大孩子的確看起來比較成熟，但其實他仍然只是個小孩，如果你沒有回應他「當個寶寶」的需求，這個需求就會以更棘手的方式浮現。

右圖：一旦大孩子從你的回應中更加相信，只要他有需要你就會幫忙，他們會鬆一口氣，並恢復到符合他們年齡應有的表現上。

事前先決定好，並想出所須設立的界線，盡可能減緩大孩子的不舒適感。如果是我，我的方法會是：「妹妹還沒辦法像你一樣咬一般食物，所以我們需要保留一點母乳給她喝。我想到了，我們來喝一點大女孩的飲料，用杯子喝，來點巧克力牛奶如何？」

同時安排孩子的午休或睡前時光

在大女兒出生時，我們買了一

張家庭床，現在，我們一共有三個女兒（五歲的大女兒正要開始睡到自己的床上了）。我認為同睡在這張大床上，讓她們每晚都擁有親近的感覺，因此對她們之間的關係有些影響，不論白天發生什麼，每個晚上我們都依偎在一起。

——琪拉

擁有多個小孩，最困難的莫過於他們同時都需要你的時刻。大多數時間裡，你勉強可以兼顧幾件事情、硬著頭皮撐過去。單是說：「我正在餵妹妹喝奶，你來坐在我旁邊吧，我可以唸故事給你聽。」不見得能讓學步期幼兒滿意，但除非他為此很不高興，不然通常都還是行得通，只要你平時有做好連結關係。然而，當寶寶要睡覺了，需要安靜的環境，而身邊又沒有其他大人可以看顧大孩子時，該怎麼辦呢？這是一個須先想好對策的難題。

首先，不要期待學步期幼兒或學齡前小孩，能找到自娛的方法。當你正要把小寶寶放到床上睡時，極有可能大孩子會在旁邊發出噪音、搞破壞或做一些他明知不被允許的事情（例如在沙發上畫畫）。這種無理取鬧的搗蛋行為，大多數父母都會認為必須給予嚴厲的懲罰，但從孩子的觀點來看，其實一切是情有可原的，你抱著寶寶離開他、把門關上，他心裡嫉妒極了。從這個角度出發，就像你眼睜睜看著愛人帶著另一個人走進房間，何況你早就懷疑愛人比較鍾意那個新歡，你難道不會瀕臨抓狂嗎？

午睡時間，你可以做點什麼呢？

1. **每當要去照顧寶寶之前，想辦法先給大孩子一些關注與連結感**。逗他發笑是最好的預備，因為那有助於讓他消化許多情緒，否則那些情緒將會讓他的行為脫序。有時，光是一個擁抱或一點輕撫就已足夠。

2. **接著，讓大孩子去忙一些會讓他全神貫注的事**，例如有聲書或影片。即便你平常反對讓小孩看電視（我就是），為了在餵奶的同時確保大孩子的安全、又有事可做，稍微讓步一下吧，讓大孩子一天看一部影片應該有幫助。有聲書更好，因為有聲書真的對小孩很有助益，它會刺激小孩腦部與想像力有關的不同區域。如果小孩戴上耳機，那就能減少令他分心的干擾源（包含你唱歌給寶寶聽的聲音），也會讓小孩「定」在原地，他便比較不會跑去危險的地方（當然，我們假設你家裡的環境對寶寶來說都是安全的，而學步期幼兒總是能找到製造麻煩的方法）。如果小孩太好動，無法靜下來聽有聲書，請他邊聽邊畫下所聽到的內容，聽完之後可以拿來與你分享（當然，用水洗彩色筆）。另一個戴耳機的好處是，他可以和你一起坐在房間裡（也許讓他和你背對背坐著），同時又能保持安靜，好讓寶寶睡覺（當然，對於比較好動的小孩，一聽到好笑的劇情就會笑得東倒西歪，那這個方法就不太適合他）。

3. **請大孩子「不要吵醒寶寶！」** 小孩很容易感到自己渺小無力，因此當他突然聽見大人叫他「不要吵醒寶寶」，很自然會透過一直做這件事來感覺自己擁有特別的力量。他怎麼抗拒得了這種有力量的感覺呢？特別是這麼做能讓他覺得討回一點公道，畢竟寶寶已經獨占媽媽那麼久了，老是讓他必須待在另一個房間、或獨自被晾在一旁。

如果大孩子故意跑去吵醒寶寶，你會對他發飆也在所難免。最糟的是，孩子製造出對自己不利的狀況，因為這麼一來，孩子反而毀了他可以與你相處的時間。這一切導因於前額葉尚未成熟，導致他還不懂得考量後果。記得，在生活中，你要常清楚地告訴他，你很期待有時間可以與他獨處，所以你希望寶寶可以趕快睡著、睡久一點更好。如果這麼做沒有效果，他依然按捺不住吵醒寶寶的衝動，有個有效的方法，就是賦予他一項權力！午睡時間，讓他負責控管家裡的秩序：「你想要負責幫忙讓小寶寶睡著嗎？這樣我們就可以擁有獨處的時間了，這表示你的任務是確保我們所有人都要記得用悄悄話的音量。如果我不小心忘記了，你要提醒我，好嗎？你要負責保持家裡的安靜。」

4. **安排大孩子的午睡時間**。當你要照顧寶寶，該如何同時哄小孩睡覺？最合我意的答案是：

與他們一起躺在床上，讓他們兩個一起睡著。在你唸書給小孩聽時，你可能又必須餵奶（或幫寶寶泡奶），但幸運的是，你安穩的存在本身就會安撫他們兩個、有助於他們入睡，你也可以趁機休息一下，休息正是你最奢侈的享受！如果大孩子很難安靜下來，你可試試開車出門一趟，或把大孩子抱進推車、並揹著寶寶出門繞一繞。如果寶寶也因此睡著，這麼一來，大孩子跟小寶寶的午休作息就更接近了，這又更好了！

5. **晚上的睡前時光**。如果只有一個人要同時應付寶寶和大孩子上床睡覺，這不容易。家裡有一張大床的好處是，父母可以獨自將兩個小孩同時放上床，一邊唸書給大孩子聽、一邊餵寶寶喝奶，最後三個人一起睡著（這狀況，你須謹慎確保寶寶的安全，避免大孩子「夢遊」時不會傷到寶寶）。然而，即便家裡習慣分房睡，你一樣可以把寶寶帶到大孩子的房間餵奶，並一邊唸故事給大孩子聽。如果寶寶睡著了，你可以把他放到床上，這樣你就能專心地哄大孩子睡覺。

頭幾個月：新氣象

小女兒剛出生時，我會用「腹語」來促成她與我兒子（四歲）之間的連結感，我會用可愛的聲音、搭配她的動作來對兒子講話，而兒子會回話，並看著妹妹的眼睛、與她聊天。這些早年的對話讓他們之間的連結感大有不同，也幫忙哥哥發展對妹妹的同理。十一個月過去了，他們現在是彼此最好的朋友。

——貝琳達

在許多家庭中，爸爸在產後一週便回到工作崗位，而媽媽則在家照顧新生兒與大孩子，這對全家人而言都是一段過渡期，對媽媽與大孩子來說都不好受。然而有些方法能有助於改善狀況。

1. **至少在頭幾個月，凡事以家庭為優先**。研究顯示，如果父母雙方都相當投入，大孩子會最容易適應新生兒的到來。依此設想，主要負責照顧新生兒的那位父母壓力較小，大孩子也會經驗到環境裡有足夠的關注。這段期間，父母任一方都不適合經常加班到很晚、或出去旅行。
2. **父母中留在家裡照顧孩子的那位，應該專心把心力放在小孩身上**。或許父母中有一方已經回到職場，但他依然能夠帶晚餐回家、或洗洗衣服。當然你一整天都在家裡，但不表示你擁有比較多的空閒時間。就算擁有片刻空閒，把這些時間用來與小孩連結，幫他適應這段過渡期。如果兩個小孩都睡著了，太幸運了！你也一起睡個覺吧！

3. **想辦法幫忙大孩子感覺到與寶寶有所連結**。也許可以用前面提到的「腹語」，或讓哥哥姊姊唱歌給寶寶聽，或跟你一起餵寶寶喝奶，設法找個他們可以彼此關連的方法，即便寶寶還很小。

4. **回頭想想你的用字遣詞**。如果你每次和大孩子說話都是從寶寶的需求出發，孩子心中自然會心生怨懟。

盡量避免：「寶寶喝完奶之後再……」

試著說：「我等不及要跟你玩了，五分鐘後會去找你……告訴我，我們等一下要做些什麼？」

盡量避免：「我現在抱著寶寶，沒辦法抱你。」

試著說：「等一下我空出手來，就會趕快去抱你……我也好想抱抱你……現在呢，你可以先靠在我身上嗎？這樣我們就可以靠近、靠近、再靠近了。」

5. **如果大孩子很難忍受弟弟妹妹的哭聲，同理他，並向他說明**。「對呀，他真的哭得好大聲喔，讓你的耳朵很不舒服，我知道……哭就是他說話、表達的方式，他透過哭來告訴我們他需要我們了，你可以幫我想想他可能需要什麼嗎？」放一些舒緩的音樂，對你們來說可能都會舒服些，你也可以給小孩一副耳機，讓他可以平靜地進行他的遊戲。

如果大孩子很難適應

當家裡有個新生兒，我們來看看以下兩個截然不同的處境。這兩個小孩的基本背景是相同的：兩歲大的小男孩與一個剛出生的妹妹，爸爸很愛家庭、但工時很長，媽媽則經常忙得心力交瘁。他們之間有何不同呢？不一樣的是孩子與媽媽的關係。

處境一：父母與孩子之間的互動充滿不耐煩

兩歲的丹尼爾一直想不透，妹妹有什麼好稀罕的，她要不是在睡覺、喝奶，要不就是在哭，他和妹妹也玩不起來。更糟的是，爸爸幾乎都在忙工作，媽媽則一天到晚在餵妹妹喝奶。每當丹尼爾覺得需要媽媽的時候，都只能得到「你已經是個大男孩了，你可以自己做好的」這類回應。丹尼爾變得很愛哭與愛抱怨，這似乎讓他更容易激怒媽媽，「丹尼爾！你快要把我搞到抓狂了！」

在一般生活中，丹尼爾的心情越來越容易受到刺激，當他快被挫折或孤單擊垮時，或當他忍不住衝著媽媽大吼「不要！」時，媽媽也會大聲斥責他、並將他暫時隔離來懲罰。丹尼爾覺得自己孤立無援，只能獨自應付排山倒海的強烈情緒。他試著要把這些感覺壓抑下來，努力當個乖小孩，這樣媽媽才會回頭愛他，但因為這些被壓抑的情緒不再受意識所掌管，它們會以攻擊或發脾氣的方式爆發出來。這些情緒使他有時會突然對妹妹很粗魯，所以每當他對妹妹有興趣、想要接近她時，爸媽就繃緊神經，時不時警告他要小心一點。此外，丹尼爾深信如果他不奮力爭取，他的需求將得不到滿足，因此當他的需求與家裡的規則有抵觸時，他看不到任何自己必須妥協的理由。因此他變得越來越叛逆，而這又導致他更常被罵、也更常被隔離在一旁。

日子一天天過去，丹尼爾不再那麼常哭了，而是開始經常動手。每當爸媽接近他，他便變得暴躁易怒、或千方百計地引發爭吵。他其實是渴望連結的，但連結所帶來的安全感會讓他關不住隱忍的淚水，因此他反而把爸媽推得遠遠的。他越來越固著地壓抑自己的負面感受，堅持所有事情都要按照他的意思進行，每當爸媽想要引導他、他便反抗。因為他將爸媽拒於門外，原始的安全感與連結感更不能得到滿足，他發展出一些自給自足、卻毫無建設性的方法，例如從寶寶手中搶走玩具。然而，這麼一來，他內在深層的連結需求又更加空乏。日子一天天過去，妹妹越來越惹他生厭，妹妹開始會對他的玩具感興趣，爸媽看起來也越來越喜歡妹妹。丹尼爾盡量對妹妹視若無睹，不過有時候他的敵意會爆發出來，他會吼她、或推她。他知道自己「應該」要克制，但他根本不知道能如何克制。他得到的結論是自己就是一個很糟糕的人，不夠格擁有他所渴望的那份愛。

處境二：一份比較好的連結

兩歲的戴望一直想不透，妹妹有什麼好稀罕的，她要不是在睡覺、喝奶，要不就是在哭，他和妹妹也玩不起來。更糟的是，爸爸幾乎都在忙工作，媽媽則一天到晚在餵妹妹喝奶，不過媽媽是坐在沙發上餵奶。媽媽每次都會找戴望過來，她在沙發旁邊放了一些戴望喜歡的書，她總是會與戴望講講話，要他挑本書、過來靠在她身旁，妹妹被抱在她膝上，媽媽會手環繞在戴望身上，並像以前一樣熱情地唸書給他聽。

媽媽會讓他試著抱抱妹妹、鼓勵他多和妹妹說話，當妹妹哭時也會讓他幫忙一起安撫。每當戴望幫忙拿濕紙巾、或唱歌給妹妹聽，他心裡都會感到驕傲。最近，他比以前更容易感到挫折，但媽媽似乎能理解他。當戴望需要媽媽幫忙時，媽媽會說：「你需要我幫點忙嗎？我現在沒空，但你可以把東西拿過來，我們一起看看可以做些什麼。」當戴望想哭的時候，媽媽會說：「今天不順心，是不是？有時我也會有這種感覺，來這裡，我們一起坐在地上，這樣我就可以同時抱抱你們兩個……我的心裡永遠有你的位置。」

有時候他會很生氣，尤其當媽媽忙到無法陪他玩的時候。那時，他會衝著媽媽大吼：「不要！」並賴在地上尖叫，媽媽會抱著妹妹坐到他身邊，並說：「我在這裡……你很安全的……等你準備好了，我要抱抱你。」戴望會在媽媽懷裡啜泣。接下來，戴望越來越能以語言表達他的難受，他會說：「媽咪，我需要抱抱！」漸漸地，他相信媽媽依然是會陪著他的。媽媽會把妹妹放在一旁的椅子上，並追著他跑，直到他們一起笑倒在沙發上。有時候，是由爸爸照顧妹妹，媽媽則帶他到公園、與他獨處，好像他們以前所擁有的時光。妹妹出生後，生活大不相同了，但這樣也沒什麼不好，有時他逗著妹妹玩，妹妹也會開始對他笑了。

對丹尼爾來說太晚了嗎？一切已成定局了嗎？許多父母放棄孩子，動用他們所能想到的方式施予懲罰，這只會破壞孩子的信任感，並讓小孩的行為更加惡化。有什麼方法可以解決呢？這個受傷的小孩亟需感覺到與父母之間的安全與連結感，這將幫忙他消化所有的傷痛與恐懼，並讓他能再次感覺到與父母的連結。他的信任感會增加，當他感到受傷時將能哭泣而不是暴怒。那些原本壓抑的情緒將慢慢消化掉，他將更能控制自己的情緒，而與父母之間深刻而美好的連結感將會重建他的視角，讓他能看見自己的美好、看見自己有能力選擇不因憤怒或嫉妒而做出某些事，甚至他將會擁有關愛妹妹的心。

平時多與大孩子維繫連結，尤其是現在他須與手足共享你

當女兒出生時，我刻意在嬰兒監視器旁邊告訴她，她能擁有哥哥真的好幸運，並對她講一些哥哥的可愛事蹟（都是真實發生的），這時哥哥在樓下可以聽到這一切。那是八年前的事了，而他們現在是彼此最好的朋友。

——蘿娜

家裡有個新生兒，不用說，想必你會精疲力竭，甚至可能快被壓垮了。除了要照顧小寶寶所有的需求，還要關注大孩子的需求，單是用想的都覺得好累。好消息是，每天花一點時間

進行關係連結，往往就足以讓每個人都心平氣和了，而你也可以避免情緒崩潰，更能享受與小孩在一起的時光。因此，考慮把這個習慣納入生活中，你也可以省點心力。

1. **每天早上，與大孩子有一些身體上的接觸與連結**。如果你一整晚忙著餵奶，你一定很難真心歡迎那個天才剛亮便衝進房間的大孩子，但花個五分鐘或十分鐘抱抱他，便可以改變整天的氣氛。換個角度想想，晚上時間他與你的連結是斷裂的，他需要與你重新連結才能得到安全感，填滿心裡愛的容量，以便讓他準備好面對今天的挑戰。
2. **養成習慣，不時地與每個孩子重新連結**。與孩子生活在一起，尤其是當其中一個仍是嬰兒，一切可能彷彿天下大亂。如果你就是這種感覺，試著想像你的大孩子又會做何感想？他的時間感與大人不同，在你餵奶、照顧寶寶的那個小時裡，他可能完全沉浸在玩具車的遊戲中，所以很容易覺得與你失去連結。當寶寶正盯著在飄揚在陽光光束中的塵埃、看得目不轉睛時，可用這段空檔坐到大孩子身旁，來個抱抱。如果你要暫時離開他、去照顧寶寶，記得先給他一個溫暖的擁抱，並告訴他你有多喜歡跟他在一起（是的，我知道這讓你根本沒時間洗碗，就讓它們繼續待在水槽裡吧，照顧寶寶和大孩子讓你忙得一刻也不得閒，這些碗就等你的伴侶下班回家後再洗吧）。

3. **帶著寶寶一起坐在地上**。如果大孩子通常都坐在地上玩，那麼當他抬頭時，會看見你抱著寶寶坐在沙發上。如果你可以想辦法找到個舒服的方式坐在地上，便減緩了這種分離的感覺。寶寶往往也很喜歡待在一旁，揮著小手、看著你與哥哥姊姊互動。寶寶很喜歡盯著哥哥姊姊看。

4. **以揹帶揹著寶寶，空出手來照顧哥哥姊姊**。寶寶需要一直被抱著，但他們不需要你持續不斷地注視或與他互動，只要在他有需求時再提供照顧就好。事實上，人類學告訴我們，當嬰兒安全地待在父母的胸懷裡或背上，便「自然」會從他所觀察到的生活中學習，包括家庭生活。因此把寶寶揹在背上對寶寶是很好的，這也讓你空出雙手與注意力，可以照顧其他小孩。揹帶也有附加好處，就是讓大孩子比較碰不到寶寶，孩子就不能假借「分享」玩具之名，自行把玩具放在寶寶頭上、逗弄寶寶了。你甚至可以把寶寶揹在胸前餵奶，這麼一來你就可以同時坐在地上、陪大孩子玩了。

5. **每歷經一次分離，便與孩子重新連結**。如果大孩子上學去了，記得他回家找你時，心裡累積著一整天裡大大小小的情緒經驗，他需要你的關愛與關注才能充電。如果是由其他人帶他回家，在他進家門的那一刻，試著先放下寶寶，以雙手來擁抱他。在重聚時，如果你為他安排一段特別時間，那就更好了。不然至少確保他能來沙發這裡與你相偎相依一下，你一邊餵奶一邊聽他說說今天遇到的好事與壞事。

6. **每天，分別與每個孩子擁有至少十五分鐘的悄悄話時間**。對大多數擁有寶寶手足的小孩來說，弟弟妹妹一直離不開視線、一直讓他分心。每天，大孩子都會需要一點點「獨占你」的時間，不要把這段時間拿來洗澡或唸故事。在一天中特別安排一段十五分鐘的時間，讓大孩子決定要做什麼，可以設好鬧鐘，並說：「我現在就專心陪**你**。」接著，全心全意把所有的愛都灌注在小孩身上。

為什麼要設鬧鐘？因為你不會希望寶寶中途醒來、打斷你與大孩子的獨處，那會讓他心生怨懟，所以用鬧鐘幫忙計時，讓這段時間在你預計寶寶會醒來之前便好好收尾。這麼一來，當鬧鐘響了，你可以幫大孩子轉而去做其他事情。許多孩子會在鬧鐘響時大哭，這不代表他不知感恩，只是他正在享受你全部的關注，這是多麼美好的事，現在他卻要失去這份美好了，讓他很難受。不過這也是一個契機，讓他可以好好哀悼這份失落，他真的不再能獨占你了。不要因此延長你們的相處時間，對於他的失落，你要給他充分的關注與同理。「我們得停止遊戲了，真的好難停下來喔……你喜歡我可以專心跟你玩……有時候必須和妹妹一起分享我，真的很難…我也想念我們單獨相處的時光…明天，我們又會擁有單獨相處的時間了，好嗎？…我知道，這聽起來要等好久好久……你可以盡情地哭，沒有關係：每個人偶爾都需要哭一哭的。」

在要結束之前，大孩子因為不想失去你而哭了一場，但如果之後他對寶寶又充滿愛意，你不必太驚訝。如同既往，當我們接納小孩的情緒，讓他自己能擁有這些情緒，這些情緒就會得到紓解，他便能快樂、也更願意合作。

7. **輪替交換，讓父母雙方在一天中都能撥時間與每個孩子互動相處。**孩子與父母雙方都擁有個別的關係，而他與任一方關係的失落都會讓他感到難過。

8. **確保每天都有至少十分鐘的歡笑時光。**在你與大孩子擁有單獨的相處時間之外，確保安排了十分鐘的打鬧遊戲，好讓大家笑開懷，讓小孩心中的焦慮與恐懼可以釋放，並增進連結。（詳見第378頁的「當孩子嫉妒時，運用遊戲來幫忙他」，以及第420頁的「一些有助於大孩子與寶寶建立連結的遊戲」。）

9. **當要回應大孩子時，準備好對他的同理。**如同我們在第一章所討論的，當孩子得不到所想要的時，被理解的感受能幫忙他接納這個處境，同時，感覺到與你有所連結是這一切的基礎。他早餐不想吃蛋？不必豎起防衛心，但也不須再準備另一份早餐，你只要回應他的失望：「你今天還想再吃加黑糖的燕麥粥呀？我今天煎了蛋，你感覺很失望，這不是你今天想吃的食物。我猜如果你已經是大人了，你會每天早上都吃黑糖燕麥粥！我們明天可以吃黑糖燕麥粥，說不定不久後你就會自己做燕麥粥了！不過，今天我們先吃蛋。我想到了，你會想把蛋加在吐司上吃嗎？你可以幫我塗奶油嗎？」如果他情緒大崩潰了呢？那表示他真的很需要哭一哭，而不是因為吃不到燕麥粥，好好同理他。

10. **睡前，與孩子好好連結。**也許媽媽必須餵奶，所以最近都改由爸爸帶大孩子上床睡覺。沒關係，只要確保睡前擁有十五分鐘與媽媽互動的時間即可。上床睡覺這件事對孩子來說不太容易，你不會希望他帶著得不到媽媽陪伴的失落、心不甘情不願地睡著。

11. **善用儀式的力量，保持連結感。**重複的儀式會在心裡占有分量，並且會讓腦部在深刻的層次上形成理解，因此儀式為我們奠定基礎、創造連結，並幫忙我們過渡及轉化情緒。「晚安親吻」就是一個很好、有力量的儀式，有助於讓大孩子在與我們分離、進入睡眠之際能感到安全。你可以創造一些小小的儀式，在一天中不斷增強你與大孩子之間的連結，尤其在過渡時期或面對分離時，這些儀式特別重要。例如，送孩子去上學時的道別儀式，可以是一段簡單的旋律，再次向小孩保證放學時你會來接他：「我愛你，你愛我……今天上學開開心心，三點一到，我會給你很多抱抱！」貝琪．貝莉（Becky Bailey）博士寫了一本書，其中有許多很棒的重新連結「我愛你」儀式，例如：「你今天從學校帶回些什麼？……當你遇見孩子，你可以說：『我的寶貝，我今天都等著要抱抱你，讓我看看你從學校帶回些什麼？喔！你帶了一雙褐色眼睛！你帶了這個手臂上的可愛小痣！你帶了背包和外套！走吧！我們回家嘍。』」

12. **一心多用，同時把注意力放在不同事情上。**當你擁有兩個或兩個以上的小孩，經常會感到分身乏術，這時可以參考幼稚園老師的經驗，她手上抱一個小孩、對著另一個小孩微笑、同時又與房間那端的另一個小孩講話。我們可以試著內化這個做法，找到適合我們的「一心多用」法，來幫助我們讓注意力在不同小孩之間快速轉換，但依然能保持與每個小孩的連結。

以上這些在日常生活中保持連結的方法，你有注意到些什麼嗎？這些方法為孩子們創造一張用愛編織而成的網，幫助他們渡過每一天。你的孩子會感覺到那份連結，你將能看見不同，當孩子真的感覺有被看見與聽見、以及與父母有所連結，他們便不須爭奪父母的愛，手足之間的競爭也大幅減少。

當孩子嫉妒時，運用遊戲來幫忙他

我試著提醒自己，他仍只是個寶寶，但當我已經精疲力竭、睡眠不足、整天要付出那麼多力氣與關愛，這一切真的很困難。

——娜狄亞

不論你多麼努力幫忙大孩子適應，他依然胡鬧作亂嗎？你單是照顧寶寶都忙不過來了，很難對大孩子保有耐心，即便你理智上知道他有不高興的權利。每當他行為失序時你很難心平氣和地理解他，你一定樂見有一些簡單的方法，能幫忙孩子消化心裡的嫉妒與恐懼。祕訣就在讓他大笑，不必在他正作亂時逗他笑——雖然這有時會很有效——而是在一天中的任何時間點試著這麼做。歡笑有助於化解焦慮（焦慮就是輕微的恐懼），並轉變身體內的化學激素，降低壓力荷爾蒙、增進連結荷爾蒙。

我知道你感覺不到這些，長期睡眠不足之下，誰還有力氣去逗笑這個作亂的孩子呢？好消息是，歡笑也會讓你感覺好一點，而且只需花個幾分鐘。如果你開始嘗試，也許會發現自己也樂在其中。這可能是一整天裡與大孩子最棒的連結，他也會因此更願意合作。

所有的歡笑都對孩子有助益，但由於他心底真正關切的是他是否仍被父母疼愛著，在與大孩子玩的過程中，請特別強調這點。這就是小孩消化情緒的方式。以下這些遊戲，能讓孩子更深刻地相信自己是被愛的。

1. **爭奪小孩大戰**。父母其中一人抓住小孩、並用力抱著他，另一位則抗議：「為什麼每次都是你抱他……我也想抱！我需要他……快讓我也抱抱他！」並從另一側，試著把小孩抱過來。

2. **玩修補遊戲**。這個遊戲是說服小孩，讓他感覺深深被愛著，來修補關係的裂痕。「我的麥可在哪裡？……你不要走開……我得抱著你、親遍全身……噢，不，你跑掉了……我要追到你才行……我只需要一直親親你、一直抱抱你……你跑太快了……我不會放棄的……我超級愛你的……我抓到你嘍……現在我要親親你的腳趾頭……噢，不！你力氣太大了，你又跑掉了……但我都會想要一直抱抱麥可……」一如往常，你的目標是讓孩子大笑。如果他沒有笑意，調整、改變玩法直到他覺得好笑為止。例如，如果孩子覺得這個遊戲侵入性太強了，試著慢慢追他，避免真的抓到他。

3. **我們永遠會回到彼此身邊**。孩子們往往會害怕心裡對我們的深刻需求，而這份恐懼會在他需要我們、而我們無法即時回應時，更形加劇。這個遊戲翻轉了局面，讓孩子感覺到他是被父母需要的人。當小孩正要從你的膝上爬下來時，輕輕抱住他、可憐兮兮地哀求他留下來：「喔，求求你不要走……我需要你！……我從來都不想放你走……我想要你可以每分每秒都待在我的懷裡！」你的孩子會笑著堅持要離開，你可以說：「好吧……我懂的，我知道我們總是會回到彼此的身邊。」（要故意用好笑的方式演得很可憐，而不要演到讓他心生罪惡感，要夠浮誇，讓孩子知道這只是一場遊戲。）

4. **「媽咪，我需要妳！」**當大孩子突然變成總是要等待你來幫他忙、或關心他，他自然會想確定他真的很需要你的時候，你會不會出現。告訴他：「如果你需要我，我一定會盡快來到你身邊，如果寶寶阻礙了你，或是你真的很需要我的幫忙，你只須說：『媽咪，我需要妳！』我就會來了，現在，我們來練習。」只要小孩呼喚你，你就馬上過來、抱起他，用力親他，把他翻來覆去，這一定會讓他笑開懷，因為他喜歡這樣，你建議他以大叫：「媽咪，我需要妳！」來取代直接從弟弟妹妹手中搶走玩具，他會比較願意試試。這讓你有機會在那些具有情緒張力的時刻逗他笑，而後，他將會比較願意試著與寶寶交換玩具，或他可能變得比較大方了，直接讓寶寶玩他手中的玩具，而他則自己去換一個玩具。

更多這類遊戲內容，詳見第420頁「有助於大孩子與寶寶建立連結的遊戲」，與第297頁「適合孩子們玩的打鬧遊戲」。

唸一些關於「成為哥哥姊姊」的書給大孩子聽

手足研究專家羅利・克雷瑪邀請父母唸一些關於手足關係的書給大孩子聽，猜想這會有幫助，然而幾週後，反而有許多父母向他抱怨，大孩子對手足出現不同的行為反應。這種變化其來有自，因為許多關於手足的書，開頭大都描繪不愉快的關係，手足之間互相戲弄、嘲笑與為難彼此。即便故事的結局告訴小孩要如何和平共處，但在故事中小孩依然學到許多不好的行為。小孩很容易便有樣學樣，而這有違你的初衷。

這並不表示手足之間對彼此有憤怒與嫉妒的感覺是個「錯誤」；把這些感覺說出來，不會讓它們更加劇烈；把情緒辨識出來，可以幫助大孩子以更有建設性的方式處理情緒。這表示不論他們感覺到什麼，具敵意的行為都不被允許的，我們不希望這種行為出現在家裡。

因此，請繼續唸一些關於手足的書給大孩子聽，故事可以促發許多討論，也打開療癒之門。確保你自己先閱讀過，評估過這些行為的敵意程度，同時也過濾掉那些描述嫉妒的故事。當你一邊唸故事，一邊邀請小孩與你討論，你可以問下列問題：

- 這個小女生有什麼感覺？
- 她為什麼會有這種感覺？
- 你覺得她的爸爸媽媽知道她有這種感覺嗎？
- 她可以怎麼做呢？
- 接下來會發生什麼？

清楚表明，所有的感覺都是被允許的，但因這些感覺而做出傷人的行為，就絕對不被允許。強調當大孩子心情不好時，父母會願意聆聽，並能夠協助。確保你唸給大孩子聽的這些故事中，不快樂的角色們最終都能找到皆大歡喜的解決方法，帶給孩子一些希望。

一開始便培養良好手足關係的九個祕訣

我讓兒子（五歲）給小寶寶（兩個月）一個奶瓶，奶瓶讓他成為可以照顧人的角色。現在只要寶寶一哭，他就會開始想辦法：「他可能需要換尿布？媽咪，他餓了。」接著，我會提出一個錯誤的建議，他便會糾正：「不，媽咪，他不想要奶嘴，他是肚子餓了！」「喔，我知道了，你是對的……謝謝你告訴我！」

——蘿拉

1. **當你照顧寶寶時，邀請大孩子加入，並點出他的貢獻**。「噢，為什麼妹妹在哭呀？我們一起去看看，可以做點什麼讓她舒服點……你剛說得沒錯，她真的餓了，你看，她不哭了！妹妹真的很謝謝你，在她需要的時候你這麼願意幫忙。」

2. **保持冷靜，告訴大孩子可以怎麼調整**。有時候大孩子是在幫倒忙，例如：他對著寶寶唱歌的聲音太大聲了，拿他自己的胡蘿蔔餵寶寶。深呼吸，告訴孩子，他可以怎麼調整，建議他輕拍寶寶、唱歌聲音小些，或者讓寶寶看一眼胡蘿蔔就好，不要把它塞進寶寶嘴裡，你也可以建議他先用玩偶練習。我們必須非常自律才能保持冷靜、心平氣和地與大孩子溝通，這會產生不同的效果，有助於讓大孩子找到建設性的做法，和寶寶產生連結，而不會當他想要靠近寶寶時總是覺得被你拒絕。

3. **在大孩子面前，談談每個孩子有些什麼感受**。研究顯示，如果父母在意寶寶的感受與需求，大孩子與弟弟妹妹的互動會較為正向，「你看瑪提納的表情……你覺得她現在有什麼感覺？我們可以做點什麼幫忙她？」你可以多叫寶寶的名字，讓他更像一個完整的人，而不只是個寶寶。顛倒角色也有效果，在大孩子面前，對著寶寶說說哥哥姊姊有哪些需求與情緒，「哥哥現在很傷心，他需要比較多抱抱……姊姊也需要更多跟媽媽相處的時間。」寶寶聽得懂嗎？時間久了，他會逐漸聽懂的，更重要的是，這有助於讓小孩感覺到他的需求你有察覺到。為小孩說出他的感受也有助於提升情緒智商。

4. **賦予大孩子一些責任**。孩子們喜歡掌控事情。在你忙著換尿布時，讓他負責在旁逗寶寶玩，或請他負責為寶寶唱催眠歌。如果你請他幫忙，他一定樂意去做。

5. **運用肢體上的連結，增進手足關係的親密度**。盡量找時間與寶寶和大孩子依偎在一起，讓他們在你身上所感覺到的愛可以傳遞到彼此心裡。如果你可以讓他們兩個一起大笑，他們所釋放的催產素將有助於他們連結。當小孩坐在地上玩時，盡可能坐到他旁邊，讓寶寶看著小孩玩。

6. **鼓勵大孩子逗寶寶玩**。寶寶很喜歡被哥哥姊姊逗著玩。當寶寶開始投以微笑或大笑，他們之間的相互娛樂與喜愛便會開始滋長。

7. **不要為了讓大孩子感覺好一點而貶損寶寶**。父母往往會在大孩子面前對寶寶語帶貶抑，例如，「寶寶好臭喔！還好你已經會去小便桶上廁所了。」大孩子感到憤怒或嫉妒是正常的，但如果貶損他人就不好了。所以不要貶損，就連開玩笑的挖苦都應避免，否則你形同允許小孩也這麼說話。相對地，克制住想比較的衝動。每個小孩都是很棒的，他們分別處於各自應有的發展階段中，好好**欣賞**這個小孩，不須拿他與任何人比較。

8. **在家中創造彼此感激的氛圍**。每天晚餐時間，讓每個家人說說對彼此**感謝**的事：「我感謝爸爸今天煮了一頓這麼美味的晚餐……我感謝茉莉今天在飾品店幫了我很大的忙……謝謝今天傑克寶貝睡了很長的午覺，讓我和茉莉可以玩動物園遊戲玩得很盡興。」協助小孩養成彼此感激的習慣，這可以降低埋怨，在你無意之間，他們能夠自然而然地感謝彼此。

9. **為你自己做點什麼**。真的，如果可以的話，把寶寶託給別人照顧，好好泡個澡。如果你有兩個或兩個以上的孩子需要一直看著，就坐到地上、盡你所能地照顧他們。一旦有其他大人在場，你就好好休息一下。小孩需要你保持良好的情緒，這表示你需要讓自己的心盛滿能量。想想看什麼會讓你安定心神，並把這件事寫進行程中。促進大孩子之間擁有健康的手足關係，你自己也必須能保持平衡。

如果你家有個新生兒，閱讀至此，你已經值得一片掌聲了！就算你沒有其他小孩，光是要照顧一個寶寶就已經夠累人、夠分身乏術了，如果你同時要照顧寶寶與大孩子，真的很了不起。

原本就有許多事情要忙，想到要將本書中這些建議付諸實行，可能會讓人一個頭兩個大。請不要認為應該要嘗試每個建議，只要挑選一個或兩個在閱讀時令你眼睛一亮的想法即可。任一想法都能創造正向的改變，如果你還有心力，試著再多做一點。然而你不須把每個想法都嘗試過，那會把你累垮的，累垮的父母最不可能對小孩有幫助，因此請不要拿任何睡覺、好好洗個澡或寧靜獨處的時間來試這些做法。良好手足關係的基礎在於父母能夠保持平靜。請把「照顧好自己」擺第一，好讓自己可以做個平靜的父母，並能享受家庭的發展與成長。

第11章

當寶寶開始爬行，建立良好的基礎

他問我們可不可以把弟弟賣掉，當我緊緊抱住他、問他為什麼想賣掉弟弟，他告訴我，他受不了弟弟一直弄壞他的著色本。兩天之後，他說：「我根本沒辦法好好塗色！我真的不想活了！」

——雪莉兒

大孩子們往往會逐漸找到與寶寶相處的平衡點，但當寶寶開始會爬、接著開始會走路時，憤怒之火再度升起。這並不令人意外，因為現在寶寶可以自行移動、到處伸手了，所以大孩子所創作的作品很容易遭殃。寶寶滿週歲後，也開始越來越堅持自己的需求，所以比較難轉移他的注意力。他對哥哥姊姊手上的東西特別感興趣，而且非拿到不可。不講道理，也變得越來越有攻擊性。幾乎每天，他都學會新招數、精熟新能力，變得超級可愛。哥哥姊姊要如何與他競爭？他們會想賣掉寶寶實在情有可原，特別是當弟弟妹妹介於八個月到十八個月之間。

還好，如果你提供一些支持，大孩子便可以適應得很好，甚至很享受能見證弟弟妹妹的成長；如果你放任大孩子自己處理，可能會讓他想要攻擊、或感到很無助、或心懷怨懟。他需要父母的指導，才能學會如何清楚表達自己的需求、保護好自己的東西、找到表達感受的建設性方法，包括他的嫉妒或被激怒的心情。如果大人老是默許寶寶毀掉他的著色本、弄倒他蓋好的積木大樓，那也不必奢求他們之間會建立起正向的手足關係。

當寶寶開始會爬、甚至會走、不受口頭約束的階段，的確會讓大孩子感到非常棘手，本章節提供一些有效的方法。

當寶寶進入學步期，十個維持家庭和諧的祕訣

以前我會堅持要哥哥（六歲）跟弟弟（一歲）一起玩，而他經常對弟弟大吼大叫。直到有一次，我突然領悟到陪弟弟玩並不是他的責任。在那之後一切就好多了，當然弟弟還是想涉入每件哥哥正在做的事情，所以我須更用心轉移他的注意力。現在他們之間的關係好多了。

——米雪兒

就像所有生活在一起的人們，手足之間就算感情再好，也會有處不來或起衝突的時候，不過，透過以下幾個基本方法，可以預防許多手足間的衝突。

1. **確保大孩子有辦法保護好自己的東西**。如果他的積木大樓一直被弄倒，自然會很挫折。給他一張桌子蓋積木，好讓寶寶碰不到。確保他知道有你當靠山（第380頁「媽咪，我需要妳！」遊戲，有詳細說明），當他需要你來幫他應付寶寶的「突襲」時，立即回應他。
2. **不要強迫大孩子與弟弟妹妹一起玩**。他也許對寶寶很好，但他不是保母，他沒有責任要時時刻刻陪伴寶寶，要求大孩子經常與寶寶一起玩往往會加深怨懟。

3. **開心地指出大孩子對彼此所做的好事**。小孩能敏銳地偵測我們的心力所在。如果比起輕輕拍寶寶，推寶寶一把能引起我們比較大的反應，那麼他便會喜歡推寶寶。因此，你要積極鼓勵他們所做的正向互動。你可以找到正向互動，就算某一天感覺一切都不順遂，你依然會發現的：

- 「哇！你注意到寶寶很不舒服，然後你發現他需要的是什麼！」
- 「你對妹妹唱歌的時候，她對你微笑呢！」
- 「你讓弟弟玩你的車車……你看，他好高興喔！……我知道車車對你來說很特別……如果你想要拿回車車，可以找我幫忙。」

4. **當寶寶學會新的能力，把部分功勞歸功給哥哥姊姊**。研究顯示，哥哥姊姊往往是弟弟妹妹的最佳模範，他們教會弟妹許多事情，而弟妹也總是想趕上兄姊，「你看，弟弟正試著用湯匙，他看著你慢慢學習呢！」孩子看著你這麼驚呼寶寶的成就，心裡會很不是滋味，但如果是他教會的，那他會有成就感。這也會激勵他，讓他更有興趣與寶寶互動。

5. **重新思考「分享」這個概念**。教養孩子慷慨大方，可以運用第六章所提到關於分享的概念，來幫忙孩子學會自我調整。

6. **不要強迫孩子們非要待在一起不可**。如果孩子真的很抗拒與手足一起洗澡，若非必要，就讓他們分開洗吧；如果你在唸故事的時候，寶寶老是打斷，那麼先哄寶寶睡覺，以便讓大孩子好好享受平靜的睡前故事時間。

7. **觀察大孩子在一天之中什麼時候最難照顧，讓他們在那段時間分開玩**。當大孩子從幼稚園回家時，看起來心煩意亂，把寶寶揹在身上，來一場「家庭舞會」，一起又唱又跳，轉換一下心情。在你趕著把晚餐端上桌的時刻，讓較年長的小孩到廚房幫忙，讓較年幼的孩子在客廳地上玩，或把他揹在背上、讓他看著你們做事。

8. **仔細監控著那些代表「有麻煩正在醞釀中」的徵兆**。如果你注意到大孩子開始變得暴躁，在他爆發**之前**便先介入、幫忙。有時候當孩子與手足之間發生衝突，他會需要借助你的幫忙，才知道如何應對；也有時候，他們只是把自己滿腹的怒火發洩出來罷了。若是這種狀況，與你之間的連結感——尤其是歡笑——足以消弭這種情緒張力，但你要養成平時關係維持（第二章有詳述）的習慣，以便能幫助孩子處理自己的感受，就從現在開始吧！

9. **不要選邊站**。以斥責方式要孩子們對彼此好一點是行不通的。事實上，當父母看起來比較偏心弟弟妹妹，哥哥姊姊對弟弟妹妹會變得更有敵意與攻擊性。因此，以「每個孩子在其中都有責任」的觀點看待問題，即便其中一方是寶寶。

盡量避免：「不准再對弟弟那麼凶！」

描述你所觀察到的，不帶責備之意：「我聽到好大的聲音……聽起來你們兩個出了點問題……你們都想要拿這輛小卡車……現在大衛拿著它、而馬利克在哭……我們可以怎麼解決這個問題呢？」

10. **不要懲罰孩子，幫助他們處理情緒，並鼓勵他們在爭吵後修復關係**。身為父母當然希望盡快平息孩子之間的紛爭，因此我們往往想趕快搞清楚誰是始作俑者，然後施予責備或懲罰。糟糕的是，這同時增強了受害方與攻擊方的對立，後果往往導致互相復仇的惡性循環。相對地，如果在孩子們爭吵後，父母不是予以責備，而是鼓勵他們彼此「修復」關係，孩子們將會變得更加親密。

時間分配

如果媽媽總是把他叫成別人的名字，或總是說「不是現在」、「你等一下」、「你沒看見我正在（忙著處理別的小孩、或與他無關的事情）」……這必然在他心上畫下一道傷痕。然而，即便這道傷痕讓他經常感到愧疚與自己不夠好，其實也為他的心智鍛鍊出韌力（resilience），他非得想辦法分享、等待、處理得不到的心情、等著輪到自己不可，即便沒人注意到他遇到問題，他也得努力為自己爭取所想要與需要的東西。

——K. J. 戴爾－安東尼亞（K.J. Dell'Antonia），《紐約時報》「母職」（Motherlode）電子報編輯

大家都希望分配好時間，只是擁有多個孩子很難做到，要照顧一個時時刻刻都須看顧的寶寶，同時又要照顧另一個也同樣需要你的孩子。每個孩子對你的需求都相當迫切，你究竟要如何分配時間呢？

1. **不要只是平均切割你的時間，要依小孩獨特的需求調整**。寶寶對你的需求自然是幾乎毫不間斷，而你三歲的小孩則可以靠自己處理一些事，甚至可以獨自玩耍一陣子；或者，五歲孩子需要你的時間比八歲孩子更多，而十一歲孩子需要你的時間則更少，因此孩子們需要你的時間長度不相同。對他們來說，**能確信當他們有需要的時候能夠依靠你，才是真正重要的**。

2. **讓寶寶有一些獨自玩耍的時間**。有你在身邊陪伴，學習獨自玩耍是寶寶重要的發展任務，

這是邁向主動性、掌握感、學習為自己找樂子的第一步。我不是建議你留他在那裡哭，而是在你照顧好所有他的需求之後，試著把他放下來、讓他自己去探索與玩耍。如果哭了，安撫他，靠近關心他，接著便放下他，讓他自行活動，而你仍然待在他周遭。這不僅對寶寶有益，也讓你能把注意力轉移到其他孩子們身上，如同《尊重與觀察》（*Your Self-Confident Baby*）作者瑪德・葛伯（Magda Gerber）所說：「尊重你的小孩……不要『教導孩子如何玩』，讓一切輕鬆點……你只是待在一旁，讓他需要的時候可以找得到你，而不要把自己的欲望強加在他身上，指揮他應該做點什麼或應該怎麼做。」

3. **把握每一刻的安閒，與孩子保持連結**。每個孩子都須感覺自己有被看見、聽見與被愛著，不須無時無刻，但每天都需要感覺到一些。當其中一個小孩正玩得投入，即便只有一下子，不要趁這時間去整理廚房。這段時間可以坐到另一個孩子旁邊。不要打斷他的遊戲，只要看著他玩，不帶評價地反映出他的一舉一動，讓他知道你能理解他：「要把軌道接在一起不容易呢」或「你正在先從外圍開始拼這塊拼圖」，你會發現他有多放鬆、多沉浸在這份關注中，並把這份愛放在心裡，接下來的時間他都溫和多了。

4. **每天安排一些分別與每個孩子獨處的時間**。一天之中，大部分時間孩子們必須要共享你的注意力，這是很正常的，這就是家庭生活的樣貌。然而，確保每個孩子都知道自己每天都有一小段時間可以與你獨處。試著每天都與每個孩子擁有一些特別時間（詳見第88頁的「維持平時的關係」內容），如果大多是在週末才有特別時間，那麼在每天早上幫孩子梳頭髮時與他說說話，晚上睡覺前留個十五分鐘的抱抱與聊天時間。

5. **全神貫注地和他待在一起**。當你好不容易空出時間與孩子獨處，不要一心多用，全神貫注地與他相處五分鐘，好過你整整一個小時待在他身邊、心思卻飄忽不定。把手機放一旁、把洗衣服的事拋到腦後。把身子壓低到孩子的高度，說話時好好看著他，讓他知道你認真聽他說話。感覺有點無聊嗎？那是因為你沒有全神貫注，試著單純欣賞孩子，仔細看看他臉龐的線條、聞聞他頭髮的味道。當我們真的心無旁騖、全心投入於此時此刻，便不會感到無聊。事實上，一旦我們經常允許自己如此，便會體會到日常生活中另一種全新的樣貌。

6. **不要虧待一切表現良好的孩子**。這很常發生，不會要求太多注意力的孩子往往會被忽略，直到他受不了、開始出現脫序行為，才讓父母注意到他。所有孩子都應該有與你獨處的特別時間，而不只是比較難帶的孩子才需要。如果一個孩子比另一個孩子需要更多的關注，在那段時間裡，確保自己記得也去抱抱另一個孩子，讓他知道你依然注意到他。

7. **依靠祖父母的幫忙**。如果你有幸能依靠他們的幫忙，而其中一個孩子能在祖父母家（或你信任的朋友）開開心心地住一晚，運用這段時間與另一個孩子享受特別時間。

8. **如果可以，在事發之前提早預防**。手足之間偶爾難免會互看不順眼。當孩子累了、餓了、脾氣不好時，他們的前額葉便很難控制自己的情緒。幸運的是，在我們還有心力的時候，往往能看見這股風暴正在醞釀的跡象，並早一步介入處理、預防事情真的爆發，把快要發脾氣的孩子（或孩子們）抱上膝蓋，事先積極介入，填滿他心中的愛。這很花時間？是的，是很花時間，但比等到孩子把脾氣發在手足身上才介入，容易多了。

如何幫忙孩子處理與弟弟妹妹之間的問題

在我女兒兩歲時，弟弟出生了。我們經常談談她已經懂得分享、也不會把積木大樓弄倒，但是弟弟不同，他老是喜歡把東西弄倒，或沒先問過便把東西拿走。後來，當弟弟做了一些會讓她不開心的事情時，她便會轉頭看我，並說：「小寶寶就是喜歡這樣！」她有時候甚至會對弟弟報以微笑。

——娜塔莎

本書至目前為止，我們已經強調過要滿足大孩子對於連結與關注的需求，他才不會對弟弟妹妹懷恨在心。然而對大多數大孩子來說，這樣還不太夠。你還必須幫忙大孩子，發展出表達自己需求與解決問題的能力。為什麼？

因為寶寶給他帶來不少麻煩，一下搶他玩具、一下大聲尖叫、一下又拉他頭髮，大孩子想知道怎麼解決問題，否則他就會訴諸人類遭受攻擊後都會出現的反應——遁入戰鬥、逃跑或凍結的模式。由於哥哥姊姊比寶寶大，「戰」自然會是他首選的行為反應。

下列五個基本的問題解決步驟，你可以每天運用，幫助孩子因應那些弟弟妹妹的出現所造成的問題。

1. **保持冷靜、同理，並提供孩子一些可以表達需求的話語**。當大孩子心情不好時，要求他「用講的」不容易，他必須知道自己可以用哪些話來表達。「沒有關係，寶貝，你不必這樣吼他……我知道他真的好大聲、讓你的耳朵很不舒服，但你吼他並不會讓他停下來……你可以說：『請不要尖叫，我耳朵好痛……我聽到你說你想要拿車車了！』」

2. **示範冷靜地解決問題**。「你很擔心他要碰到你的車車了……別擔心，這並不是什麼緊急事件……我會幫你的……我們一起把這件事情處理好。」有你當他的靠山，有助於讓他冷靜下來，脫離戰或逃模式，擁有比較清楚的思緒。

3. **透過客觀描述問題，讓大孩子不要誤以為父母是在針對自己**。「你很難過，因為你想要玩你的車車？你希望現在可以玩全部的車車，可是弟弟一直拿走車車？」這樣的話語並沒有意指任何人犯了錯。你也許會認為，大孩子從他十五輛車車中挑一台分給弟弟妹妹，這應該不為過吧。但這些全都是他的，他現在顯然想玩車。如果讓他豎起防衛心，只會加劇他受到威脅的感覺。因此克制評價的衝動，單純把他們的衝突點視為待解決的問題。

4. **邀請哥哥姊姊幫忙解決問題**。「嗯……你想自己玩所有的車車……但弟弟也好想要車車……我們來想想可以怎麼解決這件事？」你不是要求他自己解決，而是幫忙他開始負責去想解決辦法。切記，如果你提出某個特定的解決方法（「你就給他一台車車！」），小孩會覺得被強迫，並變得抗拒。

5. **幫忙大孩子想出一個解決方法**。當他們在這些過程中增長經驗，即便是兩、三歲的小孩也能夠想出解決辦法。不過，在一開始你必須幫點忙，「我們一起看看喔，你覺得弟弟會想去玩火車軌道嗎？我們拿來給弟弟看看，好不好？我們現在去拿……」

如果孩子嫉妒寶寶，你可以說些什麼？

當孩子感到被理解，他們孤單與受傷的心情將會消退，對父母的愛將會更深刻。在孩子情緒爆發時，父母的理解與憐惜如同情緒的急救箱。如果我們真誠地為孩子說出他的困境、為他的失望發聲，他往往便能找到面對現實的力量。

——海姆．吉諾特，《父母怎樣跟孩子說話》（*Between Parent and Child*）作者

如果你努力與大孩子保持連結，他比較不會經常對手足感到克制不住的妒火。不過，你可以確定的是，他勢必多少有點嫉妒的心情。確保他知道這種感覺是非常正常的，這麼一來，他才不會覺得自己很不對勁。幫他說出這種感覺有多麼難受，允許他感到悲傷，給他一些希望，告訴他未來將會好轉，不要數落他的難受。

「你心裡依然在意我嗎？」

「喔，寶貝，我非常愛妳……我不可能愛其他人像愛妳那麼多了。妳是我絕無僅有的艾莉

亞，這個世界上沒有任何人像妳一樣。當妳的媽媽是一件幸運的事，妳感覺到我不在意妳嗎？我想可能最近太累、太忙了，所以沒有像以前那樣讓妳知道我有多愛妳。我擁有的愛足夠愛妳與妹妹。很抱歉，最近讓妳感覺到不被在乎。我們一起想個辦法來讓一切好一點。在妹妹睡午覺的時候，我們需要一些只有艾莉亞與媽咪的特別時間。那時候我們要做點什麼好呢？」

「不公平！每次你都不幫我，我也需要幫忙呀！」

「是不是我常常忙著照顧寶寶，沒有空閒可以幫妳？難怪妳覺得很不公平，要一直等待很不舒服，我知道了。我知道妳也需要幫忙，只要妳需要的時候，我都會很願意去找妳，我會試著多注意妳是不是需要我的幫忙。只是，我並不完美，有時候會不小心沒注意到。如果疏忽了，妳可以告訴我妳需要幫忙嗎？」

「我恨寶寶！我不想要家裡有他！」

「家裡來了個寶寶，對妳來說真的很不容易。有時候妳必須與他分享我，他睡覺時妳要保

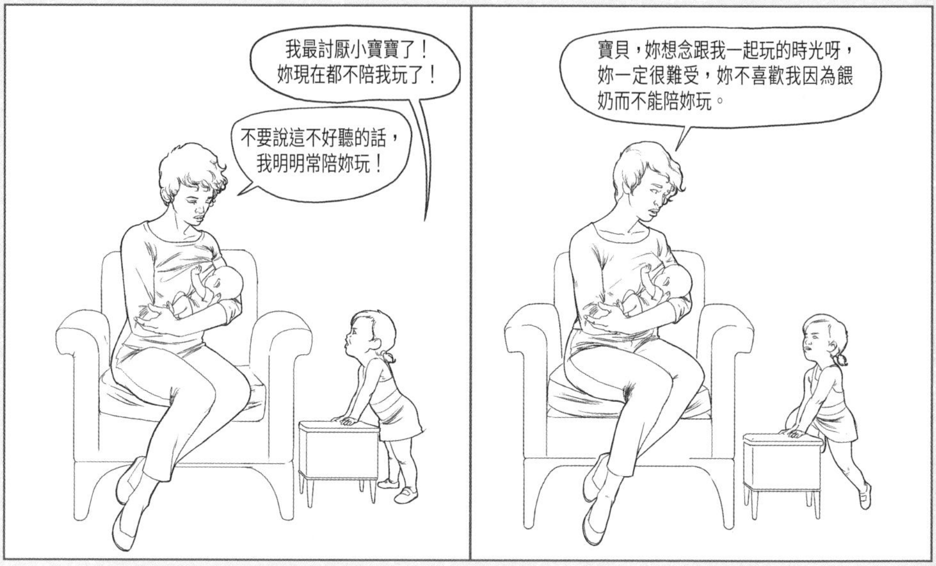

左圖：這狀況很自然會防衛，深呼吸一下，試著從孩子的角度看這件事。
右圖：同理，並描述這個困境。

左圖：說出孩子的渴望與想像中的願望。
右圖：說出她內在深層的感受。

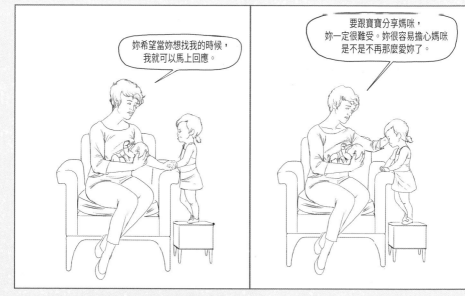

當孩子感到嫉妒……

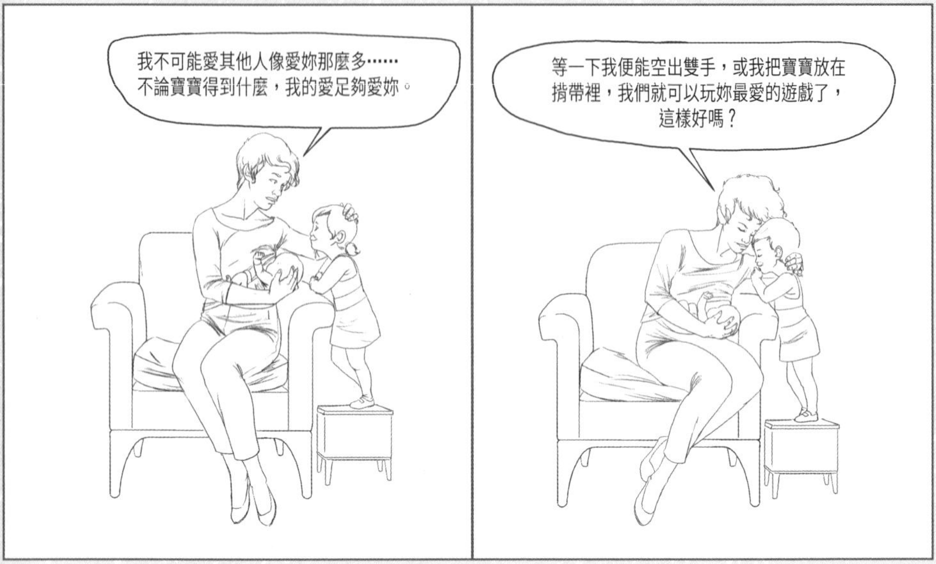
我不可能愛其他人像愛妳那麼多……
不論寶寶得到什麼，我的愛足夠愛妳。
等一下我便能空出雙手，或我把寶寶放在
揹帶裡，我們就可以玩妳最愛的遊戲了，
這樣好嗎？

左圖：向她再保證。
右圖：滿足孩子所表達的需求。

持安靜，妳也常常必須等待很多事情，我想這些都讓妳很生氣……這真的很困難，對不對？妳可以告訴我什麼對妳來說很困難，我會了解、並幫助妳的。」（你擔心如果探究「恨意」會造成更多負面行為嗎？詳見第193頁的「當孩子說他恨弟弟妹妹」。）

「我可能也會死掉！」

不要慌張，他選擇腦海裡最激烈的用詞，告訴你他的感覺有多糟。不必與他爭辯，而是同理他、安撫他：「有時候你覺得一切糟糕到極點了，對不對？寶貝，我很抱歉這一切是這麼難受……過來，讓我抱抱你。」如果等一會兒他哭了，那很好。如果他抗拒，他正在用憤怒阻隔心裡的痛苦。先進行平時關係維持，重建你們之間的連結，讓他感覺足夠安全而能展露自己的情緒。你的心越柔軟，便越可能軟化他的心，並促進療癒的歷程。

搶玩具時，父母可以怎麼做？

許多大孩子經常從寶寶手上搶走玩具。畢竟，任何寶寶所擁有的東西，頓時在大孩子眼裡都變得極具吸引力。搶玩具單純只與手足競爭有關嗎？不，學步期幼兒正在發展社會技能，搶玩具有時是一種嘗試與手足「連結」的笨拙舉動。而寶寶通常不太介意另一個孩子從他這裡拿走什麼，因此如果孩子們偶爾出現搶玩具的行為，父母不須太介入。

然而，「從寶寶手中搶走糖果」的行為，其實有輕微且具敵意的象徵性意義——權力的濫用，這也是當父母看見孩子從毫無反抗與表達能力的寶寶手中搶走東西時，為什麼心裡會很不舒服的原因。如果搶奪的情況常發生，便對寶寶相當不利，畢竟他正在探索手中玩具，此外對出手的孩子也很不好，因為任何孩子克制不住自己的行為都是一種警訊，代表孩子內在驅使他這麼做的情緒，需要大人的協助。

1. **如果大孩子與寶寶都在笑，父母就不必去破壞他們的樂趣**。也許比起玩玩具，寶寶更享受與哥哥姊姊的遊戲。不必擔心，這只是一場遊戲，而不是孩子在搶玩具。

2. **描述當下所發生的**。「寶寶在搖他的鈴鼓、笑得很開心……查克也想要鈴鼓……現在查克拿到鈴鼓了……寶寶看起來很驚訝……現在換成查克在搖鈴鼓……搖搖搖……寶寶笑了、一直笑……查克也笑了……現在寶寶拿起長頸鹿……他想把長頸鹿塞進嘴裡……現在查克拿走長頸鹿……寶寶看起來很驚訝。」

   為什麼要這樣仔細地描述呢？因為學步期的哥哥姊姊其實沒有察覺到他正在做什麼，以及他的行為如何影響弟弟妹妹。他只是順應自己的衝動而這麼做，你的語言將幫助他發展自我覺察的能力。即便十一個月大的寶寶還聽不懂你在說什麼，但他會感覺到你正在描述發生的事，這點對他來說是很重要的。

3. **同理並提出問題，藉此建立同理**。「鈴鼓的聲音真好聽，對吧？你也想要搖鈴鼓……當你拿走鈴鼓的時候，寶寶看起來很驚訝……我在想他是不是玩夠了呢？……你覺得如果他會說話，我們這樣問他，他會回答什麼？」

4. **教孩子運用「交換」的方法**。我們要怎麼知道寶寶是不是已經玩到一個段落了呢？用接近嬰兒的語言——行動——來稍作確認。「你想要鈴鼓？我不確定寶寶是不是玩夠了，你要不要試著拿其他玩具過來，我們來觀察一下他是不是想要換玩別的玩具？這麼一來，你就知道他是不是已經玩夠了。」大多時候，寶寶會樂於換個玩具玩，他也許會把這視為一種遊戲。這也會讓你奠定好一個基礎，萬一寶寶拒絕換玩別的玩具，孩子也會有一定的心理準備，而可以尊重寶寶的權利、讓他再玩久一點。

5. **如果大孩子不尊重寶寶的權利，不斷搶走玩具**，那麼重點已經不在玩具了。任何強迫性的行為都是需求得不到滿足、或感覺無法被表達的徵兆；換句話說，如果大孩子「總是」搶走寶寶手上的東西，那表示他內在有一股強烈的感覺，驅使他無法克制地從弟弟妹妹手上搶奪東西。最有可能的假設是，他感覺自己被迫分享太多東西給寶寶了，包括他的父母，而他內在強烈的需求浮現出來。要幫忙他消化內在感受最有效的方法是「計畫好的情緒潰堤」（詳見第二章）。

如我們之前提到的，你可以透過設立帶有同理的限制，來開始執行計畫好的情緒潰堤。當大孩子開始搶寶寶的東西，把手放在玩具上、制止他的動作，說：「我知道你想要這個玩具……但現在寶寶正在玩……等一下才會輪到你……我會幫忙你等待的這段時間。」

如果他已經搶走玩具，規矩就是他得把玩具還給寶寶。你坐到地板上、接近他身邊，並把手放在玩具上：「嘿，寶貝，小寶寶看起來很難過，他才玩到一半、還沒有準備好要把玩具交給你，你想拿其他東西來交換看看嗎？嗯……看起來他不想要其他東西，他就是想玩這個玩具，所以你必須把玩具還給他，等他玩完，他就會把玩具給你了。」你須從大孩子手上搶回玩具嗎？不，但如果你的手已經放在玩具上了，他要不是把玩具交給你、要不就是抓著玩具開始哭，不用我說，他已經在向你展現、驅使他剛才搶玩具的難受與恐懼了（詳見第96頁「計畫好的情緒潰堤」與第232頁「重新思考『分享』」）。

如果大孩子對寶寶有攻擊性，該怎麼處理？

如果大孩子弄傷了小寶寶，你自然會非常生氣、並認為須給他一點教訓，可能你會想讓大孩子嘗嘗受傷的滋味，即便你沒有真的這麼做。要從孩子的觀點看待這件事是很困難的，但試著想想，如果你的伴侶突然愛上別人，你說不定也會抓狂。每個大孩子弄傷寶寶的緣由都出自破碎的心，他需要你的幫忙才能讓心痊癒。

亨利（三歲）正在和蘇菲（十一個月）玩，他一直搶走玩具。蘇菲很喜歡他這樣和她玩，一邊笑、一邊玩這個遊戲，亨利每次都會把玩具還給她。不過亨利動作越來越粗魯了，蘇菲也因此把玩具抓得更緊。亨利為了搶走玩具，用力把玩具從蘇菲手中扯開，蘇菲哭了，亨利滿心罪惡地說：「你幹麼哭得像個小寶寶！」並出手將她推倒在地，力道相當重，蘇菲嚎啕大哭。

在過程中如果爸爸發現這個遊戲越玩越粗魯了，他可以找機會提早介入，在亨利與蘇菲之間加入這個遊戲：「嘿，那我呢？找個跟你勢均力敵的對手搶玩具吧，怎麼樣呢？哇……什麼！你竟然從我手中搶走玩具了！」場面會充滿歡笑，讓亨利因為必須「分享」玩具而累積的情緒張力得以紓解。然而，爸爸不過就是個凡人，事發當下他在做別的事，心裡樂得擁有一點空閒時間，那麼現在他應該怎麼處理？

任何形式的懲罰都會讓亨利的感受與行為惡化（詳見第二章與第五章）。唯有幫忙他處理那驅使他出現攻擊性的感受，才能讓他停止出手。但這並不表示我們不對暴力行為設立清楚的限制。

首先，爸爸抱起正在嚎啕大哭的蘇菲，克制住對亨利大吼的衝動。事實上，在冷靜下來之前他都不打算與亨利有任何互動。因此他打起精神來照顧蘇菲，藉此也讓自己從「不准碰我的寶寶一根寒毛」這個凶惡的自我，轉換成照顧者的自我。

爸　爸：噢！好痛喔！（蘇菲點點頭，用力哭著。）被推倒可能會讓身體受傷，當然心裡也會覺得很受傷！……妳說是不是這樣呢，蘇菲？

蘇菲哭得更大聲，就像我們每個人在受傷時、如果得到充滿愛的關注，都會如此。不過，很快地，她便會好起來，再度想去拿被丟在地上的玩具。爸爸把她放到地上，深呼吸、讓自己冷靜下來，並轉向亨利。他知道亨利已經嚇壞了，在這種驚嚇狀態下是不可能學到什麼的，所以他試著溫暖一點、就事論事，而不譴責亨利。

爸　爸：那讓妹妹受傷了，對不對？

亨　利：應該是，她是個愛哭的寶寶。

爸爸不為所動，他蹲下來、接近亨利，好好地看著亨利，他慢慢地呼吸著，努力保持冷靜與友善，而他的表情自然是很嚴肅的。

爸　爸：每個人都會哭呀，蘇菲受傷了，所以當然會哭，就像我們受傷都會哭。發生什麼事了，亨利？

亨　利：她不給我玩具。

亨利面無表情，這是不是代表他不知悔改？不，他感到羞愧，很害怕爸爸不知道會說些什麼。他進入「戰鬥、逃跑或凍結」模式，現在他處於凍結狀態，因此表面上看來好像沒有任何感覺。

爸　爸：那是你的玩具，而你想玩。

（爸爸正在同理亨利。）

亨利點頭，但沒有多說什麼。

爸　爸：傷到妹妹，你心裡一定也不好受……我很遺憾，當下沒能在場幫忙。

爸爸在怪罪自己嗎？不，他是在示範負責任，這讓亨利比較打開心房、不那麼防衛了。他快速看了爸爸一眼，心想「爸爸有可能了解我嗎？」不過馬上又把眼神轉開。

爸　爸：我知道妹妹讓你覺得很挫折、無力，不過這樣推妹妹會讓她受傷，這是我不允許發生的事。

亨利目光僵滯、看向別處，爸爸知道亨利正試著降低強烈的感覺，而他很需要幫忙。爸爸再向他靠近一點，輕輕地把他拉過來。

爸　爸：有時候你真的很氣妹妹，對不對？

亨利（看著爸爸，測試著）：我恨妹妹。

爸爸（不理會他的憤恨之詞）：有時候你心裡真的很生氣，以至於感覺就像你恨她，（試著深入憤怒底層、驅使他推妹妹的脆弱心情。）我記得你說過妹妹每次都可以跟我們一起睡，你覺得很不公平，也許你覺得她可以得到一切她想要的，但你卻落單？

亨利（大叫）：我就是落單了！為什麼你們還要生妹妹出來呀?!你們再也不花時間在我身上了！為什麼不能把她送回去?!她把一切都毀了！

爸　爸：你好懷念以前的日子。

亨利大哭起來，把頭埋進爸爸的胸懷，當他啜泣時，爸爸說：「你可以盡量哭，我就在這裡，我**都會**像這樣跟你在一起，不論有沒有妹妹。」他並不是想讓亨利停止哭泣，他是在幫忙亨利感覺夠安全，可以向他展現所有心裡的痛苦。

蘇菲自然會受到亨利的哭聲所影響，而有點心神不寧。爸爸撐過了這段過程中最困難的部分——在他接近亨利的同時，也讓蘇菲安心，不讓她接近亨利亂揮亂踢的腳，他雙手各抱著兩個孩子。

爸　爸：蘇菲，沒事的，只是現在亨利很傷心。

最後，等到亨利哭完了，坐在爸爸膝上與爸爸相擁。蘇菲早已開始玩起火車鐵軌、拿著火車在房間裡到處跑，不再聽爸爸與亨利之間的對話了。

爸　爸：我非常非常愛你，你知道吧？你是我唯一的亨利，你在我心中擁有專屬的位子，你是我的亨利、我是你的爸爸，不論如何我都會永遠愛你。

亨利點頭。

爸　爸：我知道你有時候會擔心我們愛蘇菲更多，不過那不是真的，不論我們愛妹妹多少，我們對你的愛也絲毫沒有減少。以後，每當你覺得落單了、或很生氣，你可以隨時讓我知道。

亨利再次點頭。

爸爸：那打人或推人呢？

亨利：那是不好的。

爸爸：嗯，你打人之後會發生什麼呢？

亨利：我會惹上麻煩。

爸爸：還有呢？

亨利：蘇菲會哭。

爸爸：為什麼她會哭？

亨利：因為她會痛。

爸爸：那你心裡是什麼感覺？

亨利（看向別的地方）：感覺很糟。

爸爸：是呀，亨利，你心裡感覺很糟。當我們打了人、別人受傷了，我們自己也會很傷心。人們生來**不是**為了互相傷害的，而是要互相關愛，就像媽媽跟我都很喜歡抱抱你呀。所以，以後當你又想打妹妹時，你可以做些什麼呢？

亨利：去找你？

爸爸：對，你可以告訴我發生什麼了，如果你覺得太不舒服、需要幫忙、或你想要保護你的玩具，叫我過來，我就會幫忙你。還有嗎？

亨利：拿另一個玩具給她？

爸爸：沒錯！這是一個好主意！如果你真的非常生氣，可以轉過身來、打沙發，好嗎？

亨利：應該可以吧。但我真正想要的是一個不倒翁，把它打倒了還會彈回來。

爸爸：你的意思是，它跟妹妹不一樣？

爸爸和亨利都哈哈大笑。

這個玩笑開過頭了嗎？我不認為，但緩和了情緒張力。蘇菲沒有聽到這些。而爸爸很快重新建立了限制。

爸爸：這是一個好主意。不倒翁天生就是打不倒的，而妹妹則是要疼愛的。我們來考慮買一個不倒翁吧。不過現在，你要跟妹妹和好。你可以做點什麼讓她感覺跟你一起玩是安全的？

亨利：我可以抱抱她？

爸爸：如果是輕輕地抱，我想她一定很喜歡你的抱抱。你想這麼做嗎？

亨　利：對。以小嬰兒來說，有時候她還算不錯。

我們須讓亨利為自己的所作所為感到糟糕嗎？不必。他知道那會讓人受傷，他只是承受著這些怨恨的感受，很需要有人幫點忙。吼他、推他、施行「暫時隔離」或故意冷落，都會讓他感覺更糟，讓他相信不論爸媽口頭上怎麼說，事實上早已不再愛他了。如果是這樣，乾脆把妹妹的人生也搞得亂七八糟呀！

相對地，爸爸怎麼做呢？

1. 讓亨利知道，雖然有些行為是不被允許的，例如打人，但所有感受都是可以被接納的。
2. 幫忙亨利「表達」困擾著他、驅使他做出攻擊行為的情緒，好讓那些感受可以消散。這可軟化亨利的防衛心，讓他不再對妹妹那麼生氣，平常也更願意合作。
3. 重新建立連結，讓亨利知道他是被重視的，沒有被任何人取代。
4. 向亨利保證，他可以告訴父母他的感受、並得到幫忙。他不須單獨面對控制自己的情緒，因此他不能傷害妹妹。
5. 幫忙亨利意識到，他打人的行為不只傷到妹妹，也傷到他自己的心。

當孩子們出手打人……

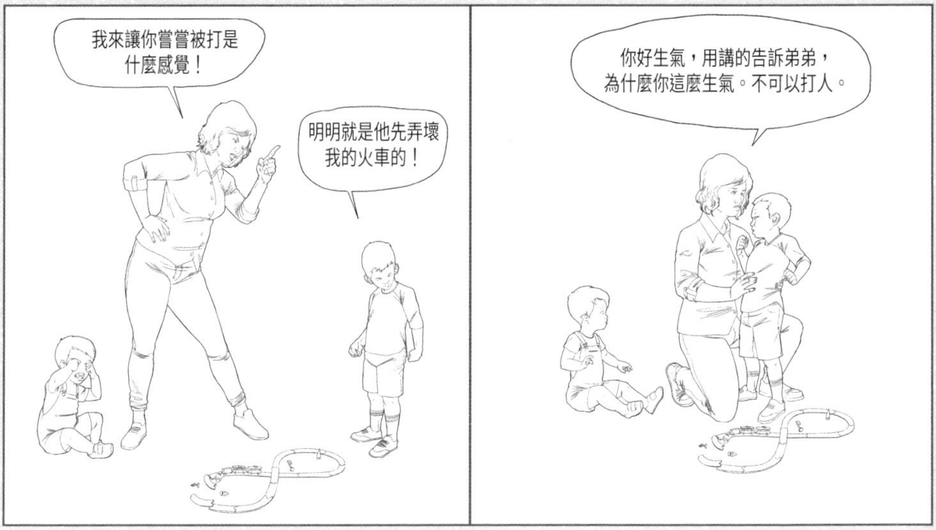

左圖：當孩子不知道如何表達自己的感覺時，就會出手打人。懲罰不會讓他心情好轉，反而會加重打人的衝動與心裡的恐懼。
右圖：如果可以，早在孩子出手之前便介入。替他說出他的感受，有助於孩子管理自己的情緒，好讓他們不需要順應情緒行事。

左圖：首先，去照顧被打的那方。除非你已經可以保持冷靜，否則先不要與出手打人的那個孩子互動。
右圖：在你強化限制的同時，保持同理的態度。

當孩子們出手打人……

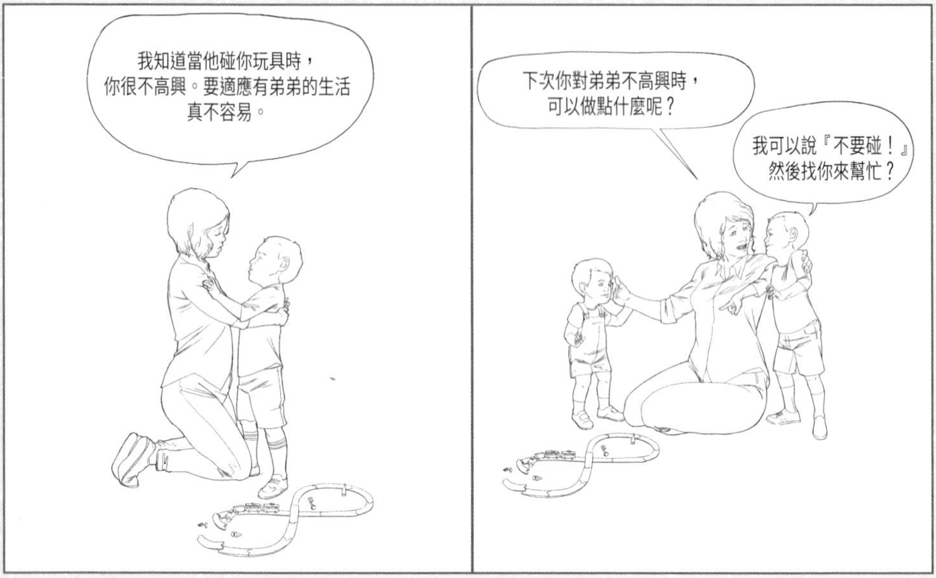

左圖：替他說出他的心聲。
右圖：一旦他冷靜下來、可以與你連結時，指引他解決問題，防範未來又再打人。

6. 培養亨利自我反省的能力，這有助於他未來自我管理。
7. 增進亨利對妹妹的同理，讓他知道打人不是與人互動的好方法，而不只是把這個行為貼上很壞、很糟糕的標籤。
8. 幫忙亨利想出以後可以處理感受的方法。他很願意朝這方向努力，因為這沒有讓他覺得自己是個很糟糕的人，也沒有讓他豎起防衛心。
9. 鼓勵亨利去「修復」與妹妹之間的關係。
10. 幫忙亨利笑笑，這將會減緩他的恐懼，並讓他了解感受不是永久不變的，感受是可以被表達的，表達之後一切會好很多，這將會開展亨利內在的療癒歷程。

11. 幫忙亨利從憤怒慢慢過渡到比較慷慨的情緒狀況裡，在這種狀態下，他比較能擁有對妹妹的正向感受。

也許最重要的是，亨利相信不論如何，爸爸都愛著他的全部。這將會逐漸在小孩心中形成一種無可撼動的幸福感，讓他能夠迎接所有生命帶給他的挑戰，其中包括他將漸漸成為一個很棒的大哥哥。

更多關於如何處理打人，詳見第200頁「應該懲罰出現攻擊性的孩子嗎？」

如果孩子還太小、理解力有限？

一般來說，與大孩子對話時我們使用正常的語言，而不要常用對寶寶說話的方式，他們的語言能力會增進得比較快。記住，小孩先是聽得懂大人說的話，然後才漸漸學習表達，因此，小孩所能理解的往往比我們所認為的更多。由於許多父母經常問我到底應該使用哪些字句，才能讓還不會說話的寶寶明白，以下我列出一些可以與小孩進行的對話。

1. **描述所發生的事情**。「你打了艾美莉雅，噢！打人會讓人受傷，艾美莉雅哭了……你剛才很生氣！」
2. **同理**。「艾美莉雅拉了你的頭髮，噢！你好痛，所以你生氣了。」
3. **幫忙孩子想出一個下次可以使用的方法**。「不可以打人，打人會讓人受傷，你可以找我來幫忙呀？你可以大叫『媽咪！』，你現在叫我看看……就是這樣，你看，我來了！我就在這裡！」把小孩抱起來、好好擁抱他，並逗他發笑，這會讓他心裡對呼喚你留下一個好印象，下次他與弟弟妹妹爭吵時，會傾向呼喚你來幫忙（詳見第378頁「當孩子嫉妒時，運用遊戲來幫忙他」這單元提到的「媽咪，我需要妳！」遊戲）。
4. **協助孩子修復關係**。「我們要像這樣輕輕地摸妹妹……你看，她在對你笑呢！」

如果是寶寶具有攻擊性呢？

隨著小寶寶逐漸長大，他也逐漸開始加入手足競爭。有時候，他會很擔心哥哥姊姊也許會阻礙他得到他所需要的。

1. **為寶寶示範如何拿東西與哥哥姊姊交換**。讓哥哥姊姊知道事情發生的脈絡、也比較願意接受弟弟妹妹的交換，寶寶也將學會該怎麼做、也受到鼓勵而更有動機這麼做。當然，有時候哥哥姊姊就是不想與寶寶交換，寶寶發出哀號抗議。這時你必須介入、同理這真的不容易，不過你應該尊重哥哥姊姊擁有說「不」的權利。
2. **同理**。當你十五個月大的寶寶試著要把哥哥姊姊從你膝上推下，替他說出他的感受：「你想要坐到我膝上，對不對？你不想要賈斯丁坐在我膝上。」
3. **設立限制，保護哥哥姊姊的權利，同時找到可以滿足寶寶需求的方法**。「賈斯丁正在跟我一起唸書……他會繼續待在這裡，你可以從另一邊坐上來，跟我們一起唸書。」
4. **做好心理準備，寶寶可能會不開心**。大多時候，十五個月大的幼兒得不到他想要的就會大哭大鬧，但他真正想要的是再次確認你對他的愛。因此只要你讓他確信這點，他便會停止攻擊哥哥姊姊，畢竟哥哥姊姊只是阻礙他得到這個東西罷了。把他抱起來，好好抱抱他，同時向他保證，你的雙手足夠同時抱著他們兩個。接著，轉移他的注意力，讓他也跟你們一起唸書，這麼一來，每個人都舒舒服服地安頓下來。「每個人都想要媽媽……不必擔心，媽媽可以抱著你們兩個。看看這張圖片，熊寶寶也想要熊媽媽抱呢！」寶寶從中學到什麼？他與哥哥姊姊都很重要，他們都能得到你的回應。隨著寶寶越長越大，你將有許多機會幫忙他處理對手足的嫉妒之情（詳見第205頁「當學步期幼兒總是攻擊哥哥姊姊」）。

有助於大孩子與寶寶建立連結的遊戲

寶寶還不適合玩打鬧遊戲，但有其他遊戲可以讓他與哥哥姊姊一起「玩」。試試看以下這些玩法。你會笑得合不攏嘴，你也會因此得到靈感、想出更多自己的好點子。

- 把寶寶當成「足球」，抱著他越過其他家庭成員，把他送進球框。他一定很愛這個遊戲。
- 「我抱著寶寶（三個月）追著他的兩個姊姊（三歲的雙胞胎）跑，直到我們抓到兩個姊姊，抓著她們來摟摟抱抱。寶寶參與這個遊戲中，一直咯咯笑，也一直對兩個姊姊微笑。兩個姊姊知道，她們必須對寶寶非常輕柔。」——潔西卡

● 用腹語替寶寶配音，充當寶寶的聲音，以他的身分對哥哥姊姊講各種好笑的話。讓話語中加入一些溫柔、感謝與關愛的內容。

後記

選擇愛

希望你已經得到一些可以有效改變家庭的方法。然而，請不要認為自己必須一口氣執行完書中的每個建議。建議挑選**一項**你想改變的，例如你想要與小孩進行「平時關係維持」，那就從這裡開始，直到已經成為日常習慣。三個月後，再找另一項新的挑戰，例如你想試著介入處理小孩之間的衝突。

請不要覺得你必須當個完美的父母，比起養育一個孩子，養育多個孩子是難上加難的事！孩子們不需要完美的父母。事實上，如果你的孩子認為你非常完美，那麼他會覺得自己不夠好，因為他知道自己不是完美的。孩子們真正需要的是，看見父母為人安穩、親切，是他們的典範。這意謂不論孩子做什麼，都能得到父母的同理。父母犯錯時願意承認、保持學習及成長、扶持孩子做得更好，並努力調整自己的情緒。

這不容易做到，是吧？這就是為什麼要能無條件地愛孩子們，你必須要從無條件地愛自己開始。

教養無疑是一個很大的挑戰，感到自己所投注的心力彷彿石沉大海而萌生放棄的念頭，這是每位父母都經歷過的時刻。然而，你所付出的友好與善意絕對不會徒勞無功。說不定你對待孩子時的情緒寬容與慷慨，即便到你未來已不在世了之後，仍有助於孩子們之間的手足連結；又說不定他們之間的關係會繼續延續到下個世代，對這個世界造成改變，創造更美好的未來。

因此，在這些艱難的日子裡，深呼吸、提醒自己那些投入大海的石頭並不是真的消失不見，它們其實不斷在沉積起來。答案永遠是更多的愛。更多給孩子們的愛，要從更多給自己的愛開始。

而我們心裡的愛，**永遠**是源源不絕的。

致謝

我很開心，在此感謝我的四個兄弟與兩個姊妹：大衛、史蒂芬、娜丁、羅伯、克勞蒂亞與蓋伊。如同潘蜜拉・道格戴爾所觀察到的，手足是我們練習的對象，我們從手足身上學到公平、合作、善待與關懷，而這往往是一段艱難的過程。感謝有你們成為我的家人。

我要向所有曾經邀請我進入他們生活並分享故事給我的父母們，致上最深的感謝。我將你們的其中一些故事，寫進這本書裡。有機會陪伴你們走過教養的旅程是我的榮幸。我也要向閱讀本書、我的部落格與專欄文章的讀者們，致上我溫暖的感謝之情，因為你們用心成為盡責的父母，也因為你們的愛與賞識，支持著我繼續前進。

謝謝一些忙碌的父母，在百忙之中抽空閱讀我一開始還沒組織起來的手稿，並提供我許多很有幫助的回饋：史黛西、頌亞、吉茱娜、凱文、萊思里、麗茲、賈斯丁、艾比、莎莉、潔西卡、米雪兒、茹絲、凱特、卡爾拉、寇爾特妮、凱莉、海蒂、比爾、諾拉、艾許莉、凱爾希、卡蘿琳、黛西、塔瑪拉、克蕾兒、莎拉、妮可、艾瑪、齊歐、尚恩泰爾、莫尼克、艾里思、珍妮、梅根、瑪德琳、萊拉、凱倫、米里亞姆與黛西，謝謝你們所花的時間與心力，你們讓這本書對父母們更有幫助。尤其感謝貝絲・特拉帕尼提供了許多珍貴的洞見。

謝謝瑪麗安・莉茨與沛瑞吉（Perigee）出版社的團隊，謝謝你們對我的信任，在每個階段的合作都很愉快。我也謝謝布林登・埃弗里特（Brycon Everett），畫出許多溫暖的親子圖畫，為我的想法賦予生命力。

謝謝我的經紀人瑞貝嘉・弗雷德曼，每次接起電話總能聽見你的笑聲、得到你的意見，這是很大的福氣。

謝謝我的助理泰瑞莎・黛特麗克，謝謝妳在壓力之中仍那麼優雅，協助我處理所有的細節，好讓我可以專心寫作。

謝謝我的小孩艾里與愛麗絲，我幾乎不用操心他們之間有太多手足紛爭，而又能從他們身上學到愛，能當他們的媽媽我真的好幸運！

謝謝我的先生丹尼爾・康托爾，我記得《夏綠蒂的網》書中，韋伯如此描述夏綠蒂：「能夠遇到一個既是真誠的摯友、又是個優秀作家的人，相當難得。」謝謝你給我的鼓勵、幫我校稿，也謝謝你的幽默與聰明。我希望你能知道，我們在一起的每一天都讓我非常感激。

能完成這本書，要感謝我的精神嚮導海姆・吉諾特，以及繼續推廣他的理念的艾戴兒・費柏與伊萊恩・馬茲里許。我也謝謝艾許莉・麥莉曼與柏・布朗森，他們讓我對手足衝突有了新的觀點，同時還有許多由羅利・克雷瑪、茱蒂・鄧恩與吉恩・布洛迪所帶領的研究團隊，持續地為我們拼湊起關於手足關係的樣貌。此外，我也不斷地從我的同儕勞倫斯・寇漢、珍・尼爾森、丹尼爾・席格、希瑟・舒梅克、派蒂・懷普芙勒、貝琪・貝莉、艾爾斐・柯恩、高登・紐菲德（Gordon Neufeld）、蒂娜・佩恩・布萊森等等身上學習、並得到許多新的靈感。我的作品之所以能夠完成，是站在許多這個領域重要思想家所奠定的基礎之上，包含過往的與當代的。如果沒有他們，我這份微小的貢獻便無法走到這一步。我無法充分表達我的感激之情，接下來在育兒網站 AhaParenting.com 上我會介紹更多他們的文章，希望能提供更多靈感。

附錄

中文參考書目

- 《最好的教養，從面對真實自我開始》（2020），伊莎貝爾・費歐沙（Isabelle Filliozat），遠流。
- 《一本你希望父母讀過的書》（2020），菲莉帕・派瑞（Philippa Perry），木馬文化。
- 《用同理心解鎖孩子的情緒：帶你看見孩子的內在需求，讓教養不再卡關》（2020），何翩翩，如何。
- 《跟阿德勒學正向教養：解決日常教養問題一〇〇一種方法》（2020），簡・尼爾森（Jane Nelsen）、琳・洛特（Lynn Lott）、史蒂芬・格林（H. Stephen Glenn），大好書屋。
- 《相親相愛不簡單？：給爸媽的手足教養學》（2019），孫明儀，親子天下。

- 《用「蒙特梭利」教養法，培養出獨立自主的孩子》（上、下）（2019），何翩翩，親子天下。
- 《蒙特梭利教養進行式：翩翩園長的45個正向教養解方》（2019），何翩翩，親子天下。
- 《0～3歲給對愛就不怕寵壞》（2019），明橋大二，和平國際。
- 《3～6歲做對管教，不打不罵孩子更聽話》（2019），明橋大二，和平國際。
- 《溫和且堅定的正向教養》（2018），簡・尼爾森（Jane Nelsen），遠流。
- 《了解孩子的內心世界：父母與嬰幼兒的心理治療實錄》（2017），露薏絲・艾曼紐（Louise Emanuel）、伊莉莎白・布萊德利（Elizabeth Bradley），心靈工坊。
- 《暴走小孩，淡定父母：與特殊孩子的情緒共舞》（2017），吳蕙名，心靈工坊。
- 《遊戲力（新修訂版）》（2017），勞倫思・柯恩（Lawrence J. Cohen），遠流。
- 《EQ：決定一生幸福與成就的永恆力量》（2016），丹尼爾・高曼（Daniel Goleman），時報出版。
- 《教孩子跟情緒做朋友：不是孩子不乖，而是他的左右腦處於分裂狀態！（0～12歲的全腦情緒教養法）》（2016），丹尼爾・席格（Daniel J. Siegel）、蒂娜・布萊森（Tina Payne Bryson），地平線文化。
- 《愛上當爸媽這件事：0到3歲嬰幼兒心理學》（2015），孫明儀，早安財經。
- 《不是孩子不乖，是父母不懂！：腦神經權威×兒童心理專家教你早該知道的教養大真相！》（2013），丹尼爾・席格（Daniel J. Siegel）、瑪麗・哈柴爾（Mary Hartzell），野人。

- 《解鎖：創傷療癒地圖》（2013），彼得・列文（Peter Levine），張老師文化。
- 《0－2歲寶寶想表達什麼？》（2012），蘇菲・波斯威爾（Sophie Boswell）、莎拉・瓊斯（Sarah Gustavus Jones）、麗莎・米勒（Lisa Miller），心靈工坊。
- 《3－5歲幼兒為什麼問不停？》（2012），露薏絲・艾曼紐（Louise Emanuel）、萊絲莉・莫羅尼（Lesley Maroni），心靈工坊。
- 《6－9歲孩子，為何喜歡裝大人？》（2012），柯琳・艾維斯（Corinne Aves）、碧蒂・由耶爾（Biddy Youell），心靈工坊。
- 《10－14歲青少年，你在想什麼？》（2012），芮貝佳・伯格斯（Rebecca Bergese）、瑪格・瓦戴爾（Margot Waddell），心靈工坊。
- 《愛孩子，不必談條件：美國教育專家的反傳統教養法》（2011），艾菲・柯恩（Alfie Kohn），商周出版。
- 《給媽媽的貼心書：孩子、家庭和外面的世界》（2009），唐諾・溫尼考特（Donald W. Winnicott），心靈工坊。
- 《好個性勝過好成績：高EQ小孩的教養秘訣》（2006），約翰・高德曼（John Gottman），時報出版。

LoveParenting 002

讓手足成為一生的朋友：做個平和的父母，教出快樂的小孩

Peaceful Parent, Happy Siblings: *How to Stop the Fighting and Raise Friends for Life*

著—蘿拉 ・ 馬克罕博士（Dr. Laura Markham） 譯—傅雅群
共同出版—雅緻文化有限公司（愛兒學母公司）

出版者—心靈工坊文化事業股份有限公司
發行人—王浩威 總編輯—徐嘉俊
執行編輯—黃心宜 特約編輯—鄒恆月、簡淑媛 內文版型設計—陳俐君
內文排版—旭豐數位排版有限公司
通訊地址— 10684 台北市大安區信義路四段 53 巷 8 號 2 樓
郵政劃撥— 19546215 戶名—心靈工坊文化事業股份有限公司
電話— 02）2702-9186 傳真— 02）2702-9286
Email — service@psygarden.com.tw 網址— www.psygarden.com.tw

製版・印刷—彩峰造藝印像股份有限公司
總經銷—大和書報圖書股份有限公司
電話— 02）8990-2588 傳真— 02）2290-1658
通訊地址— 248 新北市新莊區五工五路二號
初版一刷— 2020 年 10 月 初版二刷— 2023 年 2 月
ISBN — 978-986-357-192-6 定價— 560 元

國家圖書館出版品預行編目資料

讓手足成為一生的朋友：做個平和的父母，教出快樂的小孩 / 蘿拉・馬克罕（Laura Markham）著；
傅雅群譯 . -- 初版 . -- 臺北市：心靈工坊文化 , 2020.10
面； 公分 . --（LoveParenting；02）
譯自 : Peaceful parent, happy siblings: how to stop the fighting and raise friends for life
ISBN 978-986-357-192-6（平裝）

1. 親職教育 2. 親子關係 3. 子女教育

528.2 109015651

心靈工坊 PsyGarden 書香家族 讀友卡

感謝您購買心靈工坊的叢書，爲了加強對您的服務，請您詳填本卡，
直接投入郵筒（免貼郵票）或傳眞，我們會珍視您的意見，
並提供您最新的活動訊息，共同以書會友，追求身心靈的創意與成長。

書系編號—LP002　書名—讓手足成爲一生的朋友：做個平和的父母，教出快樂的小孩

姓名　　是否已加入書香家族？□是　□現在加入

電話 (O)　　(H)　　手機

E-mail　　生日　　年　　月　　日

地址 □□□

服務機構（就讀學校）　　職稱（系所）

您的性別—□1.女　□2.男　□3.其他

婚姻狀況—□1.未婚　□2.已婚　□3.離婚　□4.不婚　□5.同志　□6.喪偶　□7.分居

請問您如何得知這本書？

□1.書店　□2.報章雜誌　□3.廣播電視　□4.親友推介　□5.心靈工坊書訊
□6.廣告DM　□7.心靈工坊網站　□8.其他網路媒體　□9.其他 ________

您購買本書的方式？

□1.書店　□2.劃撥郵購　□3.團體訂購　□4.網路訂購　□5.其他 ________

您對本書的意見？

- 封面設計　□1.須再改進　□2.尚可　□3.滿意　□4.非常滿意
- 版面編排　□1.須再改進　□2.尚可　□3.滿意　□4.非常滿意
- 內容　□1.須再改進　□2.尚可　□3.滿意　□4.非常滿意
- 文筆／翻譯　□1.須再改進　□2.尚可　□3.滿意　□4.非常滿意
- 價格　□1.須再改進　□2.尚可　□3.滿意　□4.非常滿意

您對我們有何建議？

▲您的意見，我們將轉貼在心靈工坊網站上，www.psygarden.com.tw

廣　告　回　信
台北郵局登記證
台北廣字第1143號
免　貼　郵　票

心靈工坊 PsyGarden

台北市106 信義路四段53巷8號2樓

讀者服務組　收

（對折線）

加入心靈工坊書香家族會員
共享知識的盛宴，成長的喜悅

請寄回這張回函卡（免貼郵票），
您就成爲心靈工坊的書香家族會員，您將可以——

……隨時收到新書出版和活動訊息……

……獲得各項回饋和優惠方案……